编辑委员会

用最朴实的话讲述京城陪审故事

（代序言）

2008 年经单位推荐，我担任了北京市西城区人民陪审员。作为一个法律人，我终于圆了法官梦。

一、通过陪审看法官

刚当陪审员的时候还是颇有新鲜感的，通过这个视角我可以观察法官、检察官、律师，甚至是侦查人员们的工作。虽然自己已经是法学教授，但是，初次陪审的时候还是充满感慨的：那是一起普通的伤害案件，法官很负责任，开庭之前给我介绍了案件的大概情况以及主要的问题。在法庭上法官驾轻就熟，书记员记得井井有条。这些看似简单的活儿，一个教授未必能干得了。每个人各有专长，基层法官每天做这些重复工作，时间长了对于个人来说意味着枯燥、麻木。但是，对于当事人来说，每一个案件都比天大。近距离的接触让我对守护社会正义的基层法官心存敬意。通过与法官近距离的工作接触我感觉到"吃了原告吃被告"在西城法官身上是绝对无法成立的。作为京城的老城区，随着社会的飞速发展，案件量是非常大的，法官人均办案每年一二百件。法官除了开庭还要写判决，还要写调研文章，还要政治学习，还要业务学习，还要居家过日子……日复一日、年复一年，"吃了原告吃被告"还真没那个时间；再者说，还有一堆制度管着呢：各路监督、信访、院长接待日、各种评比考核……基层法官的心愿就是赶紧结案，别留后遗症。

　　基层法官对正义的坚守、耐心、敬业是朴素、真实和感人的。记得在参与审理一起卖淫嫖娼案件时，检察官根据《刑法》第358条的规定要求判处被告人十年有期徒刑。被告人是一个40来岁的外地女子，以前做小姐，跟着别人干，后来觉得赚钱少就自己干。但是，刚在一个小区租了房子没干几天就被群众举报了，警察来了抓个正着。经过认定，正好三人次。被告没有请律师。如果判十年，法官和两个陪审员都觉得有点儿重，比在医院盗窃救命钱的小偷判的还重。合议后，法官没有马上决定量刑，而是建议大家回去再查找一下有关的法律规定，能不能判得再轻一点。后来，经过再次合议，判了七年，宣判时被告还觉得重，她不知道为了轻判合议庭付出了多少努力。这起案件的审理、判决和宣判使我对正义有了更新的认识：正义是多元的，没有统一的标准。法官判案时基于公正出发才是最重要的。

　　还有一起非法经营案，外地来京的张强夫妇租了一个小卖部，连房子带小卖部的经营手续、卖烟的手续都一起从房东手里租下来，除了卖日常杂物也卖烟，连续几年一直这样。张强夫妇上有七十多岁的父母，下有上学的孩子，日子倒也平静。后来，在一次检查中发现张强的店里卖假烟，按照销售假冒商品罪，数量还不够；检察院按照非法经营罪起诉，理由是，烟的许可证是房东的名字，不是实际经营者的名字。罪名成立就意味着五年以上有期徒刑。合议的时候，我和另外一个陪审员主张判无罪，理由是夫妇二人一直经营多年都没人管这事儿，每年还年检，从来没有被行政处罚过，现在一上来就要判刑追究刑事责任，太重了；而且，对于这个平凡的家庭来说判刑弊大于利，上面的老人需要供养，下面的小孩需要照顾，如果进监狱呆五年，这个家庭将会面临艰难；建议用其他替代的措施，比如行政罚款、停业整顿等。法官说从个人感情上来讲，他也愿意判无罪，但是，此类案件法院有过先例，而且北京其他法院也有过先例，估计不好说。后来，法官又分别打过两次电话征求我们两位陪审员的意见，我俩不约而同地坚持无罪。再后来案件上了审判委员会，也如我所料的那样，判有罪，但是，法院发了司法建议书，要求烟草作为行政主管部门加强行政检查监督。从立法者来讲，立法的初衷是要体现公平正义的，但是，现实的情况千变万化，具体适用法律时，不一定是最公平的，法律不是万能的。

二、通过陪审看人间百态

基层法院每天审理的案件就是社会的缩影。这既是基层法院的繁琐之处，又是其魅力所在。社会出现什么新鲜事物，不管是好，还是坏，很快就会以不同的形式反映到基层法院：恶意透支信用卡后玩儿消失、贪污受贿后在法庭装疯卖傻、癌症晚期死亡后告医院、为一把破椅子告状好几年、上访的要从立交桥往下跳……

美丽的后海是北京的著名景点，每天吸引着大量的游客，晚上灯火阑珊更加迷人。但是，每天也上演着违法与犯罪。后海的酒吧比较多，有的犯罪分子便与某些酒吧经营者串通一气：起一个女孩名字与男人网上聊天，约到后海附近见面；再由女孩子负责与约好的男子见面，见面后边走边聊提出到酒吧坐坐，女孩子会点红酒、水果、零食等，等到结账花费动辄上万。有的男子认栽，掏钱走人；有的男子报警，警方曾经作为治安案件处理过。但有一段时间发现作案人数多、诈骗钱数多、分工明确，严重危害了社会，统一按诈骗罪论处。有一段时间法院开庭审了一批这样的案子。这也创下了我最长的一次参审时长记录：从早晨上班开始一直到下午六点半才结束。十几个被告，站满了法庭，司法警察轮班，走马灯似的从法庭进进出出。法庭上的被告，看上去可怜兮兮；但没想到网上与男人聊得火热的"小芳"就是站在法庭的被告小伙子王刚。

有一年的年末，我陪审了一起离婚案。离婚的是一对80后，二人在北京认识并结婚，后丈夫去英国留学，妻子辞去工作陪读。妻子整日在餐馆刷盘子洗碗供丈夫读书；丈夫整日沉迷于游戏，荒废学业。夫妻二人最后不得不无功而返。回国后二人的矛盾也越来越多，闹到了离婚的地步。二人没有孩子，离婚应该比较简单，但是，婚离得也颇费周折。二人出国前在郊区花几十万买了一套房，等从国外回来房价已经涨到了几百万。这对80后的年轻人来说就是一笔不小的财产了。女方认为应该将房产评估以后一分为二。男方的母亲则拿着欠条在另一法院先告了儿子欠钱，说儿子买房、出国均跟母亲借钱。法院判母亲胜诉。这就意味着即使房子平分，扣除债务，女方实际拿不到什么钱。而离婚案划分财产是要以男方母亲胜诉的判决为前提的，故女方的律师请求法院撤销男方母亲胜诉的判决。结婚时谁都没想着离婚；居家过日子谁也不会整天想着怎么留证据、分财产，可高房价使得房子在离婚诉讼中成了争议的焦点。

商品经济的飞速发展带来了人们物质生活的改变。特别是在北京这样的国际化大都市里，来自世界各地的奢侈品应有尽有。在每天上演的奢华背后有白手起家、勤劳致富，也有违法与犯罪。楚婷婷是一家公司的出纳，拥有两处房产，奔驰、宝马各一辆，投资股票债券，衣着光鲜、名品在身。每当婷婷隔三差五买高档化妆品或衣服回家，在某单位当司机的丈夫就问怎么又买东西？婷婷总是说单位又发钱了。直到婷婷被侦查机关抓获归案，丈夫才知道这些年买车买房买名品的钱都是婷婷利用当出纳的机会从公司拿的。美女爱财也要取之有道，否则，一味爱慕虚荣就可能从天堂到地狱。

三、因感动而讲述

四十左右，正是人生最繁忙的时候：教学、科研、硕士生、博士生，教学管理，上有老、下有小，这一切就决定了我只能把陪审当副业，不想也不能投入太多。但是，每次去法院陪审案件都能发现新变化，都有新感动，我欲罢不能。我被人民陪审制度发展的滚滚洪流冲击着无法停下来。作为亲历者，感受着中国陪审制度变化的点点滴滴，自己如果无动于衷，对不起这个伟大的时代。我得为陪审做点儿什么。我先后申报完成了中国法学会的项目"陪审制度研究——以北京市西城区人民法院为研究对象"和教育部的项目"中国特色陪审制度的新发展"。前者为实证研究，主要是对西城法院的人民陪审工作进行的观察与思考，出版了《人民陪审的理论与实践——以北京市西城区人民法院为研究对象》。后者为综合性研究，放眼全国对其他地区（北京、苏州、武侯、河南、陕西）的陪审进行了调查与研究，深入分析了陪审制度精英化与大众化、事实审与法律审、农村与城市的二元化、陪审类型化的情况等，出版了《中国特色陪审制度的新发展》。

陪审在发展，感动在继续。陪审员中有胡同里热心调解的大妈、有放弃金融企业高薪返聘的银发老人、有上有老下有小的中年骨干、有刚刚工作充满活力的年轻人、有积极参审的爱国将门之后、有认真履职的人大代表、有敢于直言不要报酬的政协委员……每个陪审员都是有故事的，陪审的每一个案件也是有故事的。将京城陪审的故事记录下来，就是我们的集体记忆，就是陪审制度发展的片段，就是这个时代的缩影。用最朴实的语言讲述我们的故事，京城陪审故事就这样诞生了。

感谢参与本书编写的所有人，感谢为本书出谋划策的所有朋友，感谢中国政法大学出版社的领导和编辑，感谢关注中国陪审发展的所有人！

李玉华

2016 年 3 月

目 录 CONTENTS

■ **胡同里走出的人民陪审员** | 刘和霞

十年官司用一个"情"字解决 / 002

农民工拿到了工资 / 003

一起刑事自诉案件的化解 / 004

情法相融，调解成功 / 006

调解比判决效果好 / 007

相邻冰封二十年，法院调解化积怨 / 008

驳回起诉，挽回婚姻 / 009

流浪猫引发的纠纷 / 011

楼上装修漏水起纠纷 / 012

■ **难以修复破损的心** | 任玉良

迂回曲折的诉讼过程 / 014

强烈的视觉冲击 / 015

案情被人为搞复杂了 / 016

法院不能包办一切 / 018

■ 陪审让我看到别样风景 | 程藩生

倾听内心的呼唤 / 022

进入陪审角色 / 024

七年陪审带来的思考 / 029

■ 陪审——发挥专业知识的舞台 | 朱康永

法庭上我把被告问得哑口无言 / 035

棘手的案件通过听证会解决 / 038

有一些犯罪源于无知 / 039

■ 难以释怀的少年法庭 | 史 利

法庭上父子涕泪纵横 / 043

花季少女有一颗扭曲的心 / 045

我是个不应该出生的人 / 047

爸爸妈妈我向哪边走 / 049

■ 法庭每天都在演绎不同的故事 | 杨 敬

一场荒唐的黄昏恋 / 054

一张银行卡引发的官司 / 056

一张借条引发的纷争 / 059

南先生的七年告状路 / 062

老任夫妇把规划委告上法庭 / 064

为了拆迁房甥舅对簿公堂 / 066

■ 陪审——阅读社会的舞台 | 高尔勤

热爱让我真正走进陪审 / 069

陪审提升了建言献策的能力 / 070

陪审是独特的警示基地 / 073

陪审是沟通锻炼的平台 / 075

■ **人民陪审员是法官与当事人之间的桥梁** ｜ 左衍云

快乐陪审——一个执著的自荐者 / 078

陪审员的意见得到法官的认可 / 081

开庭时一岁女孩坐在法台上 / 083

打工妹的辛酸泪——忏悔重婚 / 087

■ **我喜欢调解成功的感觉** ｜ 何西如

这都是鞋惹的祸 / 091

房屋析产差点引起血案 / 094

醉翁之意不在酒 / 095

海归博士要离婚 / 096

帮助法院调查取证 / 098

我被当事人骂了 / 098

■ **我是人民陪审员汪鹤兰** ｜ 汪鹤兰

在房管所工作了 32 年 / 101

一起交通肇事赔偿令人记忆犹新 / 102

相邻关系纠纷案最费力 / 103

老母告女案成了拉锯战 / 104

陪审后的深思 / 105

规范陪审，自觉自律 / 107

■ 我的陪审小故事 | 刘爱群

    实习时的法官师傅 / 109

    当事人的故事 / 111

    陪审员的业余生活 / 112

■ 我成了法官的判案帮手 | 赵 燕

    第一次上庭我成了"陪衬" / 116

    做医学与法学的桥梁 / 117

    我否定了一起医疗事故鉴定 / 117

    庭下治病救人，庭上说理服人 / 118

    血清与血浆之争 / 119

    我要求对被告做精神鉴定 / 121

    坚持实事求是驳回原告诉讼 / 121

■ 我更喜欢独立地思考 | 洪晓达

    故意伤害致人死亡不赔一分钱要假释 / 123

    网吧纵火致数十人死伤要减刑 / 124

    出卖国家机密的女间谍要减刑 / 125

    交通肇事积极抢救赔偿从轻处罚 / 126

■ 难忘的一次陪审经历 | 王金锁

■ 陪审路上尽担当 | 陈汉民

    两起民事案件平稳着陆 / 133

    架好法官与当事人之间的桥梁 / 134

    送上家门的调解 / 135

    倾力帮助年轻法官，当好铺路石 / 136

■ **聊聊陪审那些事儿** | 钟启龙

一桩行政诉讼案的启示 / 139

他该不该负刑事责任 / 141

别以为只出庭陪审就完事儿了 / 143

■ **良知本在心　春暖花自开** | 陆友才

■ **感同身受群众疾苦　甘于奉献正义之光** | 黄钟甲

胸怀天平之秤，巧解多年怨恨 / 151

全力倾心为民，解除群众忧困 / 153

用法理明事理，以情理释心结 / 154

■ **法律——心中的天秤** | 于长瑜

敬畏法律，尽职履责 / 156

八旬老人状告五子女 / 157

人保局对美容院的处罚应该撤销 / 150

以己之长协助法官确认证据 / 159

告状的大姐气顺了 / 160

■ **九万亿的天价专利案让我记忆犹新** | 赵展芸

■ **陪审工作的酸甜苦辣** | 刘宗琦

第一次走进法庭 / 166

勘验证据对审判很重要 / 167

女儿状告亲生父母 / 169

撰写陪审意见书 / 171

尿不湿与庭审 / 173

■ 陪审圆了我"包公梦" | 严晓红

陪审服务合同纠纷案初战告捷 / 175

用专业知识解决疑难案件 / 176

第一次面对胡搅蛮缠的当事人 / 177

打官司成了他的摇钱树 / 178

生活阅历让陪审员明察秋毫 / 179

以人为本，殚精竭虑 / 179

陪审文化深入人心 / 182

■ 十年陪审之路 | 刘跃新

换个角度学法律 / 184

从适应"角色"到渐入佳境 / 186

法庭调解让父子握手言和 / 192

人民陪审员了解案情小技巧 / 193

不被当事人带到"沟儿"里 / 194

一起伤害案的和解 / 196

哥哥将妹妹告上法庭 / 197

同一屋檐下的夫妻官司 / 199

■ 我把小静的故事讲给你听 | 黄　禾

花季少女坠爱河，开始幸福生活 / 201

噩梦来临，幸福灰飞烟灭 / 203

理性克制，诉诸法律 / 204

■ 陪审的感悟与坚持 | 宋　冰

被告席上的年轻人让我心里沉甸甸 / 206

老夫妇状告公证处 / 207

■ 唱响陪审之歌 | 庞奎玉

从"陪"到"审"/ 210

合议庭采纳了我的意见 / 211

一对要离婚的夫妻和好了 / 212

我在单位举行了一场"听证会"/ 213

■ 陪审违规生二胎被辞退案 | 冯 强

■ 做一个"走心"的人民陪审员 | 田枝梅

被法官和书记员们感动 / 218

融入合议庭，不做旁观者 / 220

做"走心"的陪审员 / 222

为责任和义务努力付出 / 224

胡同里走出的人民陪审员

刘和霞

　　我叫刘和霞，1954 年出生，今年 61 周岁。我是个孤儿，从小吃孤儿补助长大，是党把我抚养成人，我从小就立志，将来一定要做对社会有用的人。我从小到大一直生活在北京的大杂院里，熟悉百姓间的家长里短，碰上邻里间的矛盾和纠纷，总想帮他们解开"疙瘩"。这使我在甲区街道司法所担任调解员的工作如鱼得水。老百姓都说我是从"胡同里走出来的人民调解员"。

　　2009 年 8 月，当我看到报纸上刊登甲区法院招聘人民陪审员消息后，便在第一时间赶到了法院。担心受限于大学专科以上的招聘要求，我还特意带上了自己所获得的多个荣誉证书。负责人民陪审员办公室工作的张法官和左老师当即表示："甲区法院就需要有实践经验的人！"他们对我这个人民调解员伸出了橄榄枝。当年 9 月，法院提请甲区人大常委会任命，我顺利当选。

　　回忆起当初被任命的那一刻，我的心情是特别的激动。初次当陪审员的经历，我特傻！什么都不懂，开庭的 2 个多小时里，自己一句话都没有说。这和我的性格判若两人。我想，我在调解的道路上摸爬滚打已经 10 年了，自己认为：解决矛盾，化解纠纷是我的强项，不能只参审不说话，就当摆设呀。第一次开庭后，回到家我反省自己，还是法律知识有欠缺，在人民陪审工作中仅有坚定的决心和充沛热情是不够的，还需要坚实的文化功底和丰富的法律专业知识。此后，我在工作中，更加注重法律知识的积累，很快便得到了法官们的认可。担任人民陪审员之后，我荣获了"全国模范人民调解员""全国人民调解能手"等称号。

十年官司用一个 "情" 字解决

2009 年，我在法院调解了这样一个纠纷，朱先生的姐姐去世后，留下九十多岁的老母亲，还有一套三居室住房。这套住房引发了纠纷，朱先生和母亲把姐夫和外甥告上了法庭，官司一打就是几年，最后姐夫和外甥胜诉了。可这个家并没有因为有了法院的判决而停止战争；朱先生和母亲仍然居住在三居室里生活，姐夫拿着三居室住宅的电卡不给买电。为此，这一家人是三天一小吵，五天一大吵，三居室也被隔成两半。姐夫在晾台上打成门进出，这样的情景让执行法官都挠了头，所以，案件执行起来是一拖再拖……

有一天，朱先生又来到法院的人民调解室法律咨询，我马上跟他说："我看您家的事还是调解解决吧。"朱先生带着疑惑的口气说："能行吗？我家的官司可打了十年了。"我说："只要亲情还在，问题应该能够解决。"谈话中，朱先生对我说："原来我姐姐是北京知青，我姐夫是山西人，随着我姐姐返城，姐夫也来到了北京。当时我家住房特别困难，一家人居住在一间小房里，后来父亲单位给我家解决了两套住房，也就是这套三居室和一套一居室。当时，我和我姐签订了家庭协议，姐姐负责老母亲的生老病死和赡养居住三居室，我住一居室。没想到，居住还没有两年呢，我姐姐就撒手人寰了。房子归我姐夫了，我母亲也由我来赡养了，我为了照顾年迈多病的母亲辞去了工作，并多次与姐夫协商把房子换过来，他就是不同意。现在，我姐夫又有新女友了，我能不生气吗？如果我实在要不回房子，干脆就把房子烧了，与他同归于尽"。我理解朱先生的心情，同时还要寻求解决的办法。

我用手机拨通了朱先生姐夫的电话，给他做起了思想工作。我说："不管怎么样，您虽然得到了房子，但是，要饮水思源，您想想，您爱人如果在世，能不管自己的母亲吗？我看事情总要解决，你们这么继续争下去也不是个好办法。"朱先生姐夫说："官司我赢了，强制执行的状子我又递到法院了。"我说："您的官司赢了，这不叫赢，家里的事情妥善解决好，这才是赢家。朱先生可是你孩子的亲舅舅呀！朱先生的母亲也曾是你的丈母娘，你也叫过妈呀！毕竟你们曾经是一家人，在房产的背后还有亲情在，房产好断，亲情可不好断啊！你虽然申请了强制执行，但是，执行法官也是人，执行法官也有父母，能把九十岁的老母亲执行出门吗？您考虑过吗？"两个问号让朱先生的姐夫沉默了。我趁热打铁说："调解吧，调解没有输，双方都能赢。"电话劝解整整持续了40多分钟。这时，朱先生的姐夫思考片刻说："您用手机打电话这要浪费您多少钱呀，看到您为我们这个家这么费心，明天我去法院撤诉。"

这次通话给这家人调解成功奠定了很好的基础。后来，在我多次的沟通下，双方终于同意坐到了一起，达成了调解协议，并制订了调解协议书。九十岁的老人搬到儿子朱先生家里居住。十年的房产纠纷我用一个"情"字解决了，濒临破裂的亲情又得以平复，我心里高兴极了！

农民工拿到了工资

2009 年 7 月的一天，20 多名农民工来到了甲区法院，他们要状告拖欠工资的包工头。然而，由于没有合同、欠条等证据，也没有明确的被告，法院无法立案。我在法院调解室接待了他们，此时，农民工情绪非常激动，扬言要绑架包工头，我仔细听完农民工的叙述，原来，这些农民工都是河北人，通过朋友之间互相介绍一起给某公司的某承包人打工，修马路，没有签订合同，公司只给他们这些人提供了临时帐篷。农民工按照包工头的要求，工作两个月，马路也修完了，但工钱却迟迟不发。他们告诉我说："我们这些人，每天都出去捡菜叶吃，有的人实在熬不住了，跑回家了。剩下的人有的病倒了，在帐篷里躺着，您可以到我们的驻地去看看，我们真的实在没办法了，只能依靠法院了。"听到这里，我问道："是不是你们修的马路质量有问题？是不是你们与包工头有啥争议？"他们回答说："包工头也不说有啥事，就是不给发工资。"我接着问："你们修的马路现在使用了吗，谁能证明那段马路是你们修的？"农民工说："附近的小区居民都能为我们作证明。"详细了解了整个过程后，我心想，一定帮帮这些农民工，这就是我的社会责任。

当天晚上下班后，我和人民调解员小孙冒着38摄氏度的高温，去了工地现场，在农民工的帐篷里，我们了解到，这20多名农民工既没有与发包方签订合同，也未与承包方签订合同。工程完工后，他们本想得到自己应得的36000多元血汗钱，没想到承包公司却是一拖再拖。我们还在现场里里外外看了一遍，在帐篷上找到了某公司的名称，拍了照，同时安慰了在帐篷里生病的工人。第二天，我和小孙又来到工地，找到了包工头，向他讲清了不及时付给农民工工资的利害关系和法律后果。同时对他动之以情、晓之以理："农民工出门在外很不容易，倘若他们是你的亲人，你又将心情如何呢?"经过一番耐心的调解，包工头答应明天就给拖欠的工资。这些农民工听后顿时欢呼跳跃起来。此刻我们的心情也是久久不能平静，既高兴又担心，高兴的是：包工头终于答应给钱了，担心的是如果承诺不能兑现，我们为农民工维权的工作又将任重而道远。

第二天上午，我们怕此事不能落实，又早早地来到工地，督促包工头履行承诺。上午9时许，3万余元工资终于发到了农民工手中。这为农民工讨薪案件画上了圆满的句号。

一起刑事自诉案件的化解

2011年的9月，在人民陪审员办公室里，左老师交给我和人民陪审员刘跃新一个难解决的自诉案件，这起案件已经困扰刑庭法官3个月之久。这起自诉案件极其特殊。原告起诉前夫犯有侵占罪，要求按照法律规定对前夫进行处罚，并且追究其刑事责任。经了解，这对曾经的夫妻，一年前，双方经甲区法院判决离婚，一套两居室双方共同居住，虽然判决离婚，但是，在外人眼里他们还是一家人。一次，女方的朋友来到家里，还女方欠款两万元人民币，前夫在家欣然接受了这两万元钱，并且没有还给女方，女方多次讨要无果，就把前夫告上法庭，并且还自诉到刑庭，坚决要求追究其刑事责任，即要求返还两万人民币，还要求按照侵占罪名判前夫的刑。她的前夫无业、有前科，目前还在社区矫正阶段，根本就不怕这些。他说："两万元钱是我拿了，该判什么刑就赶紧判，我等着……"

　　调解这个自诉案件出现了僵局，王法官和人民调解员刘跃新对这起案件进行了分析。法官说："要是单看这个案件，以非法占有为目的，这个罪名是可以成立的，如果要判刑的话，应该是 8 个月刑期，还有可能是监外执行。但是，本案是由于他们家庭矛盾所造成的，如果按照侵占罪名判罪会加深双方的矛盾。"我当时想，她们双方已经离婚，法院为什么判决双方还在同一个居室里生活呢？如果双方不在一个居室里居住，这样的情况就不会发生。

　　通常我们化解一个纠纷，解决一个矛盾，必须深入案件，了解家庭背景和掌握纠纷的脉络，抓住主要矛盾，找到症结，就像拿到了金钥匙，调解就会事半功倍。

　　带着诸多疑问，我找到了女方。通过与女方交谈我了解到，十几年前他们组建了家庭，生有一女，今年 12 岁，患有脑瘫。婚后，夫妻一直居住在男方父亲名下的承租公房。2009 年房屋拆迁，得到拆迁款 28 万元，后来，女方用了 26 万元购买了现在的公有住房两居室，房屋写在了女方名下，之后，这对夫妻的感情发生了变故，女方提出离婚，打算给男方 30 万元。让男方搬出房屋。男方说："现在的房价翻着跟头往上涨，给我 30 万上哪去买房呀？"这样的说法，解开了我之前对西城法院的判决离婚而没有分割房屋的疑团。掌握了这些情况，我们的调解方案也有了方向：引导原告撤诉。因为他们婚后居住在公公名下的公房，经过拆迁，变更了承租人的名字，两口子感情发生变化，又不能正确处理房屋使用问题，女方使用合法的手段，把房屋变为己有。

　　在调解中我问女方："拆迁的时候，你公公要拆迁款了吗？"女方回答："没有"。我说"老爷子真够傻的，都不知钱是好的。"我又问："男方父亲愿意儿子离婚后没有地方居住吗？"女方沉默了。我跟女方说："其实老爷子不傻，他知道钱是好东西，他是把钱当爱全部给了你们这个家庭，可是你们没有珍惜老人家的这份爱，你们不但毁掉了这段婚姻，更辜负了老人家的爱。老人家应该得到的拆迁款 28 万元，都投入了你们的家庭，可是你为了 2 万元的利益，把老人的儿子诉讼到法院刑庭，还要追究他的刑事责任。按照你的要求，给你前夫判了刑，你考虑后果没有？第一，加深了你们之间的矛盾；第二，你们的女儿还需要父亲照顾。做人要有底线，守住善良二字，有理也要让三分，留有余地天地宽。"

随着我们调解的深入，道理越讲越明，这时原告有了转变。她说："我撤诉吧！可是，我的律师不同意撤诉。"为了保证调解成果不发生节外生枝的事情，当即人民陪审员刘跃新接通了女方律师的电话，在我们合议庭共同的努力下，原告撤诉，我们调解成功。

情法相融，调解成功

2013 年 9 月，因房款分割异议，两姐弟把自家大姐和 90 多岁的老父亲告上了法庭，一家人对簿公堂。

开庭前，被告大姐说："我父亲 90 岁了，身体不好，不能来应诉，也没有代理人。"法官说："既然如此，我们可以考虑到社区就审。"被告大姐说："我不同意就审，我父亲 90 岁了，如果出现问题你们法院能负责吗？"面对当事人的质疑，我们的法官真的有些为难了，眼看这个案件无法进行审理了，这时候，我走过去，心平气和地说："您和我说说您家的案子是啥情况，能调解吗？"被告大姐说："事情的经过是这样的，我一直照顾父亲，和父亲生活在一起，弟弟和妹妹很少照顾父亲，一次，父亲召开家庭会议表示把自己众多房产中的一套公租房过户到我名下，若日后拆迁，我按照拆迁补偿款给其他两位子女每人 2 平方米的补助，并且写下协议，全家人在协议上签字（签字还包括 90 岁的老父亲）。家庭协议签订后，我变更了父亲这间公房到我名下。此后，我弟弟和妹妹就再也没看望过老父亲，老父亲为此很伤心。几个月后，房子拆迁了，他们看到房子拆迁的利益很大，就对之前签订的协议后悔了，三番五次地找父亲和我协商要求增加补助额度。我和老父亲都不同意，所以，才引发了这起诉讼。"

听完了大姐的叙述，我就问大姐："按照你家庭签订的协议，您愿意履行吗？"大姐说："我愿意履行，按照国家拆迁补偿房屋款，一平方米补偿 4.5 万，按照家庭协议应该给弟弟妹妹 18 万元，可是我同意给 19 万了，他们都不同意，他们执意要平分拆迁补偿款。"我了解了整个案情的来龙去脉，心里的调解方案就有了。首先我分析了这家人签订的家庭协议书，有一部分生效，还有一部分不生效。生效部分是老父亲同意把自己名下的承租公房让大女儿承租，弟弟和妹妹都没意见，并且配合大姐更改了承租人。

法庭上，原被告双方及两位律师正坐在法庭上等待着开庭，我突然大声说："原告，问你们一个问题，违反国家利益、集体利益、他人利益的协议在法律上生效吗？我想请两位律师回答这个问题。"这时候原告紧盯着代理律师，等待律师的回答。我接着说："不用考虑了，我说吧，签订任何协议，只要影响了国家、集体、他人的利益，法律上是无法支持的。您的房是公房，私自协议给每个人2平方米的利益，是不合法的，只有协议中变更承租人的这一项，是通过房管部门同意的。承租人变更完成，法律上是生效的。介于这种情况，既然家庭协议给弟弟妹妹2平方米的事情缺少法律依据，法律上无法认可。"原告见状，眼瞅着又要"跳脚"，这时我话锋一转说："国有国法，家有家规，国法虽不认可，可家规有道德约束。我提议这个事情还是调解吧，因为你们是血浓于水的一家人，打断骨头连着筋，诉讼结果无论谁赢谁输，都伤了元气。

在我的调解下，一家人最终达成和解。妹妹和弟弟接受了大姐给他们每人9万元的补偿款。在王法官的主持下，双方签订了一份法律调解文书，当天履行，调解顺利结束。

调解比判决效果好

2013年3月2日，甲区法院准备开庭，李法官担任审判长，我和小何担任人民陪审员，这次陪审让我记忆犹新。原告是位70岁的大娘，被告是个小姑娘，案情是被告欠原告廉租房租金2000元，这次开庭原告又增加了2000元诉讼请求。还没开庭呢，原告就拉开打架的架势，准备唇枪舌战，原告说欠我的2000元要还，精神损失费也一定要给，被告说钱是欠了，就是没钱给。审判长宣布："准备开庭，双方是否同意调解？"这时候，我小声地征求审判长的意见："我说几句行吗？"审判长点点头。我对被告说："姑娘，你欠原告的钱是事实吗？"被告答复："是的。""原告两个夏天都在找你要账，是吗？"被告说："是的。"我接着说："欠别人的钱，还账是天经地义的事，把钱还了吧。"姑娘低头不语。这时，审判长脱下了法袍走下了法台，我的眼光和审判长碰到了一起，无声地交流给了我支持，随后我们采取了背靠背的调解工作。调解中我们以理说服，用情感化，以法教育，最终调解成功，双方当场签订了调解协议书（协议已履行完毕），协议书签订完成的那一刻，双方拥抱在法庭。那是出现在法庭上多美的一幅图画！此后，我写了一首打油诗，题目是：《调解比判决效果好》。后来这首打油诗被人民法院报引用，被称作"快乐陪审"。

相邻冰封二十年，法院调解化积怨

2014年9月的一天，我如约准时到达了民二庭办公室，和张审判长一起对即将开庭审判的"相邻关系纠纷"一案进行分析，研究判案思路，最后决定调解定位。

原告70岁，被告85岁，共同居住在一个楼层里，原告说："被告电表位置安装不合适，开关门声音大，影响休息。"被告说："我已经住了20多年了，以前从来就没提出过异议，现在提出来，就是找茬。你不痛快，可以搬走，别在这里住。"原告毫不示弱地说："你是依仗着你原来是局长，架子大，欺负人。"被告说："20年来我从没和你说过一句话，怎么欺负你？"原被告的争执，让人民陪审员和审判长都听明白了，原被告相邻20年都没说过一句话，出现了误解和矛盾没有及时沟通和解决，那么双方只有对簿公堂这个结果。我及时抓住了原被告的矛盾焦点说："现在你们双方事实已经陈述清楚了，我们分别谈谈吧！"

这时，张审判长走下了法台与原告零距离的接触，拉起了家常说："阿姨，您多大年纪了？"原告答："我今年整70岁。""我看到您身体不是很好，不能生气，你们都是邻居，关键您和对方平时有一点小矛盾的时候，没能及时化解，积怨就越来越深。"法官的这段话，一下子就把老人家的情绪稳定了，原告说："姑娘你算说对了，这家人就是架子大，牛气十足，你也听见了，他说不痛快让我搬走，我多年来就是憋着这口气，如果不是憋气，我也不上法院告状了。"听到了这些话，我们立刻知道了双方矛盾的焦点，我说："老人家，您先休息一会，我们再和被告谈谈。"接下来我们把被告请进法庭说："老人家，您请坐，我看你们双方矛盾的主要焦点是邻居之间不交流，俗话说远亲不如近邻，邻里之间难免有些矛盾，及时化解了不就行了，在刚开庭时，我看您说的话也有些不太恰当，如果您能与原告真心地相互交流一下，我想效果一定会好，矛盾不大，就是一句话的事。"我们语重心长的一席话，很快起了作用，原被告双方重新坐在法庭上，85 岁高龄的被告说："我们从今天起开始说话吧，以前我有错的地方请你原谅，握握手吧！"被告的一席话感动了原告，最终双方达成了调解协议。

为此次调解我还赋诗一首：

相邻冰封二十年，
今在法庭化积怨。
法官陪审解心结，
调解独到美名传。
高寿近百得晚晴，
握手言和老邻欢。
甲区法院重调解，
法官人民陪审员，
和谐办案促平安。

驳回起诉，挽回婚姻

2015 年 12 月 25 日，我收到了一个短信："刘阿姨，不知道您还记得我们吗，我和我老公和好了，我们在美国一起生活，现在他陪我回国找工作面试。感谢您的开导，法院有您和马法官这样的人，让冰冷的法律变得特别温暖，祝您开心顺利！"

　　这短信让我回忆起一年前陪审的一起离婚案件。开庭了，原告席上坐着一位白白净净、书生气十足的男青年和一位律师，被告席上是一位很有气质的女孩子，一眼看去，他们俩人真是一对绝配小夫妻。开庭了，男方的律师宣读离婚起诉状，原告当事人在庭上一言不发，诉讼理由就是原告要求离婚，被告女方答辩。女方对男方说："源源，你看着我的眼睛说话，你是真的不爱我吗？"男方不语，紧接着被告对着法庭说："我不想离婚，我有错的地方，我能改掉，他想离婚后当和尚，我想留住我们一起走过的美好记忆。"他们的一诉一辩出乎法官和陪审员的意料，一般离婚案件都是互相指责对方，谁都不让步，这案件中，男方不表态，让律师说话，女方还居然说自己有错的地方，法官和我小声交流了一下说："这个案子与往常不同，可以调解一下试试。"我们采取了分开调解的方式，首先是调和。调解中，我们了解到这对小夫妻很棒，外地人，但都是北京名牌大学毕业。男方是研究生毕业后落户北京，女方硕士毕业后也已经落户北京。男方毕业后，没有找到满意的工作，对职业的选择是高不成，低不就，而女方已经是美国一家公司的骨干，收入很高。随着女方经济地位的提高，男方产生了自卑感，对前途很悲观，男方认为是靠女人吃饭。

　　我们的调解工作一做就是两个多小时，就连男方律师的工作我们都做通了，让男方放弃离婚的念头，珍惜这段美好的婚姻，我们真心地希望这对小夫妻在我们的苦口婆心地劝说下能够破镜重圆。可是，万万没有想到的是男方坚持离婚，女方看到调解无果，也丧失了挽救这段婚姻的信心，当场表示同意离婚，并且嘱咐法官尽快判决离婚，女方已经买好了去美国的机票。这个离婚案件，在原被告都同意离婚的情况下，判决双方离婚是没有问题的，但是，我们的法官，不是为了简单判案而判案，在审理的过程中，发现这对夫妻感情没有彻底破裂，应该给这对小夫妻足够的机会，挽救婚姻家庭。我们合议庭商议后决定：驳回起诉。

　　一年后，突然，我收到了一个短信，"刘阿姨，你还记得我吗？"女孩告诉我，经过一段时间的思考，现在他们已经和好如初。我听后非常高兴说："我为你们的幸福而快乐！一定珍惜现在的幸福。"女孩嘿嘿一乐说：

"谢谢刘阿姨！祝您快乐！"

流浪猫引发的纠纷

楼区里，人们常常会不经意间看到一只只脏兮兮、眼神惊恐的流浪猫，在楼群里窜来跳去。经常会有一些人给流浪猫东西吃。这些小家伙是很聪明的，哪个地方有吃的东西，他们就会经常光顾那里。

今天我讲的故事，是某小区楼上楼下居住的两位大姐为小区里的流浪猫发生了纠纷，并且严重到大打出手，一层居住的大姐的右脸被二层大姐咬了一口，二层的大姐被一层大姐也打得不轻，经司法鉴定确定结果双方都是轻微伤，由于双方是互殴行为，经过派出所民警调解，双方没有丝毫的让步意思，最后，派出所按照治安处罚法，处罚金每人200元。一层大姐被治安拘留5天，二层大姐被治安拘留7天。然而两位大姐走出了拘留所，谁都不服气，脸被咬的大姐把咬人的大姐告到法院。咬人的大姐在庭上提出反诉说："我也是轻微伤，我今天坚决要告倒她。"这个庭审是由优秀法官杨法官担任审判长，由我和全国调解能手程阿沛担任人民陪审员。原告宣读起诉状，提出了3个诉讼请求："一是请求法院判令被告给予原告医药费人民币800元；二是判令被告给予精神损失费10 000元整；三是诉讼费由被告承担。"被告大姐不服地说："我要反诉，要求对方承担医药费人民币1200元，精神损失费10 000元整，还要追究原告家属拉偏架的责任，诉讼费由原告承担。"

原被告双方剑拔弩张，争吵的脸红脖子粗。这时，我特想对双方说几句话，我征求了一下杨法官的意见，杨法官果断的休庭，让我和程阿沛一起来做原被告的调解工作。我和程阿沛走下了法台，分别做起了双方的调解工作。我和原告说："大姐，我看您两位都不年轻了，50多岁的人，还到拘留所走一遭，虽然只是5天拘留，但是我相信失去自由的5天，一定是度日如年的，如果当发生纠纷时都冷静一点，如果在解决纠纷时都谦让一点，都不会去拘留所走一遭。一个官司十年仇，我帮助您算一个账，首先您诉讼请求要800元医药费，但是对方反诉了，诉讼请求要1200元医药费，我看您两人的医药费，都有收据，如果证据准确的话，都应该得到支持，按照派出所的治安处罚决定，您拘留 5 天，对方拘留 7 天，也就是说您是有 40% 的责任，被告有 60% 的责任，如果按照这样分析，您要的 800 元医药费只能拿到 480 元，对方的医药费是 1200 元，拿到的医药费正巧也是 480 元，您俩打官司打成平手了。我看两大姐呀，别再打了，您两人是邻居，有多大仇呀，冤冤相报何时了……"在我的劝说下，原告大姐低下了头，说："原来住平房的时候就是老街坊，现在又是楼上楼下的邻居。这一次就是因为她经常在楼下一层喂这些流浪猫们，我最近家里又添了小孙子，害怕猫身上有传染病菌，总之，我看见这些流浪猫就心烦，真的很添堵。

这时候，在人民陪审员程阿沛的工作下，对方的态度也有所改变，二楼大姐说："原来我们两家关系一直很好，她家的被子原来全是我给做的。"我和程阿沛一看时机成熟，趁热打铁继续做工作。我们告诉她们："邻居还要好好的处，远亲不如近邻，近邻不如对门，远水解不了近渴，远水救不了近火。"在我们的调解下，双方终于把手握在了一起，最后双方撤诉。

楼上装修漏水起纠纷

楼上装修，水漏到楼下，两邻居打起了官司。一套程序下来，原告诉讼获赔后仍然不满，说法院解决的不彻底，在法院大厅里大吵大闹，非要见法院领导，带着情绪要再次起诉。张法官找到我商量如何尽快地解决这起纠纷，我和法官一致认为解决这起纠纷，着眼点不是赔偿数额，而是要找回邻里之间的理解和包容。

开庭了，原告叙述，楼上房主买的二手房进行装修，楼下房屋厕所和厨房都开始漏水，楼下房主找到楼上，要求停工，先解决漏水问题，楼上的小两口说话很不客气，说："不就是漏水吗，有什么大惊小怪的，从装修开始，你们就找我们的事儿，整天唠唠叨叨，唠唠叨叨，别这个，别那个，这回可好了把房唠叨漏了。"原告说："这回真把我气得够呛，本想给楼上提个醒，提前做好防水，别漏水，免得因为漏水引发邻里不愉快，可是，怕啥就来啥，这房子真的就漏了，楼上说话还不客气，竟然说我把房叨唠漏的，今后这邻居还怎么处哇？虽然通过诉讼赔了我点钱，但是，法院还没有解决我生的这口气。"这时候，我明白了，就像我和张法官分析的一样，原告诉讼被告不仅仅是要赔偿，而更重要的是要找回邻里之间的关系融洽。案件的症结找到了，我的主要的调解工作重点就是要让这楼上楼下的邻居能够和平相处。此后，我与双方耐心沟通，反复交谈，最后双方互相谅解，彻底解开了心结。被告又给了原告1000元赔偿，当庭道歉，并且签订了法院调解文书，调解结束，双方争相缴纳诉讼费，携手笑着走出法庭。

第二天，原告又找到法院，还是坚持要见法院领导，但是，这次要求见领导的目的却是褒奖。她特意给法官和我送来一本日历，上面写道："祝刘和霞老师健康长寿，一生平安。"

2011年，我登上了北京政法系统"平安北京"春节联欢晚会大舞台，接受了各级领导的表彰。2014年，我荣获甲区人民法院2012年、2013年"人民陪审员调解能手"荣誉称号。虽然我得到了这么多的荣誉，但是我深深地懂得：小草长在高山上，不是草高，是山高。我要感恩社会、感谢甲区法院这个平台，感谢接受我调解的人们，是他们的宽容、理解、豁达和包容，才能让我调解成功。我真心地感谢他们，我愿意永远为百姓服务，为社会奉献我的绵薄之力，争做一个合格的人民陪审员。

难以修复破损的心

任玉良

我是一名退休干部，从部队转业后在医院工作了近三十年。2008 年时我是甲区人大代表。经过推荐和培训，我光荣地成为了人民法院的陪审员，融入了甲区人民法院这个战斗团队。法院工作的成绩有我们的参与；执政为民、公正执法的工作有我们的努力付出。我越来越喜欢陪审员这个神圣的岗位。2013 年期满时，我又积极申请继续担任人民陪审员，并获得了批准。

俗话说"隔行如隔山"。从未打过"官司"、没有接触过法院的人绝对不会理解基层法院工作的艰辛。通过八年的人民陪审员经历，每当我同法官一起坐在审判台上参与合议庭审时，深深感受到当法官真的不容易，做一名人民的好法官更难。经过漫长的案件审理，能够使原被告双方都服气不容易，使他们都能够服理、服判更难。过去我对于宋鱼水法官能够做到"辨法析理，胜败皆服"的程度没有什么体会；当参与到一次次庭审中，感受那形形色色的激烈场面以后，才觉得这个目标确实是非常难以做到的。

迂回曲折的诉讼过程

在众多的庭审经历中，有一个案件的审理过程给我留下了深刻的印象。这是一宗发回重审的医疗纠纷案件，案件的判决结果已经不重要了，但是两次开庭过程，使我受到了很大的刺激。每每想起来，那难忘的庭审场面、原告表达激动的情绪和言辞的画面，都会在我的眼前一一闪过，心里总是很难平静。

这个医疗纠纷案发生在陕西某个城市。原告在当地和北京已经打了近十年的"官司"了。从患者心脏手术后出现新的危险病情进行紧急抢救，到后续的检查治疗与康复，伴随而来的是家属与医院无休止的纠纷。因患者的妈妈坚持要到北京治疗，被告医院迫于上级的压力，垫资让他们母子到北京的几家大医院就诊，母子俩在北京一住就是好几年。后来，被告那家医院调整领导班子更换了院长，不再给她们母子"借钱"了，双方掀起新一轮的纠纷。

为了能够在北京继续打官司，原告把给患者做过治疗的 F 医院作为第一被告起诉至甲区人民法院，并且顺理成章地揪住最初的被告（陕西那家医院）作为第二被告。待到由审监庭两位法官和我组成的合议庭审理此案时，这个案件已经迂回曲折地在甲区法院经历了很长时间，惊动了上上下下许多人。我们非常重视这个发回重审的案件，开庭前仔细阅卷，并对发现的问题进行分析研究，做好了充分的准备。

强烈的视觉冲击

在第二次开庭时，我受到了意想不到的刺激。一个大婴儿车推进了法庭，上面躺着 12 岁的原告，他就是这个打了近十年的医疗纠纷案的受害小患者。他几乎不能说话、不能活动，谁看着都可怜。强烈的视觉冲击彻底颠覆了我原来脑海里对他的主观印象。

我们静静地注视着母子俩。小男孩的脸白白的，干干净净，面无表情，他与母亲的交流只是喃喃的几个简单音符，母亲就能够理解他要什么。当他显示急躁时，妈妈懦懦地伏在他跟前，耐心地安抚着，不敢有半点闪失。反观小患者母亲第一次开庭时的强势表现，简直是判若两人。这时的她，面对孩子，温柔体贴，但生活的担子压得她背部微驼，长发中夹杂着丝丝白发，她把自己的全部都投入到照顾儿子的生活起居上，看不出她才是一个三十多岁的女人。

我们接手这起案件后，通过阅卷和第一次开庭，我的脑海里对这个先天性心脏病患儿有了一个初步的、主观的轮廓。毕竟我曾经在医院外科等临床科室工作过，见到过先心病的小患者，对于法鲁式四联症的手术治疗等基本知识有一点点了解。概括的感觉就是，这种先天性疾病非常难治，手术异常复杂，效果很难预测。但是，如果患儿不进行手术，一般活不了多久，手术治疗难度大、风险高，而且术后可能会出现许多并发症，甚至可能会"人财两空"。这个小患者的先心病手术是成功的，但是术后不久突发脑卒中，虽然经过抢救治疗保住了生命，却落下终生的残疾，无法过正常人的生活。当我面对这个小患者，人的本能使我迅速超越了同情和怜悯，一种复杂的心态难以言表。

第一次开庭是他的妈妈作为全权代理人出庭的。他妈妈的情绪很不稳定，言辞非常激烈，使得庭审被迫中断。这位妈妈已经多次带着小患者去过北京市人大、市高法等信访部门，也是咱们甲区法院的"常客"了。今天，他妈妈以没人看护为由，将患儿带到了法庭。

审判长向双方告知了开庭注意事项后，又特意向小患者的妈妈耐心地叮嘱了一番。开庭后，仍然是双方出示证据、发表质证意见等环节。被告的每一份证据都遭到原告代理人（小患者的妈妈）的痛斥和否定。她的反驳意见总是包含着敌视和许多主观判断，有时情绪激动得难以控制，法官和我不得不耐心地劝说和安慰她。

不过，试想一下，作为一个女人、一个母亲，成年累月地面对着一个无法正常交流的亲骨肉，伺候着一个生活不能自理的大孩子，她的心早已破碎了。

案情被人为搞复杂了

这个医疗纠纷案情本来比较清晰，但由于许多人为的因素，加上多年的相互纠缠，越来越复杂了。这里我不得不简单地介绍一下。

年轻妈妈孕育的小生命本身就有生理缺陷，估计当时、当地的孕期检查水平，没有能够提前发现胎儿的异常，小男孩就出世了。婴儿在成长过程中病情越来越明显，必须进行手术治疗才有可能继续活下来。妈妈为他做主，精心选择了当地最好的医院和省里最好的主刀医生。住院期间，妈妈日夜倾心陪护着。但是，天有不测风云，患儿心脏手术后却突发颅脑出血。虽然经过抢救治疗保住了生命，但癫痫频频发作使母子俩饱受病痛与心灵的折磨。由于颅脑出血对脑部造成的不可逆转的损伤，常年癫痫也会对脑部造成损伤，各种因素影响了患儿的生长发育。活下来已经很不容易，活下来的质量却很差。生活完全不能自理，整日整夜都需要家人护理，吃喝拉撒都得靠母亲伺候。

围绕救治过程，医院和患者家属之间发生了不可避免的矛盾纠纷。无论换成哪个家庭，家属遇到患者发生危险情况时都会心急如焚，医院和医生也能够理解家属的心情。而这位小患者的妈妈情绪异常的激动，当时的场面肯定是很激烈的。患儿的生命保住了，但因不能出院，更加重了医院和患者家属的负担。长期住院治疗过程中，双方总是产生各种摩擦，家属与院方工作人员时有争论和过激言行。据被告医院说，她曾多次在病房大闹，撕毁病历和干扰医生工作等。双方曾经进行过协商，医院的上级部门也要求医院妥善解决，尽量照顾患者的治疗要求。据医院说是暂时垫付患者到外院治疗的费用，而家属说是和医院协商同意给的，包括到外地的治疗费、护理费等。这么多年到外地和北京治疗的费用已经不是小数目了，仅法庭上出示的证据就有一百多万，都是由陕西那家医院支付的。双方争执不下，终于走上了法庭。

患者作为原告的诉讼请求是较大数额的赔偿，包括治疗费、护理费、在京的生活费、残疾补偿金等，甚至还要求支付后续治疗的费用。理由就是医院是造成医疗事故的过错方。陕西的这家医院作为被告，答辩意见承认治疗过程中有一些不足，但认为发生颅脑出血是患者自身的原因，医院及时进行了救治，产生的后果是疾病本身不可避免的。其中，陕西那家医院最大的缺陷是，他们提供的证据中的住院病历有一些不是原始病历，无论他们怎么解释，各个医疗事故鉴定部门都以此为由不予进行医疗事故鉴定。这就使得医院在法庭上有口难辩。

原告陈述，医院对患者抢救不利，耽误了救治患者，是造成患者终身残疾的主要原因。我在阅卷和庭审中发现，医院在先心病手术前的检查有不够完善的地方。后来患者发生脑血管意外时，医生实施抢救要有进行鉴别诊断的时间是可以理解的，但是应该做必要的检查，比如头部 CT 检查是鉴别脑卒中的必要检查手段。不过在紧急情况下做头部 CT 检查也有一定的风险，并且还要家属亲自在知情同意书上签字。这些只是我的主观分析，仅仅是个人观点。没有医疗事故鉴定意见来进行科学判断是非常遗憾的。在当时那样紧急的情况下，医生和患者家属是如何沟通的，是否完全告知了病情和可能发生的各种后果，家属是怎样理解和作出决定的，对于这些情况，双方的表述都不一致。目前，也无法还原当时的真实情况。这就给审判带来了一定的难度。医院还解释说，家属曾在病房吵闹时毁掉了部分病历，所以，他们才重新整理书写了那一部分病历。这种单方面的辩解，说服力不足。而且家属还出示了那几页原始病历的复印件，对照医院出具的重新书写的病历，恰恰证明医院修改了原始病历。

由此，我向合议庭提出了我的个人意见。患者是发生脑部疾病以后才到北京治疗的，F 医院对患者的治疗没有过错，不应该承担任何赔偿责任。被告陕西那家医院在治疗过程中是有过错的，并且，那家医院无法提供原始病历导致不能通过权威部门进行医疗事故鉴定，主要责任在被告方，应该承担相应的责任。我们合议庭也根据双方提供的证据和已经发生的各种费用数额，对诉讼请求的各项费用的合理性进行了反复的研究。

我事后分析，被告陕西那家医院最大的"硬伤"就是修改了原始病历。原告的母亲采取手段取得并复印了正在住院期间的那部分病历，掌握了有力的反驳依据。因为原始病历被修改，所有的医疗事故鉴定部门都拒绝对此案件进行事故责任认定，这就导致无法为那家医院做出的合理治疗提供有力的证明。被告医院迫于患者家属的压力，还要服从当地政府主管部门的指示，尽量照顾患者家属的要求，为息事宁人，先行垫付了患者几年来去外院的检查治疗费和生活费用。作为受理此案的法院，我们只能根据事实认定责任，依法进行审理，实事求是地作出公正的判决。

法院不能包办一切

案件审理告一段落，判决生效后，双方各自依法履行义务不在话下。

可是，离开法院的我脑海里久久地闪动着那位哭诉的母亲的影子，她们母子虽然争到了胜诉，回到现实生活中却还有许多困难要面对。

人民法院只能根据双方的陈述理由和辩论意见，对出示的证据的真实性、合法性、关联性进行判断，依据法律法规对诉讼请求进行公正的判决。而由案件衍生出来的涉及家庭、社会等诸多问题，法院是不能包办解决的。

这母子俩经历了惊心动魄的与死神的搏斗，孩子的生命算是保住了，可是这个孩子以后的生活将异常艰难，也就是说，有生命力的他却无法过正常人的生活。为了照顾自己的亲生儿子，妈妈丢掉了国营企业的工作，家庭收入减少，支出却越来越大。妈妈常年照顾着自己的儿子，日夜经受着煎熬。还要与医院不懈地"争斗"。争取更多的钱是为了生活和治病，争强斗气是为了维护自己的"权利"，其实也是发泄自己心中的烦闷。几年前，这个争来闹去的家庭也破碎了，父母离婚了，孩子的生父离她们而去，可怜的孤儿寡母在社会的底层艰难地生活着。

长期在这种环境中生活，妈妈的精神状态肯定是非理性的。由于扭曲偏执的心理驱使，她敌视那家医院、仇视社会。认为那家医院害了她的儿子，毁了她的家庭，毁了她们母子今后的一切！所以，她咬牙切齿地和那家医院"决斗"。她认为社会对他们不公平，人人都在欺负她们，法院也是一样，没有公平可言。因此，时常不顾一切地发泄胸中的愤懑。她到处投诉，出入多个信访部门，以各种手段给政府部门施压。这些所作所为一方面给相关部门处理问题造成很大的困难，另一方面也只能更加加剧她自身的负面性情绪，以致成为病态心理。而这些也是法院难以解决的社会问题。

还有一个实实在在的生活困难问题，是谁也替代不了这母子俩的。医生修复了她儿子的心脏，却难以修复妈妈那颗破碎的心灵。儿子的终身残疾、家庭的破裂解体、妈妈的心身煎熬，只能由她们母子俩承受。局外人是无法体会到的。

颅脑出血后造成的损伤是无法治愈的，主要表现为癫痫，而且有可能会越来越频繁发作。这会严重影响患者的成长发育和生活质量，导致患者连吃东西都要用鼻饲。小患者 12 岁了，身高只有一米左右，大小便都需要护理，自己不能行动，还要忍受谁也不能代替的病痛的折磨。按常人理解，接大小便等生活护理的事大家都能够体会其中的辛苦，认为照顾病人的生活起居只是辛苦一点。可是，他的妈妈要天天给他换纸尿裤，日复一日、年复一年地如此照料，偶尔疏忽了，可能就得要洗被褥了。常人对鼻饲了解的比较少，许多人不知道其中的艰辛。鼻饲就是要把各种食物打碎，做成稀糊糊，用注射器通过鼻饲管打到胃里。打快了，会造成呕吐，打慢了，推注射器的手会很酸痛。鼻饲喂食需要定时定量，妈妈每天要为他做饭、喂食，营养摄入不够还会影响身体体质，更容易患病。外人听到这么复杂的事都会感到紧张，而他的妈妈却要餐餐如此地喂养她的儿子。更恐怖的是，小患者的身体和智力都受到神经系统疾病的摧残，不能正常思维和与外界交流，只有他的妈妈能够与儿子进行语言交流和感情沟通。孩子时常会因为自身的难受向妈妈发难，当然，妈妈有时也向可怜的儿子发火撒气，这娘俩的精神世界，外人谁也无法进入。还有……不必多说了，想想就难，越想越觉得她们的生活太不容易了。

我同情那位患儿的母亲，但是我无能为力，无法帮助她们。我理解那位母亲撕心裂肺地呼喊的情感，但并不是赞同她的那种不理智的做法。我愿意与合议庭一起公正地维护患儿的合法权益，甚至实事求是地针对她们的困难处境适当照顾一下。然而，"案结事了"并不能解决母子俩生活中的多种困难，不能抹平妈妈心中的创伤，也难以抹掉我的心理阴影。

医学是实践的科学，以目前的技术水平，有些疾病是难以治愈的，实际上很多疾病都不能治愈，只能是通过有效地治疗而得到好转。而现实生活中，人们都过高地期望医院和医生的治疗水平，希望所有的疾病都能够治好。

我们不能期待心脏外科的大夫一眼就判断出是脑出血，而且不可能提前就做脑部 CT 去排除有没有脑血管异常（这个小患者很有可能身体的其他部分也有先天性的异常），这些也应该理解医学的局限性，理解医院和医生。

但是，意外事件总是在各种客观因素的复杂关联中发生了。灾难落在这个家庭，不幸落到这个无辜的小孩头上。当家庭遇到突发事件，一定要理性地应对灾难，切不可头脑冲动、不顾一切。这个母亲的性格可能比较刚烈，伤害了周围的人，包括她的亲人和朋友。这个母亲的心理可能比较偏激，想问题、说话、办事过于急躁，结果却是越搞越复杂了。

　　陕西那家医院遇到了这个意外事件，也得承担应有的赔偿责任。虽然作为被告的医院感觉很亏，既付出了巨大的人力、物力和赔偿费用，又落了个败诉的名声。每次开庭时，他们都要从陕西赶过来，聘请的律师可以换，当事人却不能解脱，面对原告的指责忍气吞声，还要维护医院的权益。但是，经过几年的审理，能够得到"案结事了"，比起胜诉的原告继续承受痛苦的折磨，他们也应该知足了。而且还要认真吸取教训，严格医疗流程管理，为患者的安全把好关，避免类似的事件发生。

陪审让我看到别样风景

程藩生

我叫程藩生，六十多岁，走在街上常被群众称为大妈。1969 年，我被时代浪潮裹着去了北大荒。1978 年返京时既无学历也无特长，被分配到银行，充满信心又不得要领，工作在后边推着，时代在前边引着，忙忙碌碌，不觉就过了三十年。2008 年从银行退休后，做好一名人民陪审员成为我的一个新的努力目标。几年下来，有个感觉渐渐清晰，相比动荡的青年时代和安稳的职业生涯，人民陪审员的位置似乎更适合我的秉性。

倾听内心的呼唤

退休是一道风景，远看令人憧憬，真的进入了，就添了茫然。每天早上都可以自然醒，做做家务，看看电视，还可以安排能彰显快乐的各种性质的旅游。按说这些都应该是晚年幸福的内容，可这样过了几天就不踏实了，我意识到，这幸福并不利于老年人的身心健康，尤其是"心"。

首先我想到的是继续工作，这缘于多年前的夙愿，那时想得挺长远的，希望自己能健康工作到七十岁，至少工作五十年。退休前我在银行干了三十年，金融、财会这一行的专业知识积累了一些，在如今那些多是年轻人的公司里，咱的经验或许就成了财富。很快我就在一个正处于蓬勃进取阶段的大企业里找到了位置，虽无具体任务，却收入可观，而且环境很舒适。说句时髦话，几天之后，生活就进入了一个"新常态"，新单位是个可以感觉到熟悉的环境，无非是一些财务报表和项目投资的分析、评估，和以前银行办公桌上堆着的那些文件大同小异，我很快就融进去，或许在这里，积累的经验还能发挥出来，况且那张皮椅子还挺舒适的。

在没退休前，单位就推荐我去甲区人民法院当人民陪审员。当时我并不了解这个工作，也没有把握能胜任，好在陪审的工作可以自己选择时间。两份工作给了我不同的感受，在快乐地做有意义的事儿和享受丰厚待遇、煞有介事地当个"摆设"之间，我的心渐渐有了倾向性。如今退休了，有一定自由了，可以舒展一下自我了，工作也不再仅仅是维持生活的需要了，那干嘛不"任性"一回，依自己的意愿来选择呢。

最终的选择是倾听内心的声音。我认为人民陪审员是个挺开眼界的工作，坐在法庭上，面对形形色色的案件，等于是整个世界在对你展示她的面目，没有删改，没有屏蔽，无论善恶或美丑，都赤裸裸地展示在你眼前。

这工作的吸引力还并不尽显于此，甲区人民法院的陪审队伍里有不同行业的精英，有医院的大夫、大学教授、民主党派人士、社区办事处工作人员，甚至还有几位有相当级别的公务员，我觉得这又是另一种意义上的"开眼界"，大家坐在一起讨论案子，说些热门消息、旧日见闻，各自的观点和经历不经意间融到话题里，闲聊都是有收获的。

唯 的顾虑是我不大懂法律，过去在银行虽作为诉讼代理人打过官司，或原告，或被告，都是当过的，可那都局限在债权、债务纠纷方面，我学的那点法律知识因此也就很单一，今后，案件五花八门，各色人等均会出场，我这点知识能应付得了吗？

甲区人民法院负责陪审工作的左老师和几位资深陪审员给我上了一课，虽然七嘴八舌，却很有成效，增加了我的信心。你不必多虑，在法庭上，并不要求每个陪审员都有系统严谨的法律知识，准确地说我们是那种"有发言权的旁观者"，你可以凭自己对是非善恶的评判标准来判断，在某种意义上，你代表的是一部分民意，虽然不能决定最后的判决，但对法庭和法官来讲，你是作为"影响和参考"而存在，是法律和民意的一种联系。

这下不犹豫了，与真正充实的退休生活和能参与法制建设、开阔自己眼界这些因素相比，那些财务报表和那份优厚的报酬有些黯然了。我坐在那张舒适的皮椅上写了辞职报告，毅然辞掉了那份工作，离开那座够气派的大楼时，我的心底居然涌出一种跃跃欲试的劲头，那是在年轻时常出现的情绪，明知将要面临很多不可知的事物，可看好了它，看准了它，它就成了目标。

进入陪审角色

作为陪审员坐在高高的审判席上，确实感觉与当单位的代理人不同了。以前代表银行到法庭，当然要维护本单位利益，搜集证据，字斟句酌，据理力争，立场很明确，目的很执着。这种状态下的人，思想和眼光是不自由的。而陪审员不一样，不涉及利益，也不必有固定的立场，可以同情被告，也可以质疑原告。我自己的价值观就是判断的尺子，对案子的分析是我自己的，提出自己的疑点没有顾忌，我很喜欢这样的参与。

社会果然千奇百怪，看似平庸老百姓的家长里短中，竟蕴藏着那么多曲折复杂的纠纷。当我把我的惊奇讲给大家听时，又让人家给上了一课：这种杂乱是好事，您觉得琐碎古怪的这些故事以前在法院确实见得不多，可您意识到没有，这恰恰是社会进步的一个反映，是一直进行的法治教育普及的成果。越来越多的人对法律有了依赖，一事当前，不再去托门路或花钱私了，或更极端的想到拳头、棍棒，而是求助法律，从而大大防止了普通纠纷向恶性发展的可能。本来嘛，这个世界上的大多数人都是通情达理的，如果有了一个大家公认的标准，一把令人信服的尺子，事情又何必非得闹到你死我活的程度呢。

言归正传，就说说我当陪审员的故事吧。以前我的朋友和同事几乎都劝过我，要改改自己的脾气。尽管大家说的很婉转，拐弯抹角的，可所表达的意思却是明确一致的：别这么较真儿，该说的说，您总该先看看场合吧，别什么事还没考虑完整呢，前半部分已经从嘴里说出来了，这样容易吃亏的！

当然这些都是善意的、充满友情的话。其实我也早知道自己在很多方面是不够成熟的，一事当前，应该怎样去应对才有利，对我们这个年纪的人来讲并不难判断。可我却常会选错，有问题就是有问题，为什么掩盖？为什么还要硬说没问题甚至是成绩！往往是说出来发现有人不自在了，才意识到又失口了，下次说话一定要慎重了！可下次，又没做到，上次和下次没啥区别，没一点改善，在这方面几十年倒是做到的了"一贯"二字。您或许可以理解这点，其实在我们每个人身上都存在着改不掉或他自己根本就不愿改的毛病。

当了人民陪审员，我发现在法院再没人劝我改了。看出问题就说，说明咱的工作投入、认真，居然还受到了鼓励。这对我来讲，何等快意！我觉得这工作才真正适合我，您同情谁，替谁惋惜，说出来；您气愤、您无奈也说出来；您若较真儿，也可以，讲出道理来。

从法庭回来，大家常会在一起讨论各自参与审理的案子，当我们陪审员的看法与审判长的意见不一致时，说还是不说，这就是个问题。问过很多人，好像真没有因陪审员的异议而影响判决的先例。左老师经常参加我们的讨论，有时会"依法解释"一番，同时她又鼓励我们可以把自己的不同观点正式向法庭表达出来。人民陪审员若能依自己的推理和判断向法庭指出某当事人的疑点和纰漏，就能使自己的意见成为法庭参考的有分量的依据。陪审员可贵的是入情入理的分析和嫉恶如仇的精神，若再能理智地说出你们对善恶是非的判断依据，坚持做自己认为应该做的事，也许就能制造出一个"先例"来。这实际上是给人民陪审员提出了一个挺高的要求，但我们的努力真能迈出这一步吗？

故事从我们参与审理的一起敲诈勒索罪开始。案子的情节是这样的：醉驾哥 Z 某逆行抢路，剐蹭了 A 先生的车，双方理论过程中因 Z 某亮出凶器（改锥）而致对方报警，警方介入自然于 Z 某不利，于是他主动提出私了，数日后双方按约会面，当 A 先生接过那笔商定的赔款时，角色易位，A 先生由此成了被告，被控敲诈勒索，而且在接受赔款的时候被警方当场拘捕。公诉人对被告犯罪事实的描述是："以将向公安机关告发并追究被害人刑事责任相威胁，敲诈被害人人民币 5 万元，后被查获。"这样所需人证、物证俱全，被控罪行又实施于警察眼前，得出这样的结论应该是可以说服人的，但此案的成因和经过在起诉书中的表述是不完整且模糊的，疑点若隐若现地贯穿于本案始终。

什么是敲诈勒索罪？为什么被敲诈？起诉书中寥寥数语，难免让人一头雾水，审判长对案情以及适用的法律作了大致的介绍，引导我们带着问题参与这一案件的审理。

在长达四个小时的庭审过程中，公诉人与被告、辩护律师各执一词，在 A 先生有罪与非罪之间展开了激烈的辩论。审理中，审判长深入细致的法庭调查，不急不躁的倾听陈述，使我们对原本模糊不清的案件逐步有了了解，案情也逐渐清晰完整起来，在充分了解事件的来龙去脉和众多的细节后，陪审员对罪与非罪也有了自己的判断。

如被害人为何被敲诈？在法庭调查过程中我们才逐步知晓了 Z 某酒后驾驶、逆行和故意伤害他人以及危害公共安全的全部事实。而此案中 Z 某和报案人 B 某均为本案的当事人，均与本案存在着一定的利益关系，不应作为证人，其证言也不应采信。此外，案发当日的几个细节也令人感觉蹊跷，这些细节的戏剧性巧合使我们不得不深入思考。

案发现场的时间、地点均由被害人安排，其选中的星空咖啡厅就在丙派出所附近，被害人、被告、现金、警察，出场的顺序如电影镜头般完美，暗示被害人对出警时间、案情发展有一定把握，似在掌控之中。丙派出所记录：收到受害人报案的时间是 2010 年 5 月 25 日晚 21 时。而报案人 B 某所述的事实经过是：当晚 21 时许，双方四人见面，之后协商赔款及起草和签订协议、出具收条、欠条等，（时间大约需要 30 到 40 分钟）在 B 某出外复印协议时向派出所报案。这就出现了一个时间差，即：报案时间在前，"敲诈勒索"在后，这是本案一个待双方解释或三方解释之处。很多细节都在指向一种可能：这是想通过"设局"来摆脱困境的一个编排，最初的过失一方后来甚至企图从运作中获利，"被害人"对自己的聪明过于自信了，我们不能眼看着这种自以为得意的高明得逞。

庭审结束的合议中，尽管对敲诈勒索罪的法理定义并不了解，但是我们两位陪审员对此案罪与非罪的感觉却不谋而合、高度统一。我们从情理上、逻辑上认为 A 先生在此案中没有构成犯罪！

带着检察官和审判长认为被告有罪，而我们认为被告无罪的困惑回到办公室。我们将庭审中的不解和想法与陪审办公室的负责人进行了交流，我们一起查了《刑法》关于敲诈勒索罪的司法解释，对于敲诈勒索罪，《刑法》的解释是准确明白的，敲诈勒索罪必须具有非法强索他人财物的目的。如果行为人不具有这种目的，或者索取财物的目的并不违法，则不构成敲诈勒索罪。从法理上讲此案中的被告也不应被认作犯罪，法律条文证明我们的感觉是对的，我们就有理由坚持自己的看法！应该说我们很多陪审员参加庭审时所作出的判断大都经历这种过程，毕竟不是专业人员，我们对案情有了一定了解后，我们首先会用情理、道德、善恶这类标准来衡量涉案的各方人员，最初的思考往往是缺少法律依据的，所以在"第二时间"尽快掌握涉及有关案情的法律知识是至关重要的。

被告 A 先生是 Z 某酒驾撞车案件的受害者，其主张权利，索要赔偿的做法在情理之中，不应视作主观恶意的犯罪行为。Z 某酒后驾车、逆向行驶且故意撞车的行为严重危害公共安全，造成了被告 A 先生的人身、财产及精神伤害理应受到处罚和付出相应赔偿。事发后是 Z 某的亲属多次主动与 A 先生联系赔偿事宜，而 A 某并未主动威胁被害人，迫切希望私下调解的应是"被害人"Z 某一方，A 某在案情发展过程中表示要追究此案刑事责任以及要求赔偿的做法，不具有非法强索他人财物的目的。时至今日 A 先生也未取得任何合理赔款。实际上他在案情发展中一直是个被动角色，正在一步步成为这场博弈中的失败者，成为真正的受害人。

合议中"无罪意见"以 2∶1 的结果成为了多数，审理这个普通案件的进展过程引起西城人民法院相关领导的高度重视，最终被提交到审判委员会讨论，由审判业务的资深法官们来对此案作出决策！

审委会上，我以陪审员的身份发言：本案被告 A 先生为维护个人权益的行为未超出合法范围，尽管出于贪欲索要的赔款数额或许偏高，但相比类似案件中几十万、上百万的赔偿诉求，A 某索赔金额于法于理并不过分。而"受害人"一面主张"私了"，主动安排与被告协商赔偿，一面向公安机关报案的做法是不道德的行为，存在凭借自己的运作来操纵法律之嫌。司法机关应深究其操作过程，使其本人及民众认识到，在公正的法律面前，任何带有恶意的预谋都是徒劳的，不应得到法律的支持和保护。审委会的成员们在认真听取了我们的意见后，对案件进行了热烈的讨论，最终结论与我们的意见一致：被告人无罪。

会议结束后，我们才意识到我们真的制造出了一个"先例"，对这个结果，大家都有些意外，也很振奋。甲区法院陪审办的负责人左老师说，陪审员在审委会上否定了审判长的意见，是她在法院工作了半个世纪以来从未发生过的事情，她认为这是一个很有意义的先例。而我的内心感到非常喜悦。我们的观点能得到法律的认可，我们的积极参与也是有价值的。

此案最终由检察院撤诉了结。但是它的积极意义不应被淡忘，在公开的案件审理过程中，陪审员被公认是人民群众的代表，随着社会的进步，他们的参与程度会越来越受到关注，只有切实保证陪审员在独立发表意见、有效参与审判、影响并监督判决结果等方面能真正落实，一步步走向司法民主与大众参与，才能充分体现"让人民分享司法审判的权力，以权力制约权力。"而人民陪审员逐步摆脱作为陪衬的形象和位置的过程，或许就是"有效防止司法独断与专横，保障公民自由、民主"的渐进步伐，这样，社会固有的对陪审制度所持的怀疑态度也必将随之改变。

法律的权威来自公正，要做到"令人信服"并不容易，法官不可能在各个领域内都是内行，调解、判决的依据也不会凭空而来，所以蕴藏在陪审员中的各方面的专业知识就有了用武之地。

我的原工作单位是在银行，参加工作就是从信贷员做起的，直到退休，几十年和债务人、贷款、利息、确认债权、清理不良资产打交道。缠斗久了，那些看似一团乱麻的陈年旧账已吓不住我了，作为陪审员，在处理一些债务纠纷时，我就可以发挥专业特长，帮助法官作出有凭有据的正确裁定了。

有一次，陪审员宋老师找到我，她正在参与一个债务纠纷的案子，两个当事人对偿还欠款的数额各不相让，从一审打到二审，又被发回重审，历时三年了。其实就是一个利息计算的问题，原告（债权人）坚持要复利、要违约金，但他索要数额的计算依据被告不同意，宋老师说：要让原被告心服口服，只能依据法律规定，计算出精确的欠款数额。

算利息，这可是我的专业，尽管这是一个复杂琐碎的计算过程，而且此案已历时多年，期间被告分次偿还过多笔欠款，银行的贷款基本利率也进行过多次调整，这些都增加了计算的困难，我还是把"作业"接了下来，为了让原被告心悦诚服地接受判决，我将本案案卷的有关材料复印后带回家，当晚就查阅了这几年银行利率调整的文件，按照审判长确定的法律依据，计算出精确到分的欠款数额。这是一份经得起推敲的利息计算表，法官的判决因此有了依据，最终原被告皆服，达成了和解，结案后双方都给法院送来锦旗，皆大欢喜中，久而未决的案件圆满解决。

这一桩桩在陪审过程中获得的小小成功使我获得了成就感，虽说微不足道，但对我这样已经被时代"边缘化"的退休大妈来讲已足够了，当你的付出换取的回报不是以"利"的形式、物质的形式来表现，而是在精神上给你振奋，让你自豪，你就会被这些收获所鼓舞。对老年人来讲，这是个挺奇妙的动力，虽然您老人家正一步步走向衰老，可您的身心还充满着向上、向前的劲头，从这意义上来讲，我还真是要感谢这一份陪审工作。

七年陪审带来的思考

在决定当陪审员时，我曾有过一个小小的疑虑：在法庭上，恐怕将会不可避免地见到我们正常生活中罕见的种种丑恶卑鄙，见的多了，会不会动摇我对世间一切事物的原有概念？一旦发现人们原来是生活在如此尔虞我诈、见利忘义、仇恨虚伪等雾霾之中，我还能对人性，或者说是对人类发展到今天的文明充满信心吗？

转眼当陪审员七年了，现在回过头看，当初的这个疑虑实在幼稚，几年中接触的案子虽没有那种令人震惊的、骇人听闻的要案大案，可在我眼前，社会的光怪陆离已经展示的够充分了，但预想中的那种对人性的失望却没有出现，而我却渐渐学会了用"法制的眼光"衡量事物，对很多问题的思考也不再像以前那样充满感性成分了。

我们老百姓敬畏法律，但不是社会中的所有人都敬畏法律，抑恶扬善，本是法制的功能之一，然而世界熙熙攘攘，总会不断地出各种状况，这也该算是一种常态，用不着大惊小怪，而每当这种情况出现，该保护谁，该惩罚谁，这是法律要认真对待的，在一个理想的情况下，只要法制严明，我们守法百姓的一切自然就会因此有了保障。

几年过去，陪审员这个位置使我对法律而不是对"人性"有了与以往不同的认识。我曾经相信法律是万能的，相信真正做到了法制，一切问题都会迎刃而解了，可实际上做到这点是多么不容易！虽说几十年没有大的战争，但我国的社会经济飞速发展，人民生活巨大的变迁，客观上很多问题复杂化了，当下的道德观、价值观、经济金融、城乡、官民等矛盾堆砌在一起，给法律带来众多难题。

按说经过七年，已经可以说是资深陪审员了，但我看问题的角度仍与真正的法律工作者存在着差异。我接触的民事案子较多，家庭亲属间的财产分割常作为主线。如一位老人去世了，一直同老人生活在一起的子女常常会目瞪口呆地迎来一大群陌生或半陌生的亲戚：当老人病患缠身时他们是路人，此时却都手捏着什么证明号称有继承权，要求依法分割逝者的遗产。以我的观察，在法庭上，那些最后照顾父母，并给他们送终的孝顺子女一般都比较老实窝囊，而法院最后裁定时也往往只以血缘的远近为依据。站在法律上想，也许只有这样才公正，才有说服力，而且操作起来简单明了。我觉得这种公正让人遗憾又无可奈何，我总想称它是"生物性公正"，是抛开人文因素而偏重基因鉴定，完全由显微镜和试管决定的……

最近有一个案子，银行卡持有者状告银行，他卡中的钱被人在外地一家商户的POS机盗取，而他本人在发觉后立刻报了警，未发现任何过失，这分明就是一桩明显的盗窃诈骗案件，警方受理后，迟迟不能破案，受害人只能起诉银行，要求并无过失的银行承担赔偿责任。在这案子的审理过程中，各方唇枪舌剑，据理力争，责任由谁来承担，几方推来推去，银行顾虑的是一旦开了这个头，以后这类的索赔案件会层出不穷，银行将会成为罪犯的提款机。警方无力破案，认为反正银行有钱，先通过民事纠纷由银行承担受害人的损失。官司由始至终，真正的罪犯却一直被忽略。那个贼伸手了、盗窃了、制造了这个案子，只是因为他"魔高一尺"，掌握了高科技，能算在"能人"之列了，结果就被"网开一面"，放在一边，而各方处心积虑的是责任问题，极力化麻烦为"与我无关"，这是在很多这类纠纷中出现的场景，罪犯攫取不义之财的案件会变成一只球，在那位"能人"之外的几方之间踢来踢去，这现象不禁让人怀疑，在"魔高一尺"之后，那些负责降妖的"道"们有没有压力，你今天施展一番，把责任成功地推出去了，今后"能人"再出手是不是真就与你无关了，你是不是会更加坦然。

还有些案子像天方夜谭般离奇荒诞，故事讲下来，当事人最后都可怜兮兮地成了弱者，在我们讨论这类事儿的时候，大家竟然也在不知不觉中变出个苦瓜脸，真叫乱呀，无解的题我们也答不出。

如一些外地农民阴错阳差地成了上访者，在北京生活了多年，这期间难免做出一些荒唐事，被警方以寻衅滋事罪拘捕，法院审理后会依法判上一两年刑，可"访民"能做到随时变作病危的患者，口吐白沫兼翻白眼，将自己运作成一颗烫手的山芋，于是警方把他送到医院，最终因他在医院为所欲为滋事胡闹，警方再把他送到法院，法院也就只好依法审理后判上几个月刑期，还要缓期执行。至于这患者怎样由一个农民变为访民，又如何成了随时有生命危险的患者，这些似乎没人追究，而任他逍遥自在，享受着为所欲为的特权。我把这也看作是踢皮球的一种形式，不知道在其他国家这类纠纷会不会存在。

听各方面的申诉，会觉得都有各自的难处，再追问下去，就成了可以理解的难言之隐，谁都有一大堆难言之隐，较不得真。我们草民敬畏的法律，习惯将法官看作是青天大老爷，那您就快给个说法吧！可您也是经常举着惊堂木落不下来，莫非您也有难言之隐？

也有为那些被法庭宣布有罪的人惋惜的时候，法庭依法量刑，嫌疑人也确实犯了比较恶性的罪。之所以有些案子每每被提起的时候总是令人唏嘘，就是因为它根本不该发生，而且被告也是不该和犯罪扯上干系的好人，更可叹的是要避免这类案子的发生其实并不需要花多大力气。

初当陪审员时，觉得像开了眼界，原来社会这个机体里竟如此充满躁动，以前怎么就没觉察到这点。我们大多数人长期生活在一个约定俗成的环境里，相互间的交流来往凭情理，偶尔见到有一点小小的异常就会大惊小怪，而在法庭上陪审，你很快就会由最初的惊讶、不解变为"见怪不怪"了。

可这毕竟不是看戏，一个个案子都是在我们周围切实存在的，它们反映的是社会的复杂和它存在的缺陷，而我们也生活在这同一个社会中。这样想了，就不再像开始时那样，觉得这案子精彩，那案子又可气又可笑，到后来，当有些类似的遗憾事情屡屡出现时，你不会再有猎奇的感觉，也再笑不出来了。特别是一些因果关系很琐碎的案子，起因是我们都常见的、挺熟悉的事情，当它发展成一起恶性案件时，我们就不得不想，毛病出在哪里？真正要负责任的该是谁呢？怎样才会让这种事不再发生呢？之所以会有这些疑问，是因为看上去案子中好像没有坏人，原本是一些芝麻绿豆，凑到一块儿就出了事，而且成了恶性的！

张老师就不是坏人，退休后在家当老太太，买买菜，看看电视，还偶尔有学生来探望，生活平淡、幸福。和别的小区一样，张老师住的楼房也开始加装外墙保温层，这应该算是件好事。脚手架搭起来了，工人们吆吆喝喝地干起来了，事情到此也还是正常的。可张老师安静的生活受影响了，工人们在外边大声喊着，敲打着铁管，而且还抽烟，一歇下来几个人一起抽，张老师视觉、听觉、嗅觉都敏感，探出头和工人们说："你们尽量小点声，也别在人家窗前抽烟，这里住的老年人多，受不了这么闹。"工人们分辩道："我们要和下边的人说话，隔着十几层楼呢，声小了听不见，没办法，再说我们不过是抽根烟解解乏，又没进您屋里，这儿也不是您家的地方呀，您有意见找我们头儿说去吧。"

张老师忍着吧，只是一肚子气无处宣泄。工人们并不都是很熟练的老手，在高处悬着操作难免会有些失误的时候，张老师发现自家的阳台被砸坏了，这回可以较真儿了，真的去找了，反正时间有的是，找包工头儿，找物业，找居委会，找得自己灰头土脸的也没找着个说法，回去接着忍吧。张老师的不愉快、满肚子火，加上院里坐着同样被施工噪音赶出家的老太太又给她加了几把柴，火气更大，回来就坐家里生闷气，看啥啥不顺眼，挑起孩子的毛病来，絮叨一多，孙子先逆反了，顶嘴、发脾气，最后连带着儿子儿媳也翻了脸："老看我们烦我们走还不行！"孤家寡人还是不得清静，窗外又敲打起来，张老师放下知识分子架子，什么理智、什么教养，去他的！她拉开窗户冲外面叫喊，结果毫无效果，人家不理睬她，叮当之声更响了。张老师这时整个变成了一个市井老太太，蓬乱着头发，提了把菜刀上了顶层举着，冲下边喊叫着："再闹，再闹我把你们这些绳子都剁了，摔死你们！"工人们听到了以为开玩笑，没有理睬。于是，在他们的起哄声中悲剧发生了。

庭审中，张老师看着是个很理性的人，即使面对故意杀人的起诉仍挺平静。她讲了她的懊悔，讲了当时的愤怒和无奈，她似乎挺愿意诉说，不在意这些话是否对自己有利，是否能影响判决，只是诉说。但毕竟张老师是为了发泄不满情绪，在明知保护高空悬吊施工工人的安全绳正拴着施工工人的情况下，用刀割断了绳子。这行为侵犯了他人的人身权。虽然由于她意志以外的原因避免了被害人重伤甚至死亡后果的发生，可性质算"故意"，这点已不可改变，一个一生从事教育事业的老师背上了故意杀人的罪名，这种时候，我们向她说些什么好？

法律是公正的，犯罪行为必须受到惩罚。我不该为张老师委屈，只是"惋惜"。我们的社会里确实充满了一些"愤怒和无奈"，作为个体，怎样去对待，应该是个成年人可以把握的问题，但一旦可气的事多了，窝着的火升温了，经不住考验的那部分人就容易触犯法律，而让这类人最后站在法庭的被告席上，其实是件很遗憾的事。

今天，我经常想，如果没有加入陪审员这个行列，我的退休生活会是什么样。参照一下同龄人，他们中很多人推崇的是洒脱、糊涂、养生、快乐，我的选择好像偏离了这些。当终于有了眼下这个条件，轻松的生活就在面前，可望可及时，这一切却对我失去了足够的吸引力。在退休最初的那段兴高采烈的日子里，我尝过人完全放松是什么感受，悟出以前忽视的一些格言中的哲理。所谓幸福其实并不存在一个标准的模式，它不是具体的，只在人的感觉中，因此它是因人而异的。我设想过，凭我的性格，不可能有那种在轻松愉快的生活里长时间享受的耐心，真的身在那样的

"福"中，我会很快产生厌倦，产生空虚感，会在由自然醒、菜市场、公园等构成的舒适幸福中渐渐枯萎。当然，我追求的充实、积极、有意义等也是对某种生活的一个"抽象"描述，我不能很清楚地说出它们都表现在哪里，可它们毕竟是可以感觉到的东西。只有感觉到它们的存在，我才会从中品出生活的价值，人才会有活力。

陪审——发挥专业知识的舞台

朱康永

自从被区政协推荐并得到人大任命当人民陪审员以来，心情十分忐忑不安，既感到高兴，又害怕不能胜任，还怕影响本职工作。我作为政协委员，平时要参政议政、了解社区民意，还要当政府监督员进行明察暗防。我在企业任职，单位本职工作是我的主要工作，所以经常时间不够，参加陪审的次数也不多。但我十分喜欢陪审工作，在案件审理过程中增长了许多知识。通过庭审，我看到了商人的狡诈，罪犯的狠毒，不懂法的悲剧，人性的纠结，无赖的嘴脸……在法庭上表现得淋漓尽致。法官们要从法庭调查和证据中理出头绪，给出一个公正的、令人信服的判决，着实是件不容易的事。而我们有的时候因为利用自己的专业知识，帮助主审法官确定案件的真相感到很高兴。

法庭上我把被告问得哑口无言

我工作单位在金融街，时常在金融街许多高大的写字楼中穿行，常有素不相识的年轻人冲我点头打招呼，处于礼节我也常微笑点头予以还礼，但过后搜索大脑的记忆，无论如何也找不到我们过去曾经有过交集的痕迹。一天早晨，在 T 大厦吃早点时，一个年轻人端着餐盘直接坐到了我的对面，我抬头望去，是一位过去未曾谋面的先生。但就在两人眼神相对，他先开口说：“老师，我是某证券公司的，在您陪审 Z 案中旁听过，对您在庭审中所提的问题印象深刻。”这让我回想起我参加陪审的一桩案件，那是利用职务侵占交易手续费，而且数额巨大，作案手段堪称缜密的

035

案件。

在讲述此案前，我必须先讲一下银行间债券市场结算。根据我国相关规定，允许进行银行间债务结算的企业分为甲、乙、丙三类，甲类户为商业银行，乙类户为信用社、基金、保险和非银行金融机构，丙类户为非金融机构法人，甲、乙类户可以直接在银行间债券市场交易结算，丙类户只能通过甲类户代理结算和交易。由于甲、乙两类企业注册资金大，风险控制能力强，所以抗风险等级高。而丙类企业由于不具备上述条件，所以业务范围受到限制。

介绍完了行规，下面简述一下案情：Z某应聘到某国际信托公司固定收益部工作，任该部总经理助理，具体负责债券交易。由于该国际信托公司没有对债券业务投入大量资金，仅提供了一个平台。Z某就利用了国际信托公司这个平台，利用其职务身份所掌握的债券资源及需求信息，以及其他金融机构对于该国际信托公司作为债券交易乙类户资质和资金实力的信赖，寻找交易对手，进行居间交易，并用自己另行注册的并实际控制的丙类户与某农村商业银行签署债券结算代理合同，将属于国际信托公司的利润输送到自己控制的丙类户。经过一年半的体外操作，张某所控制的丙类公司截流了本属于国际信托公司的巨额利润。

时隔不久，与之合作的某农村商业银行停止为Z某的丙类户办理债券结算代理业务。为继续谋取非法利益，Z某违反公司禁止开展代持交易的规定，通过加盖伪造的国际信托资产管理部及固定收益部的公章，委托女友就职的证券公司为自己所在的国际信托公司代持债券以继续从事非法活动。可谓机关算尽。但天网恢恢，违法行为早被监管机构掌控。最终在Z某准备出境前被公安机关扣留。

检察机关进行了大量的调查取证，最后以侵占罪对其提起公诉。这里用石油管道输送来比较形象地描述这个案子，债券买卖过程如同石油管道输送一样，居间的手续费就如同原油管道的使用费一样。而Z某的丙类公司就如同在管道上钻了个孔一样。虽说相对数不多，每次占比很小，但因为数额巨大，所以绝对数就十分大，这就是为什么很短的时间就可以积累这么多资金的原因。

庭审过程中，当法警将 Z 某带上庭时，这个曾经的债券市场的优秀交易员，身材消瘦，十分干练，眼睛里流露出些许狡诈，说话慢条斯理，没有丝毫的胆怯。当审判长宣布当事人权利与义务后，案件进入庭审程序。不管在法庭调查阶段还是法庭辩护阶段，被告对公诉人的指控都避重就轻反复为自己辩护，认为自己的公司合法注册，经营合法，并且完成了公司的承包指标和上缴利润，委托的丙类公司的高额收益是因为承担了债券流通的风险。公诉人对其提出的大部分意见经过法庭辩论都一一驳回，但对其掌控的丙类公司承担了债券流通的风险一时还难于厘清。

作为人民陪审员，在法庭调查时针对此问题我提出了质询："请问被告，一个注册只有一百万的丙类公司如何承担几亿债券的价值波动风险？你设立此公司的初衷是什么？"被告对我所提的问题没敢正面回答，只是进行了一些狡辩。因为在提出此问题时，我已经想好了下一步的提问。Z 某在法庭的表现给主审法官辨明事实的真伪提供了依据。如上介绍的丙类公司的经营范围、平抑亏损的举措和资金来源，等等。我的这个提问无疑击中了被告的软肋，由于此案是公开审理，旁听席上座无虚席，都是业界相关人士，可能我提的问题比较犀利，使旁听席上的旁听者印象比较深刻。最终，该案判决侵占罪成立，判处 Z 某有期徒刑 12 年。

其实，作为人民陪审员在此案的法庭调查阶段，我也有一个认识的转变，刚开始认为被告是利用了监管的空子，用自己的智慧和经验在挣钱，属灰色收入。为此还和主审法官交流过，因为注册的公司合法，完成上级平台公司的任务，况且平台公司没有出资，也不提供担保。整个交易链各个环节都有收益等，种种假象使人感觉到被告可能是违规但并不违法，是钻制度的空子。但是，随着几次开庭的深入调查，我发现当交易对手不承认被告所设立的丙类公司超越经营范围运作的时候，以及被告利用平台公司的信用伪造合同、伪造印章来为自己谋利的不法手段，使我越来越认识到这是犯罪，是破坏金融市场秩序，利用不法手段为自己揽钱。

天网恢恢，任何人都应该遵守游戏的准则，有再高的智商、再多的经验，只要是触及了法律也是徒劳的。

棘手的案件通过听证会解决

由于是政协委员的身份，当法院遇到比较棘手的案子时，希望我们这些当政协委员和当人大代表的陪审员能够出来协助他们还法律一个尊严，给法官一个公道。我有幸参加过一次有政协委员和人大代表参加的听证会。

案情经过是这样的：郭某是一个退休的会计师，退休后受聘于一家企业，由于本人的原因，与周边的同事关系处理不好，公司从各方面考虑，决定将他解聘。结果他不同意，扣住公司财会室钥匙不上交。因为公司要经营，公司自然就将财会室的锁换掉了。为此郭某起诉到劳动争议委员会，因为是退休后的工作，双方并没有签订劳动合同，所以劳动争议委员会不受理，随后他又告到法院，经法官的耐心工作，并说服用人单位给与适当补偿进行解决。郭某开始同意判决书的裁定，也不进行上诉，同时也领取了相应补偿。本来这个案子应该结案了，但郭某却以儿子结婚没房为由，要求用人单位予以补偿，为此反复地进行上访。

郭某年事已高，脾气倔强，工作难做。这本与法院毫无关系，可法院看郭某年纪大了，怕他身体出现问题，只好好言相劝。

我们陪审员队伍中有医疗方面的专家，指出生活中我们常遇到一种人，较真、钻牛角尖，这种情况发展严重了，医学的解释就叫偏执。由于郭某对别人不信任、敏感多疑，不会接受任何善意忠告，所以法院与郭某的家属讲明了利害关系，并希望他们劝解郭某，使他相信法院是友好的，可以信赖的，不应该对法院产生偏见和不信任。

同时法院召开了听证会，让他及他的家人与人大代表、政协委员一起座谈，陈述一下他的诉求，听听代表们的意见。我以政协委员与人民陪审员的身份在听证会上指出他的错误，并告诉他的家属这样闹下去，法律不会支持他，也会严重影响他的身体健康。在听证会上，当他看到来自社会各方的代表没有一个人同意他的诉求后，自己气馁了。通过听证会给郭某及他的家属震撼很大，会后通过法院工作人员的细致工作，问题终于解决了。

作为人民陪审员，我感觉只有中国法院才能把这样的案子办得如此完美，也圆满地化解了社会矛盾。但作为一名知情人，我认为郭某占用了太多的司法资源（我是搞经济工作的，所以进行了简单地核算，认为法律的落实是需要成本的，如法官的工资、场地、时间）。我一直在与法官交流如何避免浪费司法资源的问题，因为几十人要为这件事操劳着。可能这个问题需要专业人事来认真研究。

有一些犯罪源于无知

在审理案件的过程中，发现许多犯罪嫌疑人是对法律的无知或是对违法所造成的后果的严重性认识不足而引起的。由于无知触犯刑律，并造成妻离子散的事情有许多。

许多人在儿时一定有捉鸟的经历，那时候为能够捉到一只羽毛漂亮的鸟而欣喜若狂。20世纪50年代人们用一种叫作粘网的工具捕捉麻雀，那时麻雀被人们当作四害而遭到追杀。那时候人类尚不知道生态物种相互依存的道理。随着人们对自然界的逐步认识，建立了对动物的保护机制。过去的一些合法的行为现在成为不合法了。当你捕捉到一只漂亮的小鸟时，你可能已经触犯了法律，因为它可能是一只濒临灭绝的物种，是受国家法律保护的鸟类。

我审理的几个案子都是普通农民用粘网来捕捉鸟类，有的是为了过口舌之瘾，有的是为了卖掉赚几个钱。这些鸟类中不乏濒临灭绝的珍稀物种，而我国是有《野生动物保护法》的，一些濒临灭绝的动物是受法律保护的。许多农民不懂法，不懂生态平衡，甚至有的人没有文化，只为了能向不法商贩卖点钱而进行违法行为。有些农民，在法庭上自己的名字都写不好，要用按手印来证明自己的身份。当他们在法庭上陈述作案经历时，你会对他们的行为恨之入骨，可他们因为无知而银铛入狱，扔下父母妻儿时，又会为他们无知所酿成的苦果而惋惜。

我参与审理过这样一个案子，涉及的是贩卖枪支罪。案情是这样的：

当事人经营网店，出售仿真枪。枪支零件从香港玩具商进货，进行组装后出售。销售对象是一些武器迷。这些东西在国外是以成人玩具的形式出售的。为了达到逼真的效果，不光枪的外形尺寸一样，甚至可以利用力学原理射出子弹（无火药）。在香港是当玩具放在商店出售的。店家认为既然国外可以当玩具出售，国内理所当然也可以当玩具卖了，因此就开了个网店进行销售。殊不知我国对枪械的管理标准比国外高许多。它是以子弹的破坏力大小来厘定的，国外的子弹的破坏力要高于我们数倍。一只国外的玩具枪在国内就有可能因为它的破坏力超过国内的标准而被认定为枪支。我参与审理的这个案子的被告就是因为这个而获刑，年纪轻轻的就要因此在牢狱中度过几年的时光。如果他在开这个网店前知道了这些标准后，我想他绝不会去犯这个错误。

还有个案件更离奇，吃了几粒葡萄就要蹲大狱。在常人来看，从果园或市场偷几粒葡萄吃不会犯罪的。再严重点，就算抢来的几粒葡萄也很难入狱获刑吧。可事情就发生在我们身边。事情的经过是这样的：某农林科研单位培育一株经过太空旅行的葡萄种株，经过专家精心培育，葡萄终于结果了，由于繁殖的特殊性，果实很少，乒乓球大小的葡萄马上就要成熟了，研究人员看到研究成果在一天天成熟，欣喜若狂，跃跃欲试准备对果实进行分析，以便得出科学数据进行推广。正在这时，果实不翼而飞。发生了这样的事情，对这个单位的损失是可想而知。投入的金钱不说，科研人员的心血付诸东流。最后通过查看监控录像，发现葡萄是被民工偷吃了。案件破了，最后作案者根据造成直接经济损失而获刑。我想如果他知道结果，绝对不会犯这种错误。

在上述案件中，我认为犯罪人无故意触犯法律的主观意识，但行动确实违反了法律的约定，对社会造成了破坏，给自己和家庭带来的遗憾是终生的。有时候在审理这些案子时，脑中常在思考一个问题，法律的普及就如同疾病预防一样；在公民中应该从小学生就要抓起。健全的法律制度是让全民熟悉了解它。而一个国家的进步与公民的法律意识是息息相关的。

以上几个陪审员经历的事情，就是想让大家了解一下看似神秘的人民陪审员的工作是怎样的，人民陪审员在法庭上起到什么作用。他们是一些普通的人，从事着各种职业，可能对法律条文并不精通，但是他们有很强的辨别是非的能力和弘扬正义的责任感，而且是各行各业的优秀人员所组成。他们在法庭上有与法官一样的权力，同时也尽到公民应尽的义务。写到这里想起一个在美国大学当法学教授的同学提出的问题：在中国，你们陪审员在法庭上都干些什么？当时我给他解释我们与法官相同时，他还半信半疑。我想当他看到上面的故事就知道我们在法庭做什么了。

难以释怀的少年法庭

史 利

　　我是 2015 年 10 月才加入甲区人民陪审员队伍的。我的本职工作是一名新闻工作者，在中国国际广播电台有 20 多年的新闻从业经历。

　　中国国际广播电台是中国唯一一家对外广播的国际电台。从白雪皑皑的阿尔卑斯山脉，到海风徐徐的南太平洋岛屿，从广袤千里的撒哈拉沙漠，到浩瀚无际的亚马逊森林，我们国际广播人，不知疲倦地把一个文明古国的声音带到这个星球的每一个角落。世界上不同肤色、不同语言、不同宗教、不同信仰的人们从中国国际广播电台发出的电波里感知了一个东方民族的风貌。

　　作为广播人，我的新闻从业经历丰富了我的人生，拓展了我的视野。但从小我就是司法八卦作品的读者，是中外司法影视作品的追随者，唯独对司法这个领域在内心还保留着神秘感，极希望有机会能进入这个领域进行探索。

　　2015 年初夏，在与朋友的聚会中，一个大学教授谈起了他的陪审经历，这让我顿时很感兴趣，我马上向他了解了加入人民陪审员的流程，然后向国际电台领导提出了申请。在单位和朋友的积极推荐下，在各级组织的审批后，2015 年 10 月我十分荣幸地被任命为甲区人民陪审员。这让我感到非常荣幸和骄傲，同时又有一种神圣的使命感。在我心中，人民陪审员，不仅仅是一个职务，更重要的是一份责任。

　　作为一个新陪审员，我陪审的第一个案件就是未成年犯罪，接下来几个陪审都在未审庭。坐在法庭上，看着那一张张稚气未消的面颊，看着那还未健壮的身体，看着那一双双惶惑的眼睛，看着那一行行忏悔的泪水……我感慨万千，经常夜不能寐，白天的庭审现场历历在目，有许多想说的话，如鲠在喉……

"一失足成千古恨，再回头已是百年身"。少年犯罪引人深思、发人深省，我们不禁要考虑起家长、学校、社会、时代所要承担的责任，我们的社会到底缺少了什么？是什么让这些花季少年走向犯罪？是什么让他们小小年纪就走进大墙之内？谁能做个燃灯者，给这些黑暗中的少年燃亮灯光，照亮道路！

法庭上父子涕泪纵横

他的经历，就是一支《回春曲》。这里有无穷的悔恨，也有酸楚的沉沦，还有幡然悔悟的觉醒……

2015年11月10日的甲区未审庭上，一位稚气未消的少年戴着手铐站在庭审现场。庭下的父母看到一年未见的儿子，泪水止不住地往下流。这位少年叫小理（化名）。2013年还未成年的他与老乡来到北京，在一家快餐店找到了一份服务员工作。他工作努力，白天在快餐店当服务员，晚上去夜店当服务生，每月下来能挣万元以上。有了钱的小理交了女友，正当他春风得意之时，他的女友受到另外一伙男孩的骚扰。小理与对方发生了几次争执与打斗。2014年初的一个晚上，小理与老乡正在餐馆喝酒，听说对方又来找他挑衅，小理随手拿起酒瓶子和一把刀冲了出去，一起喝酒的老乡也跟随他冲出去了，随之械斗发生了，伤害发生了，悲剧也发生了……

小理犯罪时还未满18岁，法庭审理中，对未成年犯有庭审教育。审判长语重心长地对小理说："你这个年龄，本应该在学校读书，而你却走进了监狱。由于不懂法，你付出了自由的代价。你的父亲为了见你一面，千里迢迢来到北京。凌晨下了火车，早晨四点就守在法院的门口，这可是北京的寒冬季节呀！可怜天下父母心。你抬头看看你的父亲，短短一年间他已是满头白发；你的母亲自从你出事痛苦不堪，抱病在床；从小疼爱你的奶奶，为你一病不起，含泪辞世。你给这个家带来太多的痛苦。希望你从此能有所醒悟，认罪、悔罪，认真学法，好好改造，早日返回社会，回报家庭……"

审判长的一席话，让小理泣不成声。在法庭会见时，他走到父亲的身边，父亲用布满老茧的手紧紧抓住儿子的双手，泪流满面，一时无法说话。小理不敢直视父亲那皱纹纵横的脸，只是不停地哭泣、流泪。在父子即将分别时，小理祈求爸爸和家人的原谅。他说："爸爸，苦酒是我自己酿的，我自己就要喝下去的。希望你们别再为我操心了，我一定要在监狱好好学习、好好改造，早日出狱，回报家人。希望爸爸妈妈保重身体！"爸爸也哽咽地说："儿子，爸爸对你没有尽到教育的责任，对不起……"

小理的爸爸之所以这么说，这还要从小理的家庭环境和成长经历说起。小理出生在甘肃偏远的农村，那里传统观念浓厚，重男轻女。小理的父母在生了两个女孩后，为了能要一个男孩到处东躲西藏。当小理降生后，全家欣喜若狂。正如当地百姓所说："捧在手上怕吓着，含在嘴里怕化了"。爷爷、奶奶、爸爸、妈妈从小理一出生就对他十分溺爱、百依百顺，所以小理从小就养成任性、霸道的性格。由于家里人口多，又没有经济来源，父母为了养家糊口也走入了打工大军之列，留下三个幼小的儿女由爷爷、奶奶抚养。姐弟三人在成长期没有了父母的陪伴，变成了农村的留守儿童。

小理的父母也像千千万万的留守儿童的父母一样，文化程度不高，就想背井离乡努力挣钱，给孩子们创造更好的学习成长环境。可现实却使他们开心不起来。小理上学后，学习成绩不好，在班上、村里经常与小伙伴打架。没有父母的庇护，小理认为谁的拳头硬谁就不吃亏，他经常以拳头取胜，自己为此沾沾自喜。由于学习成绩不好，小理经常逃学，老师的批评让他产生了厌学，家里无人管束，使他辍学在家。在一个偶然的机会，他与同村老乡来到北京打工。小理是个农村的孩子，本来就能吃苦，来到北京后，他希望能多挣钱，满足自己的物质需求，所以他一天打两份工，每月收入颇丰。有了钱，他经常约打工的小伙伴去喝酒、唱歌、玩游戏，很快他交上了女朋友。这时的小理大把花钱，同乡的小伙伴都围绕他转，他飘飘然了，他认为，有钱就是王道。直至他站在法庭上，他还对法官说："我给受害方赔钱可以放了我吗?"可悲的孩子,他竟然不知道自己已触犯了法律!由此可见,小理在成长过程中由于教育的缺失,使他的价值观、人生观都发生了扭曲。

据不完全统计,甘肃农村留守儿童达67.77万人,隔代监护达41.1万人,其余的有自我监护、同辈监护、亲属监护,还有的留守儿童无人照顾。留守儿童是时代的孤儿,他们缺乏亲情,没有受到足够教育,大多数行为习惯不好,学习成绩不佳。心理学家曾对一部分隔代监护的留守儿童有这样的分析:这些孩子得不到父母及时的管教,而隔代监护人爷爷、奶奶又常常放纵他们的行为,用物质满足去溺爱,容易造成孩子的霸道、极端,未能从情绪、情感上"看见"孩子。这样的亚文化群体,常常倾向于做一些违反社会规范的事来,易冲动、虚荣心强,喜欢在异性面前炫耀、摆阔。为了证明自己的男子汉气魄,意气用事,为朋友两肋插刀,打架斗殴,花钱如流水,最后往往走向寻衅滋事、故意伤害等犯罪的道路。

小理崇尚暴力、崇尚金钱这种认知上的偏差,与他在成长过程中缺少父母的教育和引导有直接关系。美国心理学家杰拉尔德·帕特森认为:"父母不能或者不愿使用家庭管理技能是青少年违法犯罪的主要因素……"父母也许没有意识到,或许小理的成长中不需要太多的物质,父母在身边的一个关爱的眼神、一个甜蜜的微笑、一个温暖的肩膀就能让孩子高兴不已,就能让孩子健康成长。

花季少女有一颗扭曲的心

她是一个未成年的花季少女,却犯下了令人发指的罪行——抢劫卖淫犯。她是受害者,也是害人者。她在不懂性的时候过早接触了性,她在需要爱时没有得到爱。

小雯(化名)犯罪时还不满16岁,很瘦小,但眼神里已经没有了16岁少女的单纯、清澈,代之的是困惑、迷惘和冷漠。庭审过程中,一件件案例的展开,让人感到在她幼小的心灵里却有一颗核桃纹一般扭曲的心。

小雯出生在河南农村,在她的家乡里,青壮年都出去打工赚钱,留下来的全是老人和小孩。在她很小的时候父母就外出打工，她与弟弟和爷爷、奶奶一起生活。爷爷、奶奶年纪大了，没有过多的能力去照看她们，只能散养着。在她幼小的记忆里，没有父母的身影。小雯说："我小时候都忘记父母长什么样了，只是逢年过节才能见到他们。我记得六岁要上学的时候，父母回来给我报名，本以为父母能在家多呆几天，陪陪我们，没想到他们还是留下上学的钱匆匆地走了。我没有送她们，只在那空荡荡的屋子里哭泣。在我上学的那些年，每逢我生日，爸妈都记得很清楚，都会打来电话，或买几件衣服寄给我，可我更希望他们在我身边。像歌里唱的：'没妈的孩子像根草'。我上学那么多年，就没有吃过早饭。当然，我也不喜欢学习，没上几年学我就不读书了。"

小雯辍学在家几年后，她跟随着老乡来到北京。小小的年纪开始混迹于成年社会。她开始交男朋友，她的男朋友已经是个成年人，把她领进犯罪的漩涡——一个抢劫卖淫团伙。男朋友告诉她："你是未成年人，受法律保护，抓住你也判不了刑。"这个犯罪团伙以卖淫为诱饵进行抢劫。团伙中有详细的分工，有人先在快捷宾馆发放美女服务热线小广告，然后引诱鱼儿上钩，而小雯及其另外几个女孩充当卖淫诱饵，小雯的男友和另外几个男人等待信号实施抢劫。

2014年的一天凌晨，小雯被男朋友用车送到某快捷酒店楼下，小雯上楼去找已上钩的嫖客，她的男友及其同伙在楼下等候。小雯进房间后先与嫖客进行周旋，谈价钱，然后去卫生间洗澡。当估计时间差不多以后，小雯拿出手机，打开免提给男朋友打电话。这时，小雯的男朋友就以小雯是未成年人开始进行敲诈、威胁，当没有达到目的时，小雯的男友和同伙冲进房间，与小雯共同实施暴力抢劫，当即抢走现金并打伤受害者。

类似这样的犯罪，在不到一年的时间里，这个团伙用相同的手段作案若干起。如果不是站在法庭上，谁又能相信一个16岁的女孩竟然能干出如此令人发指的事情呢？

庭审时，小雯的父亲作为法定代理人痛心疾首地说："我做梦也没想到，我的女儿会走到这一步！这么多年，我一心扑在打工上，希望多挣钱，给孩子一份好的生活，却没想到孩子能犯罪。都是我对孩子的关心与爱护太少了。这几年来，我都不知道孩子在哪里，女儿在干什么。我对不起女儿，我希望能交一些罚款，赎出我的孩子……"舐犊之情让人动容，但作为父亲，他也没有基本的法律常识，不知法、不懂法，他的女儿现在已经触犯了法律。

法庭上，父亲的痛苦和女儿的冷漠形成了鲜明的对比。小雯对爸爸所说的话无动于衷，这或许与她过早地感受不到父爱有关。在小雯十几年的生活里，父母是缺席者。她每年只有过年时才能见到爸妈，亲情也只是体现在每年给她买的新衣服和好吃的。小雯说不想爸妈，也不想跟他们聊天。在这个冷漠少女的内心中，她对父母的情感是封闭的。在渐行渐远的父母背影中，也反映出像小雯这样的留守儿童，由于长期缺乏父母关爱，引发的心理健康问题亟待需要解决。

据中国青少年研究中心最新完成的《全国留守儿童现状调查研究报告》显示，留守儿童学习不良行为较多：没完成作业占47.4%；上学迟到占39.6%；逃学占5.5%；不想学习占39.1%和对学习不感兴趣占43.8%。留守儿童的学习成了一道待解的难题。中国留守儿童数量逼近一亿，河南留守儿童居全国之冠！像小雯这样的留守儿童由于缺乏亲情滋养，这些幼小的心灵，有的走向消极、孤僻，有的变得任性、暴躁。父母在生活中的缺位，已经严重地影响到了这些孩子健全人格和良好心理的形成。成长过程中自控能力弱，缺乏免疫力，就容易陷入犯罪的泥潭。

一个河南留守儿童在日记里写道："我们这些孩子成了时代的孤儿，在角落里品味孤独。"

我是个不应该出生的人

她说我不应该出世，我渴望有个温暖的家，有个快乐的栖身之所，有父母和亲人的爱，可是我没有。我是个不该出生的人，在这个家没有爱，我想去流浪……

她叫古丽（化名），犯罪时刚刚年满16岁。她出生在美丽的新疆阿克苏。阿克苏位于新疆的西部，那里有雄伟巍峨的天山第一峰，一望无际的塔克拉玛干沙漠奇境，我国最长的塔里木河。一峰一漠一河，构筑了阿克苏奇特多姿的生态景观。美丽的自然环境自然孕育出美丽的儿女。古丽就是一个维吾尔族美少女，大大的眼睛，弯弯的眉毛，高高的鼻梁，白皙的皮肤，站在法庭上，很难把她和罪犯联系起来。然而她却因为偷窃，二次被判刑。古丽是怎样从遥远的边疆来到北京，又怎么走向犯罪的道路呢？

原来，古丽出生在新疆阿克苏一个大家庭里，父母生育了八个孩子，孩子多，生活困难，父母无暇顾及这么多孩子的教育，除了温饱，就是散养。古丽从小很少得到父母的关爱，她一直认为父母不喜欢自己。在家里，兄弟姐妹为了争吃、争穿也相互打架，古丽经常被欺负。长此以往，她觉得自己在这个家庭是个多余的人，是个不该出生的人，她经常想离家出走。在她14岁的时候，她被家乡长期流浪在外的几个人带到了北京，这几个人实际上已加入偷盗吸毒犯罪团伙。古丽和他们来到北京后，与这伙人共同租住在小区的地下室，不久就染上了毒品，为了维持吸毒的毒资，一无所长的古丽学会了偷盗。日复一日，她过着有了钱就吸毒，没有钱就出去偷窃的生活。

2015年2月，她在蓝海后门偷窃手机时再次被抓获，离她第一次刑满释放仅几个月。在庭审过程中，古丽的姐姐作为法定代理人来到庭审现场。当古丽看到姐姐时，情绪失控，顿时崩溃，她要求姐姐出去。在法官的教育下，她才渐渐安静下来。此时谁也无法理解古丽为什么如此对待姐姐，如此冷漠亲情？但可以肯定地说，这是个不健康的心灵，这是个受伤的心灵。

美国威斯康星大学心理学家哈里·哈洛教授曾做过一个实验，将出生后的小猴子，交给两个"妈妈"来抚养：一个用铁丝编成，身上装有奶瓶；另一个用绒布做成，身上没有奶瓶。结果发现，小猴饥饿时在铁丝妈妈身上吃奶，但当小猴歇息或恐惧时便爬到绒布妈妈身上。由此推断，母爱不仅是简单满足孩子的饥渴，还包括爱抚、接触和心理关怀。母亲和孩子之间的亲密接触与情感及社会支持，是促使一个人正常且健康成长的重要因素。

据了解，新疆流浪儿童已经成为严重的社会问题。而新疆的流浪儿童，90%来自新疆的 35 个贫困县。塔克拉玛干周边就有 23 个贫困县，沙漠西部的喀什、和田、阿克苏地区的绿洲村镇，也是大多数新疆流浪儿童的故乡。据统计，仅阿克苏一地 16 岁以下的流浪儿童就达 1200 人，占新疆流浪儿童的 41.9%，其中 70% 在各地乞讨。近几年，新疆流浪儿童有逐年增多趋势。部分孩子长期被犯罪分子灌输负面人生观，养成坏习惯，甚至对不劳而获、乱花钱、扭曲的价值观形成心瘾。这样的未成年人容易成为"贼二代"，不仅主动流浪，还拐骗年幼者离家。这些儿童大多来自偏远农村、孩子很多的贫困家庭，还有一些孩子是来自父母离异的家庭。

从 2011 起，新疆维吾尔自治区党委、人民政府向全国发布声明："新疆将接回所有的内地流浪儿童"。自治区党委书记张春贤宣布："不论在什么时间、什么地点发现新疆流浪儿童，都将全部接回家乡。"自治区政府解救新疆籍未成年人的目标是：让孩子们"有家可回、有学可上、有事可做、有医可就"，做到"发现一个，接回一个"。政府的承诺就是国家的行动！这里传递着温暖、体贴，同时也有拯救和决心！

希望像古丽这样的远离家乡的"游子"，早日脱离罪恶的泥沼，找到回家的路；希望父母真情的呼唤，能温暖一颗颗冷漠的心；希望古丽能早日回到大漠孤烟、长河落日、风景如画的故乡！

爸爸妈妈我向哪边走

法官说："为人父母，应该理性地对待婚姻，你们已经不能给孩子一个完整的家庭，我希望你们能给孩子一份完整的爱。"

2015 年末的一天，北京恰逢降温，滴水成冰。甲区法院的未审庭里却是硝烟弥漫，这里正在审理一起未成年子女抚养权变更案。

庭审现场上，原告和被告席上分别坐着一对中年男女，他们就是本案的当事人。看上去双方都受过良好的教育，外貌和打扮也很得体。但就孩子的抚养权上，双方相互指责，唇枪舌剑，互不相让。

原来，这对曾经的夫妻，在 12 年前因感情不和离婚，年幼的女儿小佳（化名）当时判给父亲抚养，小佳 12 岁后再由母亲抚养。离婚后母亲移居加拿大，现在在加拿大某公司做职员。爸爸已经再婚，生育了第二个女儿。父亲因为是外企的高管，几年前调入上海工作，小佳跟随爷爷奶奶在北京生活。

平静的生活转眼过去了十年，2013 年，小佳已经 12 岁了，按当时离婚时的法院判决，小佳应该跟随母亲生活了，但父亲这时向法院起诉变更抚养关系，理由是为了保证女儿继续稳定的生活和学习，希望小佳能够继续由父亲抚养。这是第一次女儿抚养权变更案。法院在判决时征求了小佳的意见，由于小佳长期没有与母亲一起生活，彼此过于陌生而缺乏了解，小佳还是选择了继续与父亲一起生活。第一次小佳的抚养权变更案落下帷幕。

2015 年，小佳 14 岁了，进入了少女的青春反抗期，对于爷爷奶奶的管束，她逐渐产生了不满情绪，同时与继母也产生了矛盾。这一年，小佳频繁地通过电子邮件、微信等联系方式与妈妈沟通，表达了对生活现状的不满，并迫切希望去加拿大与妈妈共同生活。由于小佳想去加拿大读书、学习的愿望很强烈，她在给妈妈的信件中扩大了对现状不满的情绪，妈妈很焦急。为了女儿，妈妈作为原告，向法院起诉了小佳的爸爸，希望变更女儿的抚养权。这对曾经的夫妻，为了小佳的抚养权，开始了第二次法律诉讼。

庭审中，妈妈作为原告首先拿出女儿的电子邮件、加拿大当地华人论坛的截屏、电话录音等作为证据，控告父亲对女儿没有尽到抚养、教育的义务。父亲作为被告为此一一作出了回应。为了证明作为父亲，自己已经尽到对女儿的抚养义务，他把十几年来对女儿抚养的各种单据铺满桌面；为了证明父亲尽到对女儿的教育义务，他把每周往返于北京上海之间的上百份机票呈现在法庭上；为了给女儿治病，他多方求医，拿出各个医院的诊断证明和治疗单据；为了女儿受到良好的教育，他把女儿送到名校，老师的评语中，证明女儿品学兼优……当谈到十几年来对女儿的辛苦抚养，他数次哽咽。在指责前妻时，他情绪失控。他说，当初离婚原因是因为前妻道德品行有问题，现在她不宜抚养即将进入青春期的女儿。女儿进入青春期，情绪容易产生异动，作为母亲她没有教育、引导和安抚，而是站在自己的立场上进行挑唆与鼓动……这些行为，证明了她不是一个合格的母亲！

在庭审辩论中，双方各执一词，互相诋毁、互相指控、互相利用孩子的话进行指证，法庭上充满了硝烟味……这时，法官的几句话让焦灼争辩的双方顿时安静了下来。法官说："为了这个抚养权变更案，我多次跟小佳进行谈话，其实孩子挺痛苦的。爸爸、妈妈她都不愿放弃，所以她在选择抚养权上摇摆不定，忽左忽右，这说明了父母双方她都舍弃不了，孩子多痛苦你们也许无法体会。但是，为人父母，你们已经不能给孩子一个完整的家庭了，我希望你们能给孩子一份完整的爱……"

法庭安静极了，小佳的父母都深深地低下了头。最后，小佳的妈妈提出撤诉。她说："我选择尊重孩子的意见，尊重孩子的选择，让孩子永远做她自己，希望她快乐……"小佳的爸爸说："今后永远不再评判离婚时谁对谁错，保护孩子的身心健康，是父母的责任。"

美国耶鲁大学的耶鲁儿童研究中心主任阿尔伯特早在20世纪80年代时就指出："离婚是威胁着儿童的最严重和最复杂的精神危机之一。"这种家庭解体对孩子所带来的影响是难以估量的。国内外的许多研究都表明，双亲离异的家庭是向社会输送精神和道德上畸形人的重要来源之一。家庭破裂将成为他们永久一块不愿揭开的伤疤。

我国的心理研究专家也说过，当家被拆散之后，孩子，同样无力选择跟谁，这一切仍是父母的权力。他们根据自己的经济状况以及时间和能力，来决定孩子的归属。虽说法律准许孩子进行选择，但孩子能忍心放弃哪一方？孩子总不能枉顾父母的实际情况，而擅自做主。父母最终谁来抚养他，抚养费如何给付，这都不是孩子最关心的问题。他脑海里，只有父母离异的事实。

所以家长要记住，父母永远是父母，要珍惜与孩子在一起的机会。即使你们离婚了，也要承担起为人父母养育和教育的一切责任，不要在孩子面前说父亲或母亲的不对之处，让孩子觉得，父母虽然分开了，但家还在，爸妈还是永远和以前一样爱着她。

短短的陪审经历，短短的四个陪审小案例，不足以涵盖少年问题的方方面面，但至少让我们对少年问题产生思索。

我在甲区人民法院未审庭陪审期间了解到，近年来，少年犯罪呈上升趋势，甲区人民法院审理的未成年刑事案件，主要呈现出犯罪类型多元化、犯罪主体固定化、犯罪手段成人化、犯罪动机随意化的"四化"特点。其中非京籍未成年犯罪占64%，这其中曾经是留守儿童的犯罪占较大比例。

留守儿童是转型期的特殊国情。从发展角度看，是经济30年高速发展、农村大面积脱贫等红利不可避免的代价。从制度层面看，受困于城乡二元管理的户籍制度等原因。上亿打工大军背后的阴影，即是庞大的留守儿童群体。全国妇联根据《中国2010年第六次人口普查资料》样本数据推算得出，留守儿童6100万，占农村儿童37.7%。这些缺乏父母照顾的孩子，生存状态以及心理健康等问题曾长期被忽视。他们成了时代的孤儿。

2014年1月，斯坦福大学的中国经济专家斯科特·罗泽尔在接受《华尔街日报》采访时称，在中国农村，有超过70%的儿童在标准化测试中表现出存在心理健康问题的迹象，比如感到焦虑和抑郁。2014年5月，中国青少年研究中心调查发现，农村留守儿童在成长中存在遭受意外伤害和走入犯罪的比例高于非留守儿童，经常感到烦躁、孤独、闷闷不乐、无缘无故发脾气的比例高于非留守儿童，寄宿留守儿童的日常生活习惯较差，学习和校园生活的状态更糟糕，对生活满意度相对较低等一系列问题的存在。

家庭的缺失、生活的艰辛、学校的冷漠，如同冰冷的井壁将他们深困其中。一个留守儿童在作文中写道："一个人就是一个家，一个人想，一个人笑，一个人苦。不知道什么是父爱母爱。我考试从来都不及格，自信心有多差就不用说了。上学期我考了最后一名，这学期我不想考最后一名了。"孩子的话，像一根坚硬而柔软的刺，扎进我们这个日益富足的国度，让人一丝丝的生疼。

在此文未完成时，2016年2月14日，国务院印发了《关于加强农村留守儿童关爱保护工作的意见》，此意见全面、详实地部署了怎样解决农村留守儿童的现状问题，并实施了具体的时间表，这充分显示了我国政府对这一问题的重视程度。

枯叶未扫，柴门已开，在这片枯萎的花园里，我们一定能找出满园春色的路径……

法庭每天都在演绎不同的故事

杨　敬

　　我的职业是报社记者、编辑。作为记者，我可以接触到不同的人，了解不同的事；作为编辑，我可以读到不同的文章，看到不同的思想和观点。所有这些让我的生活丰富多彩，让我的头脑不倦地转动，在不同中发现相同，在相同中发现规律。在大量的采访、阅读、写作中，做到所谓的秀才不出门，便知天下事。

　　我喜欢今天与昨天遇到不同的事，喜欢思索昨天与今天之间的必然联系。

　　2005 年，在我做了 18 年的财经类媒体人之后，决定去了解一个完全不同的领域：法律。我报考了北京市委党校的法律系研究生班。虽然其教学方式与我受过的正规本科教育不同，但三年的学习还是让我对我国的法律体系框架有了一个整体的概念。

　　如何将我的所学用于实践，或者说，了解法条、法理在实践中是如何起作用的？毕业之后我一直寻找这样的机会。有位律师朋友告诉我，可以去做法院的人民陪审员，这样不仅可以运用所学的法律知识，生活阅历、人生经验都能在工作中发挥作用。如此说来，这正是我渴望得到的工作。于是，我怀希冀，做了一名人民陪审员。去发现在我原有的生活范围内没有的内容，也看一看司法实践与法理之间的差距。

一场荒唐的黄昏恋

　　生于 1935 年的老刘头和生于 1953 年的甘女士相识于黄昏的街头舞场。

舞步交错间盛开了一朵危险的爱情之花。凭着这份感情，老刘头向甘女士借了11万元钱，之后再也不提归还的事。甘女士多次索要无果，深感上当受骗，最初的激情也变成了无情。她带着复杂的心情将老刘头告上法庭，要求其归还这11万元钱。

走上被告席的是一对市井老夫妻，被告是老刘头，老太太是他的妻子，也是他的代理人。两人都是一身深色冬装，显得有些臃肿。老刘头似乎眼神不好，由老太太扶着，听力也差，整个庭审过程中都要由老太太为他重复法官的问话。两人的神色中都带着愤怒和理直气壮，尤其是老太太简直霸气侧漏。原告席上坐着一对小夫妻，他们是甘女士的女儿、女婿，也是她的代理人，代理甘女士向老刘头索要欠款。

甘女士本人没有进入法庭，独自躲在法庭外的一个角落里，压低的帽子遮住了脸。她既想知道里面的情况，又不愿被那老夫妻看到。此刻的她，内心一定是五味杂陈。

原告和被告是一对相差18岁的男女，各自都有家庭。两人在1998年广场跳舞时相识，并发展成暧昧的、不正当的男女关系。女方家中有生意，经济上比较富裕，时常通过银行汇款及现金方式给男方钱。在这样的关系中，金钱常常是爱情的表达，也会是矛盾的起因。

一次，老刘头以自己的孩子急需用钱为由向甘女士借了11万元现金，并且写了借条，并以老党员、老工会干部的身份证明自己的道德水准，之后却以种种借口不肯还钱。甘女士的丈夫和女儿渐渐知道了他们的关系，女儿甚至很不客气地到老头家中索要借款，无奈老刘头又写了一份还款保证书，但仍然不按承诺还钱。

一来二往，甘女士丈夫因为受不了这份羞辱与她分居。甘女士感到两人已恩断义绝，上当受骗的感觉远远超过了曾经的爱情，即使老刘头不算骗色，也该算骗钱吧。于是她向法院提起诉讼，要求老头返还这11万，至于几百上千的小额款项就自认喂狼了。

法庭上，老刘头一口咬定从没借过这11万，借条和还款保证都是在胁迫下写的，是因为甘女士要求他离婚，然后两人一起私奔，如果不同意就要写借条，他不得不写下这个没有事实的借条。还称，写那份还款保证时，身后有好几个大小伙子盯着，他们都是甘女士的女儿找来的。老刘头甚至神情坦然地讲述着与甘女士有不正当关系，毫无羞耻之心。他身边坐着老太太解释说："2003 年之后没联系，没再做过男女之事。"老太太还气愤地指责女方敲诈，不要脸。

对女方出示的多张银行汇款凭证，老刘头都认可。老太太却说，他俩一起出去玩的时候，老刘头也为甘女士买过东西，花过钱。

合议庭认定，老刘头事实上拿了这 11 万，也许是没钱还，也许是不想还，所以否认。被胁迫的情节没有证据，法庭不予采信。事实到底怎样只有当事人自己知道，法律只认证据。

实际上，这两个当事人以及他们的家庭都不正常，有金钱损失的一方也不值得同情。他们彼此都保留着对方发来的关于这笔钱的短信，女方更是保留着银行的汇款单，这些都是呈堂证据。这种行为本身就说明两人没有多少真情。所以当矛盾爆发之后，给外人看到的除了恶心，什么都没有。

我在整个庭审过程中，一直压抑着内心对他们双方的鄙视和离开法庭的冲动。我在告诫自己，我是法庭的人民陪审员，不是道德的审判官，必须冷静而理性地审查证据是否真实、合法，对其行为的对错不作判断。

这恰恰是法与情的不同之处。

人民陪审员首先要戒除的就是道德上的优越感，因为如果从道德的角度看，法院就是人性恶的博物馆。同时还要戒除自以为是的正义感，因为在法庭上表现出来的只是冰山一角，其背后的是非曲直、矛盾纠葛，陪审员无法在短时间内了解清楚。

我曾经问过法官：你们每天浸淫在这样的矛盾纠纷之中，会不会对生活失去信心？他们的回答让我很振奋：我们每天处理这些矛盾，就是为了向社会昭示什么是正能量。

一张银行卡引发的官司

如果李公还活着，一定会后悔自己没有在公司建立起严格的财务制度，以至于在去世之后，一张他个人名下的银行卡惹来了许多麻烦。助理认为那是工作用卡，往来账目中涉及公司业务，而妻子却认为那上面只是李公私人的钱，也就是夫妻共同财产。卡中的 420 多万元转移到助理的账户中，必有蹊跷。她将助理告上法院，要求返还这笔巨款。

莎莎坐在被告席上，一袭黑色衣裙，长发及腰，美丽精致的妆容掩饰不住脸上的一丝忧伤。她的代理律师在一旁不时地轻声安慰。原告席上的代理律师则一脸漠然，而原告本人王慧没有出庭。

王慧的丈夫李公是国家电台著名的播音员，而且在配音界也小有成绩，给许多译制片、电视片配音，广受好评。2003 年，李公创办了自己的文化传播公司。借着自己在行内的口碑，公司的生意风生水起，李公忙得不可开交，难免疏忽了对家庭的照顾。

家在广东的莎莎，从大学播音主持专业毕业后，到北京寻找机会，在一次工作中认识了大自己 30 岁的李公。凭着美丽和聪明，莎莎很快被李公聘用为私人助理。帮助李公安排工作上的事情，还为他料理一些家务。李公经常出差，莎莎不仅要帮助安排李公工作上的事，还要为他整理行李，以便让李公能够全身心地投入工作。甚至还在李公夫妇都忙的时候，替他们接孩子回家。在这个过程中，莎莎与王慧也相识了，双方相处融洽。

2009 年莎莎正式进入李公的公司工作。尽管莎莎认为自己在此之前已经为李公工作，但公司为她缴纳的社保凭据是从 2009 年才有的，在法律上只能认定她是 2009 年入职。

2013 年 3 月，原来就患有糖尿病的李公忽然并发血液病去世，享年 50 岁，留下两个尚未成年的孩子。在他弥留之际，莎莎尽心照料，颇得王慧认可。葬礼办得十分隆重，各路名人前来送行，媒体对李公的评价充满溢美之辞。莎莎和王慧同样悲痛欲绝。

曲终人散之后，王慧开始整理丈夫的遗产，丈夫没来得及对自己的财产作任何交待就离开了。她找到了两张丈夫的银行卡，发现丈夫竟然多年来，分几十次将 420 多万元转到了莎莎的账上，同时她还找到了一张莎莎与丈夫亲密拥抱的合影。这令王慧怒气翻涌，这个圈子在世人的眼中乌烟瘴气，没想到自己的丈夫也乐在其中。更没想到，看起来稳重懂事的莎莎利用自己的信任，长期在偷偷侵害着自己的利益。她对自己说，既然丈夫已经走了，只能抓住莎莎，不能让她轻易得逞。

王慧起诉莎莎，要求返还属于他们夫妻的财产，包括这420多万，以及2009年至2013年的利息。理由是李公与莎莎有不正当男女关系，莎莎明知李公已婚并有两个孩子，仍然与李公关系暧昧，超过了正常的工作关系。

接到法院传票的那一刻，莎莎蒙了。她无论如何想不到王慧会做出这样的事，她一直尊重王慧，当她是朋友，称呼她为老师，怎么李公老师刚走，她就翻脸了？

在法庭上，一说到李公，莎莎就失声痛哭。既哭李公，也哭自己。北漂多年，如果没有李公的照应，自己会活得多么艰难，而自己尽心尽力的工作，却得到了这样的误解。她解释说，李公的银行卡是工作用卡。李公鼓励莎莎在作助理的同时不要放弃专业，并帮助她接一些配音的工作，她的报酬会由对方先打入李公的账户，李公会酌情再转给她。有的时候李公会攒够一笔整数再转给她，也有的时候，她为李公购买一些个人需要的东西，先自己垫付，之后李公再把钱转给她。这么多年一直是这样做的，她现在根本无法说清楚哪笔钱是什么出处，什么来由。

莎莎觉得王慧是在向她泼脏水，她明知自己与李公仅仅是工作关系，却找来一张照片羞辱自己。莎莎拿出了多张照片，都是李公与各色女人的亲密合影，说这些女人或是公司同事，或是合作者，这些女人都非常敬重李公。以此证明仅凭这样的照片不能说明两人的关系暧昧。她还要求王慧拿出证据证明这些钱是夫妻共同财产。

只要是夫妻关系存续期间，进入李公个人账户的钱都是夫妻共同财产，这本不需要证明。而莎莎认为银行卡是工作用卡，那么卡上应该还有其他公司员工存取款的记录。如果能从银行调取到这些记录，法官可以综合考虑莎莎说法的合理性。但是一个合法的公司难道没有账号，而只能使用老板的私人账号？公司财务违规是显而易见的，李公很可能是想偷税漏税，或者还有别的更严重的问题。当然，这些并不是本案处理的内容。

莎莎认为李公没有相应的个人纳税凭证，不能证明这些钱是他的个人收入，但同样的，莎莎自己也没有纳税凭证证明这些钱是自己的收入。所以最关键的证据就是银行卡上的记录了。如果有其他人的往来账目，刘娜关于工作卡的说法可以成立，如果没有，她只能退还。至于她是助理还是"小三"，同样不在案件审理范围。

在陪审法庭上，我想：人生在世，须臾离不开钱和情，无论是亲情、友情、爱情，或是好的、坏的情绪，当摆在法庭上的时候，一份份证据都如同利刃，一下一下切削着情，直到将其削得无影无踪。当双方拿着判决书走出法院的时候，也许就此成了路人。

如今人们的物质生活水平越来越高；社会的变化日新月异，而人的道德素质、法律意识并没有同步提高。在法庭上展现出的各种矛盾正映射出时代的变化。朋友同事之间的金钱往来、遗产继承、房屋拆迁、离婚财产分配等等引起的纠纷，莫不如此。

有句话说，能用钱解决的事儿不叫事儿。这显然是大款说出的话。对于普通百姓来说，无论是遗产继承还是房屋拆迁，或是利息颇高的借款，大约都是此生唯一一次发财的机会，甚至可能是唯一一次摆脱生活困境的机会，靠什么抵挡得住这诱惑呢？

一张借条引发的纷争

刘刚准备将自己原有的企业扩大生产规模，需要发改委的批文。他担心走正常审批程序所费时间太长，就花钱去疏通关系，李强答应帮他办，结果钱没了，事也没办成。好在他有李强的一张借款条，还有唐某为这张借条提供的担保协议。李强在其他案件中获罪入狱，刘刚只得将唐某告上法庭，要求其承担担保责任。

案情是这样：山西一家民营煤矿企业准备扩产，申请煤矸石发电项目。该项目在山西已经被批准，还需要国家发改委的审批。为了尽早将项目落实，该企业"跑部进京"，托各种关系试图联系上发改委。在这些关系中，有总参的、老龄委的等四五个人，其中有一个叫王宁的和其妻子看起来最靠谱。

2009 年 7 月，本案原告刘刚，与李强达成口头协议，李强收取刘刚 800 万元，承诺为他办成发改委的批文。但到了 2010 年 7 月，事情仍然没有眉目，刘刚找到王宁，要求他或者赶快办事，不行就返还 800 万元。2010 年 11 月 3 日，李强在刘刚多次催促下，向刘刚写了还款协议，并承诺一定能为他办成批文，否则会在 2010 年 11 月 30 日以前归还 800 万，逾期按银行贷款利息支付违约金。同时将其老乡，唐某（本案被告）在北京万博苑的一套房子作为担保物。为了让刘刚相信他的诚意，还出示了该房屋的购买合同和付款凭证。

在签下还款协议的第二天，王宁带着刘刚一行人实地看了房子。房子里是李强夫妇和李强的岳父一起生活的景象。当时唐某尚欠部分房款，没有办理房产证，李强还特意带着刘某和唐某一起到开发商处，眼看着唐某与开发商商量交房屋尾款和办房产证的事。之后刘刚放心地离开了，而此后就再也联系不上李强。这其中的疑点是：唐某出资购买房子让李强一家人使用，他们仅仅是简单的老乡关系吗？

但是，时间到了 2011 年仍然没有结果，李强也不还钱。事情显得越来越可疑，2011 年 2 月，刘刚以李强诈骗为由向山西警方报案。山西警方与北京警方合作，将与刘刚委托事项相关的五个人都抓捕归案。经过审理，发现这几个人的公开身份都是假的，李强的名字也是假的。2013 年底，以诈骗罪分别判处了这几个人不同的刑罚。李强最重，无期徒刑，剥夺政治权利终身，没收全部财产。他的妻子也被判了 15 年徒刑。

但让刘刚绝望的是，判决书上明确：财产已经被全部挥霍。也就是说，刘刚花出去的钱很可能找不回来了。事实上，刘刚在托关系办事的过程中已经花掉了上千万，大多是口头协议，没有借条。交给李强的这 800 万是唯一有还款协议的部分，并且有唐某作担保，所以原告将唐某起诉到法院，案由是抵押合同纠纷。

唐某自从为李强作了担保之后就再也没出现过。由于唐某始终没办房产证，所以无法办理抵押手续。也就是不能通过向银行抵押房子拿出钱，还给刘刚，所以还款协议中的约定实际无法履行。

刘刚在报案时，也将唐某作为嫌疑人举报，但在警方审理过程中，并没有将唐某归入这起案件之中，唐某依然是自由身。所以唐某就成了刘刚现在唯一能抓住的希望。

其实，唐某早已交清房子的全款，开发商一直催促他办房产证，他却始终拖着不肯办。博览苑是 20 年前的项目，他买的并非二手房，这么久不办房产证的确令人费解。难道一直在为诈骗做幌子？唐某不出庭应诉，代理人许多事说不清。

唐某代理人的答辩似乎也有道理。第一，刑事判决了追缴退赔，原告就已经丧失了通过民事诉讼要求赔偿的权利，而应该通过要求法院强制执行刑事判决以得到失去的利益。唐某只是担保人，主合同已经失效，担保合同自然也就失效了。第二，涉案的房产属于唐某夫妻共同所有，其中一人无权单独将其作抵押，一人签的抵押协议无效。第三，唐某不应承担全部赔偿责任，如果必须承担责任，也只是抵押的部分。房子的价值不足 800 万，有多少，算多少。第四，原告没有在法定时限内向唐某主张权利，现已过了诉讼时效。

关于时效问题，刘刚认为在报案时已将唐某举报，即是向他主张权利，不能算超过时效。

法院依据相关法条，追加李强夫妇为被告。由于他俩都在服刑期间，法院专门到监狱单独开庭，并将调查笔录向刘刚和唐某的代理人宣读。李强承认自己收了刘刚 800 万，但这笔钱根本不够，在活动关系的过程中，自己还垫付了 300 万。被告唐某在签字时对担保内容不甚明了。唐某是王宁的妹夫，对李强很信任，他让签字就签了。李强的妻子说，自己对还款计划书的内容不知情，收了 800 万，并将其中的 400 万用于自己公司运作。尽管对这笔钱的去向说法不一，但他们都确认收到了刘刚的 800 万。

被告唐某的律师认为，李强等人以诈骗罪获刑，证明他们不可能有还款的意愿，因此还款计划书不是其真实意思表示，不能成立，那么附合同担保协议当然也不能成立。原告刘刚应该通过刑事判决的执行，追缴自己的财产，而不能对被告主张权利，被告也不应该为李强的违法行为负责。在诉讼发生之后，被告唐某夫妇到老家补办了结婚证，证明那一套房子是夫妻共同财产，没有妻子的同意不能成为抵押物。房子现在没有房产证，被告不是抵押权人，没有抵押登记。而只有在房子作了抵押的前提下，原告才能主张权利。

刘刚称，在自己以报案相威胁的情况下，李强和被告唐某才写了还款计划书和抵押担保协议，这两份文件，李强和被告都认可，是合法有效的文件，自己有权依此向被告主张权利。

实际上，担保的意义就在于防范可能发生的损失。在原被告双方签订的担保协议上，并没有约定免责条款，这是一份合法有效的合同。如果被担保的一方李强由于自己的原因无法返还刘刚的钱，担保方唐某就可以自动定免责，那么担保协议就成了一纸空文，原告的损失如何寻求救济？如果刑事判决真的能够执行，追缴回损失，那么担保方即唐某有权向李强追偿。

庭审中我认为，虽然诈骗者已经被绳之以法，但其民事责任不能因此而被豁免。原告花这笔钱是用于行贿的，这是不正当的行为，难道就不应该承担责任吗？我专门就此案请教了资深法官。法官告诉我，如果认定是行贿就涉嫌刑事犯罪，这对当事人将是无法挽回的打击，能在民事案件中解决的就不要轻易地认定成刑事案件。如果刘刚按照合法程序办理审批手续，就不会惹出这么多的烦恼，蒙受巨大经济损失。

南先生的七年告状路

南先生 2007 年患耳疾，经治疗痊愈。2009 年再次患病，同样是耳疾，但不是同一种病。在医生问诊时，南先生自然会讲到前一次患病的情况，医生也作了记录。经过这次治疗，病没有治好，听力还受到损伤，南先生从此走上了维权之路。他告医院有过错，申请作医疗鉴定；对鉴定结果不认可，投诉鉴定机构；对投诉处理答复不满意，将司法局告上法庭。但南先生一步步地远离了自己的目标。

1952 年出生的南先生是沈阳人。2007 年他因患外耳道湿疹就医，经过多次治疗痊愈。2009 年，他觉得耳痒，再次就医，就医时，向医生告知了以前的疾病。医生作出诊断，并用药物进行治疗，结果却非但没有治好，反而耳道开始有脓水流出，听力越来越差。南先生在沈阳看了三家医院都没能治好，于是转到北京的医院。

北京 G 医院的诊断结果与沈阳医院不同，南先生终于在北京的医院治好了。但痊愈之后听力却大不如前。2011 年南先生要求对沈阳医院的治疗作医疗事故责任的司法鉴定。通过法院摇号，选定了 F 司法鉴定所作鉴定。直到 2013 年鉴定结果才交到南先生手中，结论是医院存在误诊、误治的问题，对造成南先生的听力障碍负有轻微责任；并鉴定南先生在本次治疗前听力残疾程度为 10 级，本次治疗后，达到 8 级。

南先生对该鉴定结果不服，且鉴定时间过长，同时认为是以他就医时的主诉，即 2007 年患外耳道湿疹的情况为依据，并且以医生偷改过的病例为鉴材，故意作出虚假鉴定，向北京司法局投诉。司法局接到投诉之后，很快查明情况，作出了答复，指出鉴定过程是合法的，没有发现南先生所说的故意造假行为，至于医学专业上的问题和鉴定结果，不是司法局处理范围，建议南先生起诉鉴定所，或请鉴定所到法庭上作证。南先生不服答复，将司法局告上法庭，要求其撤销答复。

法庭将鉴定所追加为第三人参与诉讼。第三人对鉴定时间过长作了解释，称鉴定所在北京，当时已经告知南不作外地的案子，但南执意在这里作，他们只能接受，并且已经向南明确需要排队等候，时间会比较长，南也接受了。南所说的既往病史并不是他们作鉴定的主要依据，南将病人的主诉与医生的诊断混淆了。另外，并不存在医生偷改病例的情况，因为病例手册始终在南先生手中，医生根本无法偷改。病例上的确有医生增加的诊断内容，那是因为南先生要转院，医生必须将病情写清楚。

作为此案的陪审员我认为，普通百姓起诉行政机关常常会出现这样的情况：方向错误。起诉行政机关的行政行为，而所有的指向都对准了另外的目标，一般来说是最初产生矛盾的一方，在本案中是出现诊断错误的医院，即原告认为给他造成损害的一方。行政机关审查的只是鉴定所作出的结论是否在程序上违法，鉴定机构是否有合法资质，这些都是形式上的审查。对于鉴定结论对错与否的审查，不在他们法定职权范围，特别是专业性较强的问题，他们根本无法辨别。

在本案中，南先生如果没有以民事纠纷起诉医院，或是鉴定机构，其请求是很难得到支持的。而原告之所以不直接提起民事诉讼，其实也是明白赢不了。在专业问题上，病人与医院，病人与鉴定所信息不对称，他们会各说各的理，原告就想找一个公正的中间人，于是找到行政机关，没想到行政机关不向着自己说话，就再找一家中间人，即法院。但结果是事情的走向偏离了他的本意。本来是要追究医院的责任，变成了追究鉴定所的责任，最后成了追究行政机关的责任。

由医疗纠纷引起的诉讼大体上都是同样的路数。病人或病人家属是原告，他们认为医院在治疗中有过错，先对医院进行民事起诉，经过司法程序，在法院的主持下选择一家医疗鉴定机构，对医疗事件进行鉴定。如果原告对鉴定结果不满，有的恶补专业知识，以证明鉴定过程和结果没有科学依据；有的则寻找鉴定机构与医院恶意串通的蛛丝马迹，以证明鉴定违法。然后，他们会向司法局举报。至此，他们已经脱离了最初的轨道，并且越走越远。

司法局不具备撤销鉴定结果的职权，作出的答复不是原告想要的，自然无法令其满意，于是原告就向法院提起行政诉讼，要求法院判定司法局没有依法履职，或判令其重新作出答复。

同样的，法院也不审查鉴定结果，只审查司法局是否依法完成了所有的规定动作。所以无论输赢，恐怕都不是原告的目的。原告想知道的是事件本身哪里错了，而被告只能回答做事的过程是否违法。

老任夫妇把规划委告上法庭

在原告老任看来，凡是违规建设都应该被拆除，无论它是某个人盖的砖瓦小屋，还是某单位盖的大楼。因为盖房是需要规划委审批的，规划委的批文具有法律效力，违反了就要承担责任。但在现实中，如何处理违规建设却并非只有拆除这一种方法，而这恰恰是老任难以接受的。

坐在原告席上的老任夫妇住在北京城区的一套单元房里，与武警司令部某部住宅楼相邻。自从这栋楼建起，老任家以及同一楼的邻居家中采光、通风都受到不同程度的影响。老任知道国家对楼房的间距有要求，武警的住宅楼符合国家标准吗？带着疑问，老任向北京市规划委员会提出了信息公开的申请。

原来，在2009年6月，北京市规划委员会批准了武警司令部某部住宅楼的建设，但在建设过程中，武警方面没有严格按规划执行，自行加盖了一个单元，并且加高了一层楼。2010年，新楼竣工，与老任家的楼间距低于国标。从此，老任开始了漫长的维权路，到武警总部反应情况；到城乡执法大队，到军委、纪检信访部门上访；到规划委员会投诉。走了许多路，交了许多材料之后，所有与老任有过接触的部门一致建议他到法院解决，最终老任只好将北京市规划委员会起诉到了法院，理由是规划委不作为。

被告说在原告举报之前就发现了武警方面的违规行为，并作了处理。处理方式是让武警方面找第三方测绘单位对日照情况进行检测。如果不违反国家标准，武警方面需要补办增建部分的手续。而按照市规划委文件中规定的程序，并无时限约定，检测正在进行中。

被告规划委称，也曾经收到过其他人的举报材料，转给了城乡大队，认可确实有违章建设的情况存在，于2013年11月致函武警方面，要求其自行处理。2014年2月，武警方面回复了处理意见，2014年6月，规划委决定对武警不作行政处罚，并将决定内容答复给老任。被告在收到信访材料后，经过调查、处理，将处理过程和结果都告知了原告老任，所以不存在不作为的情形。

这样的说法显然无法得到老任及邻居们的认可，在他们看来，既然是违反了规划，就应该拆除，否则，规划的法律效应如何体现？没有要求武警拆除，就是规划委不作为。而从法律层面看，老任是对规划委的处理结果不满意，而告其不作为，无法得到支持。

作为陪审员我认为，理论上，规划是有法律效力的文件，不能随意修改。对日照情况的检测也应该在审批过程中完成。违规建设已成为事实，所有的行政处罚就变成了对违规行为的追认。虽然违规建设对相邻楼房会造成怎样影响尚无科学检测结果，也许没有老任说的那么大，甚至符合国家标准。但武警方面为什么没有在开工之前去审批规划，而是擅自超出规划施工？大概只有一种可能，那就是如果按照真实情况去申请，就不会被批准。

遗憾的是，行政诉讼并不调查这些背后的内容，而是针对原告所诉行政机关不作为进行审理，显然，行政机关有所作为。其作为的力度怎样，效果如何，由谁来评说呢？

必须承认，我国的行政部门出台的规范性文件给自己预留了很大的自由裁量空间，与法律相比缺少刚性，对于某些既成事实的违规行为，能够给予追认。而普通百姓常常对此不能理解，他们会从生活常识，或非黑即白的价值判断出发，认为追认行为也是违法。

为了拆迁房甥舅对簿公堂

杨先生的母亲有一间产权房，20 世纪 80 年代，母亲去世，舅舅继承了母亲的房产，杨先生从此与这间房子没有了法律上的关系。不料，拆迁来了，如何才能得到拆迁利益呢？杨先生申请政府信息公开，要了解与拆迁有关的所有信息。其实他是以这种方法对舅舅施加压力，但在法律上他无法得到支持。

1955 年出生的杨先生从小住在北京的一处平房中，这处房子是母亲家的祖产，杨先生和舅舅一家都住在此。1974 年由于工作原因，杨先生将户口迁至郑州，1978 年迁回来。1986 年，他的工作单位分房，需要户口，他又将户口迁到了单位宿舍所在地。后来，杨先生的父母去世，他本想能继承这处房子的所有权，但一方面他不住在这里，另一方面舅舅没有其他住房，最后在法院的调解下，将产权落到了舅舅名下。

在那个年代，房子并不是重要的家庭财产，杨先生已经得到了单位分配的房子，条件比这处平房好很多，还有一份收入不错的工作，生活状况比舅舅优越，因此接受了法院的调解。没想到，拆迁来了。北京的房子越来越贵，拆迁补偿也越来越高。工薪阶层如何对抗得了这样的诱惑？

1993 年，杨先生舅舅的房子被划定在拆迁范围内。杨先生当然希望能从中得到一些拆迁利益。于是，在得到单位分配的房子之后，一直努力将自己的户口再迁回这处房子，但户口已经冻结，他的愿望无法实现。

在办理拆迁的过程中，甲区房管局按规定，只能与被拆迁人谈相关事宜。被拆迁人可以是产权人，也可以是使用人。杨先生早已不是产权人，因为不住在这里，也无法证明自己是房子的使用人。他没有产权证、户口本、租赁合同，自然不是被拆迁人，因此，甲区房管局只与杨先生的舅舅办理了相关手续。

2014 年 6 月，杨先生向甲区房管局申请信息公开，要求公开拆迁许可证及批准文件、相关法规，以及户口冻结的政策依据、拆迁补偿方案等。10 月，杨先生得到的答复是他不是被拆迁人，拆迁与他没有利害关系，所以不予公开。

杨先生不服，将甲区房管局告上法院，要求他们撤销答复并重新处理。政府信息公开条例明确规定，公开信息的对象应与此项信息有法律上的利害关系，杨先生无法证明这处房子与他有关，甲区房管局的答复并不违法。

从事实上看，杨先生显然是为拆迁利益而来。他在 1986 年将户口迁出，是要得到单位分配的房子，并且已经如愿，得知拆迁消息之后又要迁回，目的没有达到，就试图换个路径。如果他能从政府公开信息中得知舅舅获得了多少拆迁补偿，对舅舅就是一种压力，没准舅舅能分给他一部分，甚至他的起诉行为本身已经对舅舅形成了压力，官司输赢并不重要。

行政诉讼不解决钱的问题，而经常会有当事人在民事诉讼走不通的情况下，起诉行政部门，敲山震虎，目的是想得到经济上的利益。这样的诉讼在有关拆迁的事件中很常见。家庭成员之间因利益分配产生矛盾，内部无法解决，或民事诉讼没有得到满意的结果，就会起诉行政部门，诉其或没有依法公开信息，或违法变更了承租人，或拆迁许可证违法，等等。这些只是手段，目的在于能在行政部门或法院的干预下，向拆迁单位多争取到一些利益。

在这类行政诉讼中，原告总是表现得如秋菊一样，要讨个说法，其实他们内心对所谓的说法并没有那么介意。拆迁是一个获得重大利益的机会，家人之间，被拆迁人与拆迁部门之间的利益博弈在所难免。

在北京的旧城改造中，公租房在被拆之前，一般会以很低的价格出售给承租人。一些老旧的公房，承租人已经去世，其子女有的早已迁居他处，有的没有考虑到要变更承租人，所以许多公房的承租人仍然在去世的父母名下。在面临拆迁的时候，必须要作变更，而变更给谁，谁就会得到最大的利益。承租人的地位就成为家庭成员争夺的焦点。

房管部门是变更手续的承办人，他们为了避免行政行为演变成处理家庭矛盾，也为了使这项工作有严格的、可行的规则，不在事后引起不必要的纠纷，设定了几条变更承租人的硬性条件：与原承租人在变更申请之前共居两年以上，是原承租人的家庭成员，有户口、无其他住房，家庭其他成员全部同意变更，并亲自到现场签字确认。以上条件必须全部满足，才可以办理变更手续，否则，理论上房管部门可以认定所有人都不符合成为承租人的条件，房子应该被收回归公。关系和睦的家庭没有矛盾，不和睦的家庭会通过起诉房管部门表达自己的态度，甚至达到撤销变更手续的目的。

在民事案件中，尽管情节各有不同，但在本质上常常集中在两种因素上：情和钱。当情感转化成情绪时，理智失去了抑制的力量，钱就成为矛盾的焦点。与民事案件最大的不同在于，行政诉讼不处理钱，只审查行政行为是否合法。这一点恰恰是普通百姓很难用生活常识与人生阅历理解和接受的，因此，在庭审过程中，经常出现公说公有理，婆说婆有理的情形。

西谚说：泡沫在上面，深流在下面。庭审审的是证据，特别是书面证据。虽然书证只能证明事件的表象，也许与本质的真实并不一致，但没有证据的说法却无法得到支持。我在陪审的过程中，常常有探究背后故事的冲动，但却不能因为自己的好奇心而影响了法庭正常工作。这会让我感到遗憾，因为生活是复杂的，没有多少事情是简单的非黑即白，每个走上法庭的人都有自己的故事。这些不同的故事演绎着这个时代的变化，让我从中看到今天与昨天的不同，而相同的则是所有人对幸福生活的追求，无论是用什么形式表达。这一点正是社会进步的动力。

人民陪审员工作的意义不仅仅是判断是非对错，更在于以此推动法治建设。能够在其中发挥一点点作用，我感到很幸福。

陪审——阅读社会的舞台

高尔勤

多年来的陪审实践，使我从起初的毫无头绪、单纯听审，到后来能理性思维、主动参审；从开始的就审而审，到后来能从庭审中发现社会变革的新需求，提炼总结后成为给政府的建言献策；从开始参加庭审只停留在个人履职层面，到后来把庭审作为单位风险岗位人员强化警示教育的有效途径；从初期的只在法院内参审、合议，到从法庭走出来，进入监管所，走进当事人家庭，走到热点案件现场，送知识启迪嫌疑人未灭的良知，带去社会关爱，去化解当事人心中不解的死结。这些变化不仅是一名人民陪审员业务的熟练，也是一名中国公民知法学法的过程。

"陪审"让我近距离看到了人民法院工作的重要性与特殊性，真切感受到百姓生活中的那些甜酸苦辣，深深理解了社会建设与社会治理的任重道远，也给了我开阔眼界的机会与深入思考的空间。

伴随着一次次陪审我心中那隐约出现的用行动主动参与社会治理的想法越来越清晰，也让我从被动"陪审"到主动参政。回顾"陪审"经历的点点滴滴，人民陪审员这个特殊的岗位给了我人生经历中一个不一样的锤炼，也成为我又一个有意义的人生舞台！

热爱让我真正走进陪审

我参与陪审经历了两个完全不一样的感受过程。20 个世纪 90 年代我作为青年干部成为区党校第一批集中培训班学员，学习结束后，我作为其中代表被推荐成为人民陪审员，那时的我生活与工作都刚刚进入一个崭新的阶段，儿子刚刚懂事，年轻的我开始履行教育后代的职责。在单位我已经是一名科室负责人，成长中的我要学会谋划专业的管理，与此同时，一个更加陌生的行当进入到我的生活——人民陪审员。

那个时候的我对待"陪审"更多的是服从安排，完成任务。完全是凭着一种责任在做事，还谈不上热爱。因此，参加陪审是一种被安排，完全没有主动投入，在不知不觉中与陪审离得越来越远。

再次进入陪审队伍，是作为一名区人大代表由代表室推荐后履职的。这次，除了感激组织的信任外，我开始思考如何尽快转换角色适应陪审工作的需要。随着时间的推移，生活阅历的积累，我越来越深切地感受到，热爱是工作的驱动力！第一次陪审经历没有给我留下多少深刻的印象，一方面是自己的认识、能力、阅历不足，尤其是个人对其的投入不多，另一方面也是那时的陪审制度与管理没有眼下的良好环境。

2000年后，再次进入陪审员队伍的我赶上了一个司法改革的好时代。这个时候我由于岗位的变化，身上的责任更重了。我意识到陪审工作与我的本职工作有着密不可分的关联。我开始有意去学习法律知识，将陪审时间相对固定下来，让"陪审"工作有条不紊。每参与一个调解，都是一份收获，内心充满快乐！

因为热爱，每当法院一些特殊案件找我咨询时，我都会愉快接受。于是有了"六一"儿童节前到少年管教所的赠书座谈；有了庭审前到当事人家中走访疏解；有了面对多年缠访缠诉案件实际处理前的建言献策；有了面对激烈争议案件从专业角度的原由分析……所有这些都会占去我的休息时间，但我每每欣然接受，诚心参与，细心准备，把它当成提升自己好机会。总之，正是因为这份热爱伴随我一步步走进"陪审"这个广阔的天地。

陪审提升了建言献策的能力

对于我来说，陪审不仅仅是一个依法解决纠纷，维护社会公平正义的简单执业过程，也是让我在履行人大代表职务中找到了实实在在的方向。

我是三届区人大代表，从开始时的就事论事，谈单位事，到逐步走进居民，走进社会，这个过程中陪审员的经历让我从另一个角度审视社会，审视政府职能，审视群众需求。在居委会安排的例行代表接待日过程中，我是地段卫生界代表，了解到低保困难户门诊就医难，老年人就医的不便，家庭养老的诸多无奈等。接待的案例多了，问题逐步清晰：医疗卫生改革势在必行！

但接待日毕竟时间有限，了解的问题浅尝辄止。陪审让我有了对这一社会问题进一步深入了解的平台，逐渐看到医疗需求背后社会管理与政府作为的空间，这促成我一份份有价值的代表议案的形成。做区人大代表来，每年代表大会期间我都有领衔的建议提出，因为建议多是来自百姓共同的呼声，有切实明确的工作建议，其中一些建议被提案小组提升为议案，交由人大常委会审议，促成了政府有关问题的解决，使百姓期盼早日成为现实。例如：低保户诉求的医疗费用报销问题；重视疾病预防，完善医疗保险费管理；让医保费用报销从大病补偿进而关注门诊费用报销；实现医保资金从出现大病致贫才扶助的理念，到关注常见病、多发病早期治疗，减少大病致贫理念的转变；从医疗机构季节变更常见的住院高峰，到老年人"出院难"等系列议案的提出，随着议案的落实，让社会关注养老，政府扶持养老的大环境逐步形成。而这些的成熟建议的提出，不仅是一个卫生人的职责所系，更是陪审这个平台，开阔我的眼界、深化我的思考的结果。

说起"强化政府职能，加快老年医疗保障体系建设的建议"提出，还是源于一次例行的院长查房信息的获得与一个遗产继承案件审理的碰撞所产生的。一天我在例行的院长查房快要结束时，科室主任反映一个情况：16床的李奶奶住院已经快一年了，原发疾病早已无需住院治疗，主管大夫多次与家属联系催办出院手续，不是找不到人，就是推脱有事，老人住院以来子女除送老人入院时来过，平时基本很少照面，老人基本靠护士、同屋患者家属或护工帮助照顾。最近因为主管医生在与子女长期联系无果的情况下与子女单位和居委会联系，希望多方共同努力让老人出院回家休养，子女才来到医院说出难处：他们已经将老人的房屋出租，本想将老人送到郊区敬老院，这样租房的收入不但能承担老人住敬老院的开销，还能补助家用。可没想到敬老院了解到老人的身体情况，不接收老人入住。可租出去房屋合同还没有到期，所以老人出院后无处可去，老人知道自己无处可去，自己又无力改变现状，情绪十分不好，已经有了自杀倾向。

无独有偶，一次陪审让我再次加深了房屋与养老之间的千丝万缕的联系，更看到养老体系的建立关乎家庭和谐、社会稳定，确实是一个社会管理的系统工程。庭审是由原告 A 女士申请房屋买卖合同无效开始的，随着原告对诉求理由的陈述，以及答辩人的答辩，事情逐渐清晰：原告是房屋所有者的子女之一，由于房主老先生在解放战争中原配夫人离世，与现任夫人结合，其与原配育有三个子女，再婚时现任夫人带来一女儿即原告，婚后四子女与老人曾共同生活，原告大学毕业后分配至南京工作，随后也有了自己的家庭，每年除去时常来京探望，老人生病时每每给老人的资助外，四个子女相处的不温不火，还算和谐。2013 年房主因病去世，其夫人也因年事已高，常因心脑血管疾病光顾医院，每一次患病康复后其生活自理能力都会大不如前，照顾老人的压力，加上三个非生育子女各自隔代人的出生，让他们越发地感到力不从心，于是当最后这次老人住院后，他们到医院探望的次数越来越少，甚至老人理应出院时却无人来接。医院无奈找到了身处南京的老人亲生女儿。A 女士来到北京发现在京的三兄妹，以去世老先生生前一纸"遗嘱"为由，将老人居住的房屋出售，致使老人出院后自己的房子已无法入住。因此，A 女士一纸诉状将其他三兄妹告上法庭，要求判令房屋出售合同无效。庭审本身事实清楚，当事双方经法庭调解，三兄妹支付部分费用后，A 女士接走老人并撤诉结案。

案件的审理过程，特别是庭下调解时几个子女对老人的愧疚与赡养老人的诸多无奈，深深地刺激着我。经济社会快速发展的今天，人们追求舒适、安全的生活环境无可非议，但急剧到来的老龄化趋势，独生子女政策带来的家庭抚养矛盾，快节奏的工作压力，不完善的养老设施与政策等，都已成为当今社会必须面对的现实问题。而我们看到的形形色色问题表现，不能简单归结于人们道德缺失，我们要看到社会保障体系建设的滞后，人们养老观念的陈旧，都是制约养老体系建设，阻碍养老模式改革的关键所在。因此说所谓老人"出院难",其背后隐藏着当事人诸多难于言表的苦衷,问题产生的基础不解决,父母与子女、子女之间产生的财产纠纷,老人晚年颐养的困境就难以改观。

陪审的鲜活事例,增加了我对养老体系建设的深入思考,归纳总结这些鲜活的事例,我利用代表大会议案申报的机会,领衔提交了关于发挥政府职责加大老年医疗保障体系建设等议案。这些议案的提出首先得到联组代表的广泛关注和共鸣,说明这些选题确实是社会关注的热点与难点问题,也是百姓生活中密切相关的问题,更是政府惠及民生的基础性问题。几年来我已经形成了一个习惯,每当人代会开会前,我都会走访居民,走访各医疗机构,走访业务主管部门,了解他们的需求,了解政府想要解决的问题,再结合自己日常在工作和陪审中发现的热点、难点问题,归纳总结提炼形成有事实、有内容、有建议的完整议案,为议案成功申报奠定基础,也为基层百姓需求的解决提供一个实实在在的有效途径,也成为我参政议政的一个有效形式。因此应该说陪审的经历为我参政议政提供了更加宽阔的平台,更提升了我参政议政的水平与能力。

陪审是独特的警示基地

陪审之初由于陌生与不摸门,每每预约庭审基本都是围绕自己所熟悉的卫生行业,随着时间推移,特别是在一些有水平、有能力、又热心的陪审员带领下,我的自信心逐步增强,在陪审员办公室一位极富经验的老审判长左老师的指点帮助下,我开始接触一些社会热点案件,涉猎的行业与案件类型也更加丰富,从集资、借贷、信用卡等金融类案件,到抢劫、打架斗殴、盗窃等刑事类案件,从医疗赔偿等案件,到职务侵占、受贿等职务犯罪,从房产买卖等合同纠纷到遗产分割继承等案件,形形色色的案件,不但时时警示着我的灵魂,强化自我约束,也促使我努力充实自己去顺应庭审的需要,更让我感受到这些活生生的案例是对员工及管理者最好的教材,典型的教育作用胜过枯燥的单纯说教。

一次我陪审对某医院财务收款人员私自更改票据截留现金的案件,让我院财务人员和主管领导都来旁听，从中受到了强烈的心灵震撼。案件是这样的：某医院住院处工作人员王某，由于工作原因，每天经手的"押金条"几十张，他发现"押金条"有主管领导签字就可以兑换出现金，重要的是，这些"押金条"每月做账时，没有人与收支总账核对，这一漏洞让王某看到了机会。于是，王某尝试着自造"押金条"并模仿领导签字，然后提出现金几百元，在月底结账时，他编造的"押金条"竟顺利过关，此后，王某便一发不可收拾，利用这一方法截留医院资金几十万元，最终，因医院的一次账务检查而东窗事发，他成为阶下囚。

案件审理中，被告在回答公诉人提问时，让我们看到王某犯罪既有自身思想堕落的内因，也有该单位财务监管的漏洞。"押金条"退款的双签字，本应由接收押金的入院收款人与最终出院结算两个不同岗位当事人分别签署的双签字，变成了王某一人全权代理，此漏洞一；每天、每周或每月的收支现金与账务的核对平衡成为摆设，此漏洞二也；财务主管领导、院纪检监察的日常抽查不落实，此漏洞三也；当然，该院对财务纪律以及财务部门日常的学习教育抓得不紧，也是原因之一。

这一案件的庭审过程，不但成为财务人员和主管领导的警示教育活生生的教材，更成为促进医院财务管理的制度与机制建设的催化剂，加速了财务纪律与监督检查手段的不断完善。促使财务部门回院后分别完善了相关规章制度与流程，纪检监察部门也对财务人员备用金进行抽查，作为日常监管的重要内容，主管领导将财务纪律学习教育作为岗前培训的重要内容之一加以强化。带来这些变化的就是这样一次案件审理的旁听。

而某电信运营商崔某与经销商李某，利用电信软件存在的漏洞，私自违规扩大办理某单位套餐业务，从而获取业务提成奖励，最终以职务侵占接受公诉机关起诉的案件，更让旁听的管理者认识到，明知管理漏洞，不报告、不纠正，并从中追求不真实的绩效奖励也可能成为犯罪。不难看出，每一次旁听典型案件的庭审，都能让旁听者心灵受到震撼，灵魂受到洗涤，其教育启示的作用远大于单纯的说教。

陪审是沟通锻炼的平台

在我国经济飞速发展的同时，北京中心城区房产价值一路攀升。一些原本和谐幸福的一家人，为争夺父母名下房产归属而滋生矛盾和纠纷，恶语中伤，反目成仇，最后闹上法庭的比比皆是。法庭判决的最终目的是维护法律的尊严，维护公平正义，维护良好的社会经济秩序，维护和谐人际关系。因此，化解矛盾弃恶向善，建立和谐稳定的人际关系，也就成为陪审员工作的一个重要部分。

记得在平安街附近一个居委会的平房院落里居住着一位老奶奶和孙女，在外人看来本应该是其乐融融的两个隔代人，却因为房产反目成仇闹上法庭。依据孙女手中材料，此处是爷爷生前分得的房产，大儿子与其一起居住，后来过户到大儿子名下，大儿子过世后，房屋又过户到孙女手中，现在孙女申请让老奶奶搬出，到二儿子家居住。

这对于患有严重心脏病的老人来说，从感情上无法接受。法官多次与其接触，老人情绪十分抵触，甚至不让法官进屋。有时还在当街撒泼打滚，以疾病相威胁。而其孙女则以要结婚为由，反复催促法院执行老人搬出该平房的判决。为了寻找解决问题的突破口，我与法官来到老人居住的房屋。在屋前当法官把我介绍给当事人后，老人好像还没有想好如何应对我，我抓住机会立即上前拉住老人的手，告诉老人："我是医院的医生，是居民选出来的人大代表，也是法院的人民陪审员，就工作在您居住的附近，您能够和我说说房子的事情吗？"老人立刻放弃了敌对情绪，回答说："可以啊！"我马上说："您身体不好，坐下说吧。"这时老人拉着我的手打开房门把我们一行三人让进了屋子。

随着交谈的深入我们基本清楚了矛盾的几个关键点：一是房产从其大儿子名下过户到孙女名下老人不知情，当时的房屋管理部门手续有缺陷；二是老人大儿子去世后大儿媳再婚搬出，老人担心自己搬出后，儿媳再回来，自己从感情上不能接受；三是老人认为孙女对象无稳定工作，担心孙女结婚后不能长久，两人离婚后，该房屋被孙女婿分走；四是老人丈夫在世时就决定两位老人与大儿子一家生活，平房归大儿子所有，老人单位分得的单元房归二儿子一家所有。没想到大儿子早逝，大儿媳改嫁，孙女要结婚想独立生活，利用房管所的审核漏洞办理了平房的过户手续，致使老人的安置处于被动局面。

针对上述情况，我与法官简单沟通后告诉老人，首先您要配合才能解决好问题；其次针对现有证据不利于老人的现实，我着重讲解了法院是依据事实与证据办案，告诉老人要争取自己的利益就必须提供此房产是老人丈夫分配并在其名下的证据；最后，我特别提示老人要保重身体，注意心脏病。这次走访基本达到了消除老人对法院偏见的目的，走时老人一直送我们到街头。

在回来的路上我与法官们商量，一方面到房管部门了解房屋过户的原委，防止法院审判依据的不实；与此同时，平安街城市拆迁进展很快，建议法院与地区拆迁办沟通，寻找合力加以解决的方法。该案例从当事人极端对立无法沟通的僵局，到我利用社会人士、专业身份拉近与当事人的距离，寻找交流的突破口，提出建议与意见，让调解走出难题。经过后续的工作，最终该案例通过拆迁补偿安置的到位，彻底合理解决了其诉求，息事罢诉。

另一起拆迁纠纷是位于某建设用地上的一户"钉子户"，该户占据建设用地中央多年，致使建设迟迟不能进行。为了力争在法院强制措施前和平解决事端，我与法官们来到建设用地中央的当事人家中。

这是一个高考前的日子，该户人家育有一男一女两个小孩，男孩正在准备高考，男主人是出租车司机，而简陋的一间房间自行分割成一大一小两间房，里间小房是一张双人床接一块木板，顶头横着一个简易沙发，这是一家人的卧室，沙发上堆满了书籍，男孩畏缩在沙发中看书，三岁小女孩在大床上睡觉还没有醒，男主人在外屋看着电视，身边到处是凌乱的物件，很难找到合适的落脚点。进入房间前我与法官们分工，我与另一位女法官与小孩及男主人沟通，男法官与女主人（家中主事的）到院里沟通。

法官介绍了我的身份后，我开始与男孩和男主人交谈，问他们的学习、工作情况，问孩子高考预习的如何，讲自己孩子高考时的经历。这时男孩说："阿姨说说我爸妈吧，我希望快搬到新房里好好复习，我现在晚上看书时妹妹吵着要我陪他玩，好不容易她睡了，老爸又起来了，锅碗瓢响吵得我根本睡不好，爸妈还要求我考好大学……"借着孩子的话，我结合事先了解到法院解决的原则，详细介绍了安置房与补偿款两种解决办法，以一个家长的身份讲解作为父母能够给予孩子的应该是什么。男主人愤怒的情绪平缓了许多，开始和我们了解不同大学的特色专业，现在就业的热门行业，了解安置房与补偿款立即能够买房的楼盘，我和女法官尽力回答着，并提示他现在法院给出的解决方案是充分考虑了你们的实际情况，不但有利于家庭长期居住，还能尽快满足孩子高考复习的需要。在我们共同的努力下这一阻碍拆迁的难题得到解决。当天女主人与拆迁公司签署的拆迁补偿安置协议。

这些现场沟通的实践，培养了我作为一名人民陪审员应该有的素质，也弥补了我的社会沟通技巧。在与当事人的沟通交流中注意寻找其感情与认知的突破点，能够起到法庭、法官无法起到的作用。同样，各色各样的人物、事件调解经历中，也极大地丰富了我待人接物、与人沟通的能力与技巧，对于我在单位所从事的管理工作帮助极大。

"陪审"是一个特殊的岗位，更是一个可以释放绚丽色彩的人生舞台，我爱它，我伴随它成长！

人民陪审员是法官与当事人之间的桥梁

左衍云

形形色色的案件，每天都在法院上演着，有悲欢也有离合。每个案件的背后都有说不完的故事。有杀人放火的刑事案件，也有家长里短的家事纠纷案件。在某种程度上，法院审理的这些案件就是当今社会问题的一个缩影。我是甲区法院陪审员办公室的管理者，手下管理着150多名人民陪审员，既有院长、董事长、人大代表、政协委员，又有街道居委会的老百姓。我的任务就是保障人民陪审员依法行使权力，不断探索和完善人民陪审员的选任、培训、日常管理、考核、表彰和奖励等各项机制，调动陪审员参审的积极性，尽可能发挥他们的特长，保证准时参与庭审。人民陪审员在庭审中遇到很多有意思的小故事，现在我讲给大家听。

快乐陪审——一个执著的自荐者

人民陪审员办公室成立没多久，有一天刚上班，有一位"老大妈"提着满满两大书包红色证书要求见我。她一见我就自我介绍说："左老师，我叫刘和霞，是街道的调解员，我热爱调解工作，想当陪审员。"她穿了一件小花卦，脚上穿了一双塑料的洞洞鞋，从外表看就是一个街道的老大妈，我皱了皱眉，问她："你什么学历？我们这儿的陪审员起码要大专以上的学历。"她不好意思地说："老师，我就是没学历，但我喜欢调解工作，我这有好多荣誉证书！"说着她一下子站起来，紧张的脸上冒着豆大的汗珠，随后紧张地把书包里的红色证书像宝贝似的一件一件地拿出来。我一看，摞起来足足有一尺多高，我吃惊地看着，说"你要干嘛？"她说：

"左老师，你看，我虽没学历，但我是全国优秀调解员、北京市三八红旗手、五好家庭……"这些荣誉证书摆了满满一桌子。我当时都看愣了，心想这"老大妈"有点儿意思，我得考考她，就问她："你都调解过什么案子？"这时她脸上放着红光说："您打开电脑看看，网上有个"和霞热线"，里面的"和霞"就是以我的名字命名的政法咨询热线，新浪网上市领导接见全国优秀调解员的新闻里有我，还有报纸上登的我的先进事迹……"她连珠炮似地说着。我立刻对眼前的她刮目相看，这"老大妈"不简单！

对自荐的人民陪审员，由于没有单位推荐，当时掌握的比较严，我对她说我做不了主，得向领导汇报。我这么说实际上是回绝了她。因为就是有推荐单位，没学历也不成啊！这在当时是硬件啊！她看出了我的顾虑，说："老师，我确实没学历，但现在我在不断地学习，我生在大杂院，长在小胡同，基层老百姓的疾苦我最清楚，我热爱调解工作，我能做好，老师您相信我吧！"她用期待的目光看着我。我被她的精神打动，笑着说："你回去听通知吧！"后经与领导研究，作为特殊情况，破格录取了她。

是金子到哪里都会发光。她非常珍惜人民陪审员这个工作，几年来她成了甲区法院的优秀陪审员，她创造的"快乐陪审"，成了甲区法院的品牌。法官们遇到难缠的案子，总会是在第一时间找到她。她说老百姓为一分钱打官司我都能理解，他们打官司，争的是一口气。在实际工作中，她能让赢与败的当事人心服口服，能让双方在法庭上握手言和。

如有一个老先生，通过网上认识了一个小他二十多岁年轻的外地少妇，认识没多久便结婚了，老先生乐昏了头，为结婚他花费了近半生的积蓄。可好景不长，没过半年，年轻少妇便以感情不和提出离婚，老先生无可奈何，承认确实感情不和，同意离婚，但要求少妇赔偿他精神损失一万元。合议庭经过多次调解，未达成协议。庭后，陪审员刘和霞经过法官同意接着又做老先生的工作，她对老先生说："要什么精神损失，人家还陪你睡了半年呢！今后找老伴，可要慎重考虑，这是花钱买教训，不是小孩过家家"，老先生不说话了。这个案子刘和霞句句切中要害，最终案件达成了和解，圆满结案。回到办公室，刘和霞对我讲起这个案子，我吃惊地看着她，问她："你真敢这么说，老先生还不急了？"刘和霞说老先生不但没急，还乐了呢，她说我说的话是"话糙理不糙"。可法官是绝对不能说这样的话，只能从正面开导。人民陪审员正是凭着他们的丰富的生活阅历及人生经验，在陪审中发挥自身优势，协助法官找准问题的切入点，与法官一道，使家事纠纷顺利解决，使僵局得以迎刃而解。有些家事纠纷，光讲法律、法规当事人还真不认。

还有一个案子，原被告双方为两千元房屋租金，上了法庭，被告因生活困难，长时间不还钱，原告还要求赔偿两千元的精神损失。法庭上被告说我是低保户，街道居委会人人皆知，不信你们可以去问问，一口咬定，现在就是没钱，并且没有商量的余地。任法官怎么调解疏通，被告就是说没钱。庭审结束后，刘和霞找到被告问他，欠人钱有这事没有，被告说有，刘和霞接着问，法院判决后你是不是要还钱，被告说是，但我就是没钱，法院能拿我怎么办？一脸不在乎的样子。刘和霞接着又问，你租原告的房住，那你的房子呢？被告说我的房出租了，还是一脸的不在乎，刘和霞步步紧逼，你是不是低保户，被告说，是，刘和霞说，那好，我是居委会的调解员，有些政策你应该知道，低保户如果将自己的房屋出租，将取消低保，你看这事该怎么办？被告愣了，长时间不说话，不再洋洋得意，把头低下了，显然被告知道这政策。刘和霞的话切中了被告的要害，她反过来嬉皮笑脸地求刘和霞千万别告诉居委会，说我这就还钱，但请求把那两千元精神损失费能不能给免了，刘和霞说那我试试看吧！经做原告的工作，原告同意看在被告生活困难的实际情况，只收回两千元本金。被告非常感动，合起双手给法官和陪审员作揖，随后被告站起来主动握着原告的手，给原告鞠了个躬，随即双方拥抱在法庭。一场剑拔弩张的纠纷就这样化解了。这一感人的情节被当时法庭的监控录像录了下来，刘和霞当即写了一首打油诗："甲区法院一法官，调解工作做得好，法官心中有天平，天平两边是公正，此时无声胜有声，调解要比判决更有效！"

作为甲区法院的人民陪审员，刘和霞不仅参与了案件的审理，还扮演了法院工作的宣传者和司法公正的传播者。而这一切源于甲区法院的领导做实、做细了人民陪审员工作，让陪审员真正在案件审理中发挥自身作用，在陪审中享受到了审判工作带来的快乐！要说起法律知识，法官们确实比陪审员专业，但说起生活常识及一些地方性规定，人民陪审员要比法官来的快、来的切合实际。人民陪审员大多是各行各业的老同志，社会经验丰富，在处理家事纠纷上有优势，和当事人容易沟通，擅长把话说透、说通俗，疏导当事人的情感，更加得心应手。

为了鼓励人民陪审员参与庭审的积极性，我在陪审员办公室的门后边做了一个宣传栏，把他们工作中的点点滴滴贴出来，"快乐陪审"就是从刘和霞这一案件开始的。为此人民法院报在头版头条以"北京甲区，'快乐陪审'的新尝试"为题做了长篇报道。从此"快乐陪审"在甲区法院的陪审员中广泛开展。为了使陪审工作更好地开展，我又在陪审员休息室做了一个更大的宣传栏，用了一大面墙的面积。我把陪审员在陪审中的点滴体会、成绩都宣传出去，以鼓励为主，这个方法收到了极好的宣传效果。

陪审员的意见得到法官的认可

程藩生老师是银行的退休干部，对银行业务娴熟，满头银发，总是一身得体的服装，端庄大方，让人一看别有风度。她热爱陪审工作，几年来对陪审工作总是尽心尽力，得到法官们及陪审员们的尊重与爱戴。有一起刑事案件，就是凭着她的认真和丰富的实际经验得到了审委会的认可。

有一个敲诈勒索的案子，刑庭开了整整一天，程老师走出法庭，一脸愁容地来到陪审员办公室，她说："左老师，我与另一位陪审员付老师的意见与法官不一致怎么办？坚持还是不坚持？"程老师把案情叙述了一遍，并说："我与付老师事先并没商量，但我们俩的意见出奇的一致，法官认为构成犯罪，我们俩认为构不成犯罪，我们该怎么办？"我感到问题严重，是支持还是反对，不能轻易回答，我顾虑很多。我在刑庭多年，各种案子审过不少，但这种情况还真没见过，一般的情况是法官说什么，陪审员就同意什么，相反的意见基本就没有过。尤其是两位陪审员都提反对意见，这种情况根本就没有过。程老师与付老师是多年的老陪审员，有丰富的陪审经验，工作认真，他们这么说，肯定是有他们的道理。我没参加庭审，不了解案情，我不能轻易发表意见。为慎重起见，我说："回去查法条，看有关司法解释，一条一条、一字一字地对照。"他们真的照着做了，回来后说还是认为构不成犯罪。他们二人问我，我们是坚持还是不坚持。我说："你们可以坚持自己的意见，准备上审委会吧！"按照当时高级法院的有关文件，当陪审员与法官的意见不一致时，应少数服从多数，可将案件提交审委会讨论。

陪审员要上审委会，这个消息传开了，开了历史的先河，"甲区法院的领导真的是尊重陪审员的意见，真的依法办事"。陪审员们竖起了大拇指！

为上审委会，程老师与付老师说头天晚上都没休息好，紧张极了，他们说审委会的参加人员是法官，都不是专业人员，我们只不过是一知半解。审委会里有经验丰富的院长、庭长、审委会委员、审判员，同时还有检察院的起诉科科长、检察员，一大间屋子坐了足有二十多人。程老师与付老师说，当时的场面既庄重又严肃，他们此时既感到自己身上责任的重大同时又感到任务的神圣，肩上的担子好重啊！他俩说当时紧张的心突突地跳。法官们也一脸严肃认真地听着他们的诉说，这种情况法官们恐怕也是第一次吧！他们为陪审员执著、认真、严肃的态度感到欣慰。

审判委员会委员的讨论开始了，先由审判长介绍案情，介绍合议庭意见，之后由二位陪审员说自己的意见。由于有了充分的准备，程老师与付老师先念了法条，又念了司法解释，然后按照自己的思维，谈了自己的看法，当他们一边发言，一边看到法官们都在不断地点头，慢慢地法官们露出了淡淡的微笑，他们也越说越顺畅，越说越有自信，当他们发言完毕，进入表决时，除一人坚持有罪外，一致同意二位陪审员的意见，检察院也同意陪审员的意见。检察院当场表示撤回起诉。

陪审员与法官有不同意见，能上审委会，恐怕这是有史以来第一次，陪审员在感到光荣的同时也感到肩上的责任与信任。每当有陪审员提起这事，我总是激动不已，我为我们的陪审员感到骄傲，也为我们的陪审队伍感到自豪。陪审员们已经摘掉了陪而不审的帽子。他们在审理案件时，能经过周密思考，严肃认真地进行分析，为案件的公正把住了关，也为司法的严肃性把住了关。陪审员知道这是对法律负责，也是对法院在民众中的信誉负责。

程老师退休后，曾有单位高薪聘请她，但她说她热爱陪审工作，她说通过几年来的陪审学到了很多知识，她愿意为社会的安定、和谐做贡献，她被单位评为"阳光老人"。程老师是陪审员中的佼佼者，也是人民陪审员的榜样。

开庭时一岁女孩坐在法台上

事情过去了很久，但却在我脑中挥之不去。

马上要开庭了，一个一岁多的小姑娘却在法庭内推着椅子来回地走，大大的眼睛、活泼可爱、不知认生，就像个小男孩，她在当地曾被评为"健康冠军娃娃"。法官与书记员走进来，问这是谁家的孩子，马上要开庭了，快把孩子看好。

原告小何看法官进来了，赶紧把孩子抱起来，并顺手把孩子放在背后的背篓里，随后坐到了原告席上。小女孩乐乐在妈妈的背上，高兴地东看看西看看，嘴里还在不停地说着唱着。法官对原告说，开庭时不能带孩子，但原告说，她从深圳来，就一个人，没有办法。法官看了看只好默认。这时从门外进来了两个文质彬彬的小伙子，都一米八几的个子，带着黑色的金边眼镜，帅气得很，其中的一个总是躲在另一个的身后，躲在身后的是乐乐的亲生父亲小周，前面的是代理人——小周的表哥小胡，小周进来后眼睛一直盯着小乐乐，目不转睛，透着无奈与爱恋。

法官宣布开庭。原告小何的诉讼请求是：解除与被告非法同居关系；要求被告给付双方所生之女乐乐今后的生活费，并要求被告补偿以前欠孩子的生活费五千元。被告并不说话，而是由他的代理人小胡代理。小胡说同意解除与原告非法同居关系，但他的表弟目前还没有正式工作，暂时没有给付孩子生活费的能力，关于补偿生活费的请求也暂时没有办法补偿。小周只是低着头，不讲话，眼睛却一直没离开过乐乐。经过几番辩论，双方各持己见。人民陪审员与法官交换了一下意见，问原告能不能把孩子交被告抚养，当人民陪审员把这意见一说，原告一听马上就急了，坚决不同意把孩子交被告抚养。小乐乐看到妈妈发火，害怕了，在妈妈背上大哭起来，妈妈只好把乐乐抱起来，小乐乐还是大哭不止了，法庭只好休庭。过了一会，乐乐不哭了，法庭继续调查取证，但乐乐挣脱着要下地玩，妈妈只好把乐乐放地上，这下乐乐高兴了，在法庭上跑来跑去，被告席上的二人，也顾不上回答法官的问题，用手招呼乐乐，乐乐兴奋地大声叫着跑到两个被告处，好奇地看着他们，并大声叫叔叔，被告及代理人马上站起来，接着又马上蹲下来，小周急不可耐上去拉着乐乐的手，小声地让乐乐叫爸爸，看得出小周真心喜欢乐乐，满脸充满爱意。乐乐只是看着不说话，小周要抱乐乐，乐乐往后躲，小周拉着乐乐不放，这下乐乐吓坏了，又大哭起来，挣脱爸爸的手跑到妈妈怀里，让妈妈抱她，乐乐看着俩被告，委屈的大哭不止。这个庭没法再往下开了，不管法官说什么，乐乐只是哭个不停，妈妈只好从书包中拿出玩具及好吃的放在法台上，哄着乐乐，乐乐终于不哭了。乐乐坐在法台上，开心地吃着玩着，直到庭审结束，乐乐一直坐在法台上玩耍，法官摇着头，无奈地小心翼翼地发问，生怕哪句话又惊动了孩子。最后法官征求被告意见，小周说他喜欢孩子，但自己因没有固定工作，没有经济来源，因为父母坚决反对他的婚事，所以不能奢望帮她带孩子，因此暂时没有能力抚养孩子。

法庭休庭，法官与人民陪审员商量，决定分头做原被告的工作。

原告小何向法官及陪审员讲述了她与小周的故事：小何是个典型的南方少妇，长得清秀文静，非常能吃苦，初中毕业后，只身来到深圳，做服装生意。小周是北京某大学的高材生，毕业后在朋友的介绍下，来深圳寻求发展。二人是邻居，平时休息时经常聚在一起聊天、打牌，很谈得来。小周刚出校门，单纯、热情，看到小何做服装生意忙里忙外很辛苦，得闲时常给小何帮忙，小何非常感谢，她也被小周的高大帅气、文质彬彬的气质所吸引，悄悄地爱上了小周，不久两人就开始同居了。小周因没有固定工作，又耻于向父母伸手，因此日常生活费基本全靠小何。没多久小何发现自己怀孕了，小何尝试着问小周怎么办，小周此时自身难保，还是一个刚出校门不久的年轻人，玩心正浓，还在计划着找同学去西藏、青海等地旅游，因此毫不犹豫地对小何说，打掉孩子，说完就去长途旅游了，对小何的疾苦根本不闻不问。但自作多情的小何还是坚持生下了小乐乐，她怀着一线希望，一丝梦想，渴望着小周能和她结婚。她想如果有了孩子，小周就自然会对她和未来的孩子负责，但恰恰相反，小周根本就没有和她结婚的打算。

小乐乐的出生应该说是个错误，从她还未出生就注定了要饱尝痛苦，因为她的父母没有婚姻和家庭的保障。为了生存，小何一个人带着年幼的小乐乐继续做着服装买卖，小周只能是不定期地每个月给乐乐几百元的生活费，可连这最基本的生活费也没维持多久，小周竟在乐乐不满一周岁时不辞而别，再没有了音信，从此母女俩只能以借钱度日。

小乐乐是在妈妈的背上长大的，妈妈每天把小乐乐背在背上，边工作边照看孩子，辛苦极了。有一次乐乐竟自己爬到大立柜里睡着了，小何发疯似的到处寻找，真的快急死了。还有一次小乐乐自己爬到阁楼上，接着又爬到楼顶的露台上，好危险啊！小何的哥哥看到妹妹生活这么艰难，决定给小周的父母打电话，商量妹妹的婚事，可是没想到不打还好，一打电话，北京的公婆知道了儿子的丑事，坚决不认这门亲事，一气之下把儿子从深圳叫了回来。小周回到了北京，没有了工作，自己的生活还要靠父母，哪里还有钱养女儿。从此无奈地断了女儿的抚养费。

在走投无路的情况下，小何终于决定带着孩子到北京状告孩子的生父小周。但小何知道结婚是不可能的，因为双方的家庭、学历、爱好等相差悬殊，并且小周从未承诺过她什么，他也没想把这段感情当一回事。

人民陪审员与法官商量，要想彻底解决乐乐的生活问题，还得征得小周家人的支持，尤其是公公婆婆的支持。小周的父母是高级知识分子，很要面子，如果能让他们见见可爱的孙女，问题可能会发生转机。法官与人民陪审员相信，亲生骨肉要比面子更重要。

于是庭后小何在法官的建议下，带着乐乐敲开了婆婆家的门。婆婆一脸地愤怒与无奈。婆媳二人相视了很久，没有说话，婆婆把着门，没有让母女俩进去的意思。双方僵持了好一会，这时乖巧的乐乐小声地叫了一声奶奶，然后害羞地趴在妈妈的怀里。婆婆看到了可爱的小孙女，开始转怒为喜。于是心情复杂地把娘俩让进了屋。乐乐进了屋，像是回到了自己家里，一点儿也不认生，这屋看看，那屋看看，还主动抱着奶奶的腿，看着奶奶，拉着长声地叫了一声奶奶。孩子的一声叫，把二位老人的心都快叫化了。婆婆立刻把小孙女抱在怀里，看了又看，亲了又亲。小乐乐好像懂得奶奶的心，也轻轻亲了一下奶奶，乐乐的这一亲，可不得了，奶奶的眼泪哗哗地往下流，老人当即决定要留下孩子，并不要小何出任何生活费。但有个前提，是从此不能再来打扰孩子。

小何当然不能接受公公婆婆的这一条件，宁可自己带孩子，也不能把孩子交给他们。法官与陪审员了解到这一情况后，开始做小何的工作，目前你一个人带孩子，经济拮据，工作起来实在不方便。你们双方虽是未婚，但孩子永远是你们二人的，将来有了条件可随时变更抚养。

小何吃了法官与陪审员给她的定心丸，终于同意把乐乐交给小周的家人抚养，法院出具了解除同居的判决书，孩子归小周抚养，小周付给以前所欠生活补偿费 5000 元。

在法院办完手续后已经是中午，乐乐又困又饿，已在妈妈的怀里甜甜地睡着了，小何无奈地将乐乐交给了小周，小周双手接过了乐乐，深深地吻了又吻，又愧疚地看了小何一眼，小何一步一回头，眼含着泪水离开了法院的大门。

可刚离开法院，小何又急忙来到法院办公室，她向小周提出了最后一个要求，想再见一眼乐乐，小周没同意。他说上午刚分开，再见面对孩子不好，但小何思女心切，竟退掉了当天的火车票。第二天一早她来到法院，求法官给说情，让她再见一下女儿，否则她将推翻原决定，要求变更抚养关系。法官告诉她《婚姻法》规定了探视权，今后如果小周不让她探视孩子，她随时都可以起诉要求探视。听了法官的解释，她才平静下来，最终在法官的周旋下，小何在法院见到了女儿最后一面，但抱来孩子的不是孩子的父亲，而是小周的表哥小胡。小何临走时给女儿买了一大包奶粉、衣服、玩具等，同时把五千元钱塞进了孩子的衣服里，作为母亲，她怕女儿受苦。临走时乐乐好像明白了什么，拼命抓着妈妈的衣服不松手，大概经过昨夜与母亲的分离，声音已经沙哑，声嘶力竭地喊着妈妈。小何已哭成了泪人，转身快速离开了法院。法官与陪审员此时也转过了身。

此案在法院只是一个普通的民事纠纷，但留给人们的思考却是长久的，乐乐将来的道路会是什么样？她是否会遇到来自社会的各种议论和指责？她在这种环境中能健康成长吗？乐乐长大之后，他怎么向同学、朋友说起自己的父母？爷爷奶奶在生活上虽然能给她无微不至的照顾，但她在成长的道路上却没有母爱！作为陪审员在此提醒大家要从这个案件中吸取教训，尤其是女性要慎重对待自己的婚姻，要有自立、自强的精神，选择伴侣，要对自己负责，也要对下一代负责。

打工妹的辛酸泪——忏悔重婚

打工妹阿秋领着一个未成年的女儿在北京漂泊，她决心将自己及孩子的生父告上法庭。

阿秋说她与一高级工程师涉嫌重婚，触犯法律，现在真诚悔过，愿意承担罪责，决心结束过去，重新做人。在法庭上阿秋讲了她与高工的故事。阿秋说她从老家浙江去海南打工，通过老乡介绍，在北京市某公司总院驻海南分院做清洁工。阿秋长得高高的个子，面容清秀，秀发飘飘，对同事及朋友热心友好，对本职工作尽职尽责，因此得到领导和大家的好评。

在工作当中，阿秋认识了驻该公司的一高级工程师，高工是临时到那里工作的，当时五十岁出头，工作认真，知识渊博，是分院的主力。高工与年轻的阿秋是老乡，在异乡突然意外遇到老乡，双方显得格外亲切。高工更是不见外，双方熟了之后，他向阿秋诉说了自己的不幸。高工说，他与妻子关系不好，他们夫妻虽是同一单位的，妻子也是大学生，但他们之间没有共同语言，现在关系非常紧张，已经分居单过，早晚是要离婚的。高工多次表示喜欢阿秋，并发誓要娶她为妻。

阿秋只身一人由贫困乡村到外省打工，是因为家庭生活困难，又是家中的老大，父母身体不好。因此平时她努力工作，处处小心，为的是多挣一些钱补贴家用。对高工的表示，她心中自然明白，但她与高工之间根本无感情可言，论岁数，高工足可以做她的父亲，论工作她只是一个临时工。高工又没离婚，能行吗？因此她坚决拒绝了高工的追求。

但高工此时却死死纠缠，向她发誓，这辈子一定要娶她，即使是现在离不了婚，将来退了休，也一定离婚娶她。高工还说他有两个女儿，没有儿子，如果阿秋能给他生个儿子，将来一切都听阿秋的，一切财产也都是阿秋的。高工的一番话，说的她这个从没见过世面的农村姑娘怦然心动。此刻的阿秋已飘飘然了。她觉得高工温文儒雅、有知识、有技术、有风度，面对着高工"火一样的热情"，单纯简单的她已经完全被征服了。在高工的几番诱惑下，她此时也做起了"高工夫人"的美梦。高工是北京人，有着一份令人羡慕的工作，有高级职称，同时在外省与他人还共同经营着一个股份公司，有着不薄的收入。在高工"热情追求与花言巧语"的诱惑下，阿秋决心以身相许。

阿秋与高工开始同居了，她开始做起了"老夫少妻"的黄粱美梦。不过高工还算对得起她，凭着他的老关系，将阿秋的户口从浙江迁往山东济南市，由农村户口转成了城市户口。她与高工分别在海南、济南以夫妻名义开始同居了。

不久高工调回了北京，阿秋也跟着来到了北京，开始租赁他人房屋暂住。高工定期到她的住处看望她，每次都像久别的新婚夫妻一样住在一起，"夫"唱"妇"随。不久阿秋怀孕了，高工高兴坏了，可以有儿子了。但他对她说，现在我还暂时离不了婚，因为二女儿正在考大学，怕影响她的学习，等等再说。她看着未来的"老公"这么心细，她当然同意他的说法。几个月后，由高工亲自安排，她到他的老家生下了一个女孩。虽是女孩，但不管怎么说也是自己的亲生骨肉，老来得子，高工喜欢得不得了。当孩子一岁时，阿秋带着孩子回到了北京"老公"身边居住。高工隔三差五地前来看望她们母女两人。小女儿聪明伶俐，乖巧漂亮，不管在任何场合都亲热地"爸爸、爸爸"地叫着，叫得高工心中说不出的高兴。高工按时付房租和生活费，"一家人"在北京过得其乐融融。

一转眼，小女儿该上学了，孩子的教育怎么办？阿秋焦急万分，她不停地提醒高工，不要忘记当初对她的承诺。高工此时刚刚退休，阿秋盼望着高工赶快实现他的诺言。可是自从高工退休后，不但不提离婚的事，而且从原来的一周来一次，变成两三个月才来一次。而且生活费、房租费也一拖再拖，高工不再主动来看母女俩了。为了居住、生活和孩子的抚养教育，她开始和高工发生争吵，甚至动了手，有一次她还把高工的牙打出了血，高工理亏，只好忍气吞声，不敢还手。几次争吵之后，高工终于对她说出了实情，他说妻子坚决不同意离婚，自己真是没办法，过些日子再说吧！阿秋一听就懵了，苦苦等了这么多年，竟等来了这么个结果，她不甘心，哪里能轻易就这么说算就算了呢！她多次找高工，高工避而不见，最后瞪着眼甩出一句话，你爱上哪儿告就上哪儿告去吧！你也不想想，你是什么人，我是什么人？

面对如此绝情的"老公"，她愤怒了、绝望了，并且豁出去了。为了可怜的女儿，为了今后自己的名声，她做出了不惜坐牢，也要讨个说法的选择。阿秋在万般无奈的情况下，选择了自首。她向法官交代了和高工重婚的事实，请求依法处理自己和高工的重婚罪。她对法官说："我一时头脑发昏，误入歧途，做了不光彩的事情，我是一个农村的孩子，生性软弱，没有眼光，被他的花言巧语所迷惑，后来一错再错，直至生下孩子，我恨自己。对今天这个局面，回想起来，懊悔不及。现在我自知我的行为不仅不光彩，而且伤害了他人的家庭，我甘愿受罚。他欺骗了我，我也看错了人，我万万没想到他这么无情无义。目前我没有生活来源，又带着一个可怜的孩子，我该怎么办呢？孩子长大之后我该怎么向她交代呢！我回到家乡，我又该怎么向家乡的父老乡亲们交代呢！我又怎么向我的父母交代呢！"面对法官，她发出了撕心裂肺的呐喊。

等待阿秋和高工的将是什么呢？法官对她讲："《刑法》第258条规定，有配偶而重婚的，或者明知他人有配偶而与之结婚的，处2年以下有期徒刑或拘役。你与高工虽没有结婚，但是按照最高法院的司法解释，你们是以夫妻名义对外同居的，也视为重婚。"阿秋说律师已经对她讲了，她知道犯了重婚罪。自酿苦酒的她，面对着负心的"老公"后悔万分。孩子户口上不了，将来入学、工作都成了问题，更不要说自己和孩子在社会上受到的歧视。法官告诉她，如果坚持起诉，会因涉嫌重婚而被判刑。她痛苦而又无奈，她说她主意已定，不管受到什么处罚，一定要告，为了无辜的女儿，为了自己，同时也告诉和自己一样怀揣梦想的女人们，一定不要再走她的路，要擦亮眼睛，认清人。

法律是无情的，阿秋虽然出了口气，高工被判实刑，她被判了缓刑。但她一个人带着孩子在北京漂泊，没有生活来源，被人抛弃，所遭受的感情上、精神上的伤害是惨痛的。在此提醒那些仍在非法同居，怀揣梦想的男女，应从本案中得到警醒。尤其是女性，更要提高自身素质，培养自尊、自强、自立的精神。同时全社会也有责任帮助这些误入歧途的人，增强法律意识，大力倡导男女平等意识，逐步消除性别歧视。

我喜欢调解成功的感觉

何西如

工作的性质养成了我执着的性格，也造就了我这个执着的人。做了40多年的财务工作，元、角、分，个、十、百、千、万……财务上不能有丝毫出错。不执着，不行！由于执着，我39岁成为了高级会计师，40岁获得了中国注册会计师的资格。从2008年起我这执着的人又干起了另一项更执着的事儿：经甲区政协推荐，区人大常委会批准我成为了一名人民陪审员，翻开了人生历程中新的一页。开庭、审理、原告、被告、举证、质证一点不能马虎。不执着，不行！执着的人干起执着的事，想不执着，不行！

之前曾听到一些说法，说人民陪审员"陪而不审""审而不判""没有话语权"。执着的我当了人民陪审员，决心坐人民陪审员的"位"，有人民陪审员的"为"，不能只是出庭摆摆样子，要将自己多年工作的经验和积累的专业知识运用到陪审当中。在审判庭上，自己感到责任重大，不敢有丝毫的懈怠和马虎，以饱满的热情和强烈的责任心投入其中。

人们可能认为人民陪审员只能在民事案件中起作用，实际上，在刑事案件中人民陪审员通过诉讼调解、化解矛盾、适度量刑同样可以发挥作用，同样也能体现罪责刑相适应的刑罚原则，同样达到了惩罚与教育相结合的目的。

这都是鞋惹的祸

2011年8月，我陪审了一起刑事附带民事的公诉案件。不同身份的人，会有不同的穿着打扮，这是人们日常见惯了的事儿。有一天，两个小伙子一个穿着皮鞋，一个穿着拖鞋，碰到一起，皮鞋遇上了拖鞋，竟引发了一场刑事诉讼！

三十多岁的人都盼望当父亲，这俩人都结婚多年尚未得子，盼子心切不言而喻。这一天，他俩各自陪妻子去 A 医院就医，排队交费时，做公司高管的小胡一身正装，脚蹬三接头皮鞋，排在前面，做司机的小吴一身休闲装，脚踩拖鞋，排在小胡后面。排在前面的小胡在脚步挪动时，皮鞋几次碰到了排在后面穿着拖鞋的小吴的脚趾头，小吴疼的忍不住了，猛推了一把前面的小胡，穿皮鞋的小胡还毫不知情说："你推我干嘛？"小吴说："你踩了我脚几下了！我推你怎么了？"小胡说："我根本就没踩你脚！"小吴愤怒了，抢起拳头打在了小胡的脸上，小胡瞬间疼痛难忍蹲在地上，家里人把小胡送到医院，检查结果是鼻骨、眼眶骨折。经司法鉴定构成轻伤，检察院以"故意伤害罪"刑事附带民事案将小吴诉至甲区人民法院。

庭审开始了，原告小胡，一个孱弱文静的书生，他和爱人都是外地人，在北京读书并留京工作，做到公司高管，收入颇丰；被告小吴，一个彪悍勇猛的汉子，北京人，职业司机，月收入不高。原告小胡认为自己无缘无故被打，怨气非常大，一定要将被告送进监狱。被告小吴因结婚多年不育，曾做过几次试管婴儿花掉了十几万元，这次终于成功了，却手头拮据。双方在民事赔偿数额上差距很大，如不能达成和解，被告将被判实刑。小吴的妻子知道丈夫将有牢狱之灾后，哭闹着要终止妊娠，并要与被告离婚。

庭审结束后我脑子里总出现一个画面：因为这冲动的一拳，被告被判实刑进了监狱，老婆离婚了、孩子没有了、家庭解体了、心理扭曲了，出狱后破罐破摔找原告报复……如果能拉一拉，他可能成为一个好人，推一推就可能成为一个疯狂的罪犯……本着对社会和谐有利、治病救人的想法，我主动向法官提出，让我试试进行调解，法官特别赞同。于是，我打电话叫回小吴，严肃地批评了他打人的恶劣行为，并指出在公共场合穿拖鞋本身就是不对的。被告承认了自己的错误，并表示非常后悔。小吴对被害人在附带民事赔偿方面提出的误工费太高提出异议。我告诉他："误工费的多少不是对方说多少就多少，取决于你伤害的人是谁，工资高的，赔偿就高，是有工资证明和纳税证明作证据的。"

与小吴谈过之后，我又找被害人小胡进行谈话。被害人小胡在几个节点上非常纠结，难以自拔：一是检察院认定被告有自首情节，他不理解，认为是自己拨打的 110 报警，不是他自首的；二是事发时就近在 B 医院进行了诊治并开具了医疗诊断证明，为什么公安机关又让 C 医院重新开证明？三是我们请了律师，法官为什么不让我的律师说话？他认定被告是北京人，在公安局、检察院、法院都有关系，每个环节都偏袒被告，欺负他这个外地人。听后，我才明白了被害人为什么那么大的怨气，看来法官和当事人也要增强沟通呦，否则怎能打开心结呢。可是这些话当事人又不可能对法官说呀，这就体现出我们人民陪审员的优势了，当事人更容易向我们倾诉。我先向被害人小吴解释诉讼程序：第一，法律规定经电话传唤到案并如实供述的，视为有自首情节；第二，因为 C 医院是耳鼻喉专科医院，公安在认定伤害程度时一定要专科医院开具诊断证明，对谁都一样；第三，你没进过法院，没有法律常识，你带来的律师并没有告知法官开庭就发言，如果当事人都乱发言，那法庭还有纪律吗？况且法官自己也是外地人，他怎么可能欺负你呢？法律面前没有北京人和外地人之分。小胡此刻消除了对公、检、法的误解，气顺多了。接下来我又把被告人小吴家庭的困难，其妻是人工受孕，如果将小吴送进监狱，他的妻子肯定会打掉孩子并与小吴离婚。小胡了解了一些案卷以外的情况后说："那他自己怎么不告诉我呀，算了吧，他能赔多少算多少吧！"

再次开庭后，被告小吴多次诚恳地向小胡道歉，希望得到小胡的谅解，并表示尽力赔偿。最后，法院根据被告具有自首情节、积极赔偿、有一定的悔罪表现、取得了被害人的谅解等因素，依法对被告进行从轻处罚并适用了缓刑。在被害人谅解的基础上，被告当庭赔偿了原告五万元，原、被告握手言和了！双方当事人都很感谢法院。被告小吴对我说："您这样帮助我，冲您我今后绝不再打架了，我要把那个惹事的拖鞋给扔了！"原告小胡说："阿姨，我们夫妇俩在北京没有亲戚，今后您就是我们在北京的亲人！"

故事到这里还没有完，之后不久小吴发来了一条彩信："阿姨，我媳妇生了一对双胞胎儿子！"还附有照片，幸福之情溢于言表。我给他回了电话说："现在你做了父亲，可要负起父亲的责任，遇到事情不能冲动，要想想自己是有儿子的人了。"小吴说："一定！一定！阿姨您放心！"

不久，小胡也发来微信视频，怀里抱着新出生的儿子，满面春风地告诉我："阿姨，我陪媳妇在老家坐月子，等回北京后一定带着孩子去看您，您是我们的恩人啊！"从此之后，逢年过节，我都能收到二人发来的问候短信和微信。作为一个人民陪审员，我真心感到欣慰。

房屋析产差点引起血案

2009 年 9 月，我陪审了一起房产纠纷的案件。原告是一位白发苍苍的老母亲，被告是其五个成年子女。因父亲去世早，留下一处约 70 平米的住房，母亲要求法院析产：判定自己拥有该住房 7/12 的产权，五个子女，各拥有 1/12 的产权。五个子女对于母亲的诉讼请求，除老大外其他人均无异议。而作为长子的老大，情绪却异常激动，大声叫骂几个弟妹，并对法官说："你随便判，爱怎么判怎么判，反正没有我儿子的房，我就捅死几个。"法官为稳定当事人的情绪，暂时宣布休庭。

庭下，老大还在不停地嚷嚷，言辞激烈，弟妹中遂有人反唇相讥。从他们的吵架中我听出，这位大哥对家庭贡献最大，受苦最多，作为知识青年上山下乡 40 多年，至今未回到北京。他的儿子小时候按政策规定回到北京，一直与奶奶同住，奶奶以前答应过房子给孙子，为此孙子放弃了买低价房的机会，现在孙子面临结婚，奶奶和几个姑姑却提出房屋析产，孙子的对象因此要分手，各方面的压力造成大哥情绪失控。

我也是下乡知青，与老大有着共同的经历，我很自然地与他从知青谈起，并对他的生活境遇表示理解和同情，一番谈话拉近了我们的距离。我问他："儿子小时候回北京谁照顾呀？"老大愣怔了半晌不说话。我又问："难道你真的要将你曾经疼爱的弟妹打死打伤，然后自己坐到监狱里后悔得捶胸顿足吗？"他低下了头。我抓紧同他弟弟妹妹谈，弟妹们也表示他们很疼爱侄子，愿意把侄子的事安排好。经过庭下大家的沟通和交流，渐渐的，每个人都心平气顺了很多。我接着帮他提出了几种调解方案。半小时后法官回到法庭敲响法锤宣布继续开庭，此时原被告双方都平静下来，

最终双方达成和解，于 2009 年 11 月 8 日撤诉。

在审判中，由于种种原因有的当事人不理智，情绪过于冲动，作为法官，因为身份的限制，只能使用法言法语，只能在一定限度内进行劝解。而作为人民陪审员就可以像个邻家的阿姨或大姐一样，和当事人论个家长里短，动之以情，晓之以理，和法官互补。庭上调解和庭下调解共同进行，更能够化解矛盾，说服当事人息诉服判，解决原被告双方的矛盾。

醉翁之意不在酒

2014 年底，我陪审了一起赡养纠纷案件。80 多岁的老母状告 60 多岁的女儿不赡养自己，诉讼请求：女儿每月付给自己赡养费人民币 1000 元。拿到起诉书后，我进入了诉前调解的程序，按起诉书上的电话号码打了很多次，后来终于接通了，这位叫作建华的女士说："这电话号我早都不怎么用了。"可以看出，母女双方好久没有联系了，看来积怨还挺深呢！

沟通中女儿告诉我，由于自己患了重病，为此几年前她就放弃了对父母房产的继承权，赡养老母亲的责任就给了哥哥。我接着又给哥哥打了电话，我问："你是爱国吗？"他说："我叫青春。"我说："你妹妹叫爱华，你就应该叫爱国呀？"我们俩在电话的两端哈哈大笑，顿时拉近了距离。哥哥告诉我，父母只有他们两个儿女，父亲去世后，母亲由他赡养，他并不想要妹妹的赡养费，而是现在他家住在二楼，自己年逾花甲，每天要背母亲下楼晒太阳着实吃力，想把房子换到一层，可妹妹拒不将户口转走，他非常生气，就让母亲状告妹妹要赡养费。

接触中，我感到哥哥和妹妹都不是不讲理的人，妹妹有病，经济紧张，哥哥岁数大了，照顾老母有困难，还是帮帮这家人吧。我晓之以理，动之以情地在兄妹之间游说。

哥哥说："让她把户口转走，我不要赡养费了。"妹妹说："房子都给

了他，我这么困难谁都不管，只知道让我转户口。"我又做哥哥的工作，讲了妹妹的困难，你想让她转走户口，有你的道理，但筷子头沾盐也得有点口水呀？哥哥说："那行，你问她要多少钱吧？"妹妹说："50万！"哥哥说："狮子大开口，我哪有那么多钱呀！"妹妹说："可以少点。"几轮讨价还价下来，25万成交！接下来，哥哥说："她拿了钱不转走户口咋办？"妹妹说："我转走户口你不给钱怎么办？"他们二人之间有着极度的信任危机！

经过多次调解，最后在法官的主持下，各自在调解书上签了字，双方都露出了久违的笑容，哥哥和妹妹一同推着母亲走出了法院的大门。看到这一家人和睦的背影，我感觉出由衷的喜悦！

人民陪审员制度是人民群众参与司法审判的一种有效途径和方式，开庭后进行调解是一种方式，开展诉前调解是更有效的方式，既可以解决原被告双方的矛盾，还可以节约法律资源，提高司法效率，做到成本低、效果好。至少可以使案件进入诉讼程序更加顺畅快捷。

海归博士要离婚

一个海归的博士，一个人民教师，俩人结婚六年多，养育着一个五岁的女儿。挺好的一个家，丈夫却到法院起诉离婚了！海归的博士丈夫最近失业在家，心情烦闷，做教师的妻子本来就有教育人的职业习惯，为了一些琐事唠叨起来没完，丈夫动手打了妻子后回到自己的父母家中，妻子找到自己的母亲和弟弟哭诉，于是强势的丈母娘率领着小舅子杀将过去，当着亲家面把女婿暴揍一顿。亲眼看着儿子被打，婆婆一家无论如何也咽不下这口气，离婚！事情弄成这种局面，看来这桩婚姻是非离不可了！

为了让孩子有个完整的家庭，我的执着劲又上来了。我先跟丈夫沟通，耐心地听他的倾诉，并对他动手打妻子的行为进行了严肃的批评，我告诉他国家对于家暴立法了，他说知道，不是3月1日才实行吗？他的话让我哭笑不得，不管哪天实行，你打掉的可是感情呦！不过，在我的耐心说服下，他认识到自己错了。他说："我也知道孩子挺可怜的。"我知道他心疼孩子，有家庭责任感就好办了。

我接着对妻子晓之以理、动之以情，她自己马上说："我做的最愚蠢的事，就是不该让我妈和我弟弟去家里打架。"我又跟她敲定："以后无论怎样，有问题两个人解决，不要牵扯家长。家长都年事已高，他们经不起折腾，同时也容易激化矛盾。"她连连称是。几番谈话后，我要求丈夫要回家，面对问题，解决问题，走到一起不容易，能不离就不要离。几天后，妻子告诉我丈夫回家了，丈夫也告诉我妻子还给他包了饺子，看来雨过天晴，有希望了吧？

没想到又出现新情况了，两个人又都打电话给我："不行，我们还得离，不离两边的妈都不干。"原来丈母娘提出："如果不离婚女婿得向她赔礼道歉。"这边的婆婆也要求儿媳必须赔礼道歉。唉！你说这当老家儿的瞎掺和什么呀，看着儿女和睦比什么不强呀，自己的面子就放放吧。我就批评这对小夫妻："你们都是高学历、高智商，情商咋就那么低呢？各自做自己妈的工作去。"丈夫首先表示工作做不了！我问他："你有姐妹吗？"他说："有个姐姐。"我说："那好，你回家问你妈，如果我姐姐被姐夫打了，将心比心您是不是也得让我和我弟弟去管管？"男方照此行事，效果果然不错，婆婆不再坚持了。我又让儿媳买些东西去看看婆婆，我说："进门就叫妈啊，嘴甜着点。"这边的问题解决了，丈母娘呢，我告诉男方："你打人不对，必须向丈母娘道歉。"男方去道歉了，可丈母娘依旧不依不饶。我又问女方打架的经过，女方说丈夫先拿开水泼了她，又打了几下，然后男方回他妈家了，她就去找母亲诉说，于是母亲和弟弟就打上门去了。

我分析了整个过程，既然开水泼了为什么自始至终没有提到烫伤的事呢？我问女方："你一定要说实话，泼的是开水还是温水？"女方承认水不怎么烫了。我告诉她既然还有感情，还打算维持这个家庭，就要让老家儿气顺，回去把真实情况告诉妈妈，不要渲染。女方做了妈妈的工作，承认自己有错，不该激丈夫的火，逼他动手，激化了矛盾，自己有责任。

小两口和好了，老家儿也心平气顺了，男方撤诉。男方感谢时说："我们闹矛盾主要是我目前没有找到合适的工作，我烦，她也烦，一点小事就吵，给您添了这么多麻烦！"说完，他给我们深深地鞠了一躬。正好我的一个朋友经营着会计师事务所，与小伙子专业对口，为了这个家庭的长治久安，我介绍了这位海归博士，两全其美！诉前调解不但可以息事宁诉，还可以挽救感情。

帮助法院调查取证

有这样一个案子，原告是一名医生，被告是一家医院，原告诉称受聘在该医院工作两年，只签订了一年合同；被告坚持此医生只在医院工作了一年，原告没有相应的证据，被告坚持答辩意见，双方争执不下。

真相只有一个，凭着我多年在医院工作的经历，我告诉法官医院的住院病历是永久保存的，只要原告提供出他所经治的住院病人名单，就能找到证据。原告提供了52个病人名单。由于我知道法官的辛苦和忙碌，主动提出由我帮助法院去医院取证，经过我四次到医院，与医院办公室和病案室多方交涉，得到医院的大力支持。该院病案室查阅了52份病历，在此基础上出具了证明信，证实病历记载的手术者均为原告，为原告在该院的实际工作时间提供了佐证。这为法官判决提供了有力的证据，也为当事人主张了合法的权益。

通过这个案件拓宽了人民陪审员发挥作用的另一渠道，即帮助法院为案件调查取证。实践中，遇到相关的案例，我会主动为法官的审判提供思路，丰富法官对案件的思考和判断。

我被当事人骂了

前不久陪审一起离婚纠纷的案子。原告女方27岁，被告男方28岁，一对年轻人曾好得如胶似漆，但由于家长的参与，在举办婚礼的第二天就大打出手，女方回了娘家，提出离婚。先不论谁对谁错，按照法律规定离婚案件的双方必须到场，法官要听到当事人真实意思的表示，但先后开过四次庭，男方从未到庭，都是其父母作为代理人出庭。

　　第四次开庭了，男方的父母习惯性的又拍在法台上一张假条。我们另一位人民陪审员正在翻阅卷宗，卷内有一张同样的假条，同样的规格、同一个医院、同样的发烧，这位人民陪审员只问了一句："上回也发烧了。"男方的父母像被踩痛了尾巴，暴跳如雷，大喊大叫道："你什么意思，谁规定的上次发烧这次就不能发烧，就你这态度能公正审判吗?"好像他们有多委屈一样。我只劝了一句："冷静点，我们人民陪审员只是问问。"她们马上调转枪口："你帮什么腔? 你个白毛老太太，不在家里老实呆着，跑到这儿混饭吃，我申请换人，我们要见庭长，我们要见院长，我们要去天安门……"

　　作为人民陪审员，我们恪守着法律的尊严，不能与其对吵，只能听其叫骂，心里非常恼火! 审判长只能宣布休庭。法官和庭长都安慰我们。我像被刀砍了一样当时并不觉得疼，回到家里，好生气好伤心呀! 不仅仅为我们自己，想到国人的素质，想到他们对于子女无限溺爱，越俎代庖，孩子们以后会怎样? 文学家蒋勋说过："母爱有的时候是一种暴力，因为她不知道这个爱对于一个青少年来说是多大的负担! 爱意过浓，束缚太多，接近暴力!"被告的父母，害了儿子自己还浑然不知，竟然说："我们儿子一米八的个头，长的帅帅，她凭什么要和我儿子离婚? 公公婆婆一边求法官帮助做女方的工作，别跟自己儿子离婚，一边又歇斯底里，提出要回当初送给儿媳的钻戒和改口费，甚至还要平分女方家的陪嫁款，还要将女方的医保费也拿来平分。像这样的公公婆婆，别说这个儿媳提出离婚，再有几个也难免会离婚的，多糊涂呀，爱子爱到害子的程度! 而他们的儿子，在父母愚蠢的庇护下失去了自我，连自己的爱情、自己的婚姻都不能做主，连自己真实意思都不能到法庭来表达，这才是真正的悲哀!

　　屈指数来，我做陪审员工作已经九年了。为了能够胜任这项工作，我自觉加强法律知识的学习，注重公正司法理念的培养，注意把法律知识转变为案件审理能力，除了阅读司法方面的书籍外，我在日常生活中更加关注国家法制建设方面的信息。每当有新的法律法规出台，我都找来认真阅读，为做好人民陪审员工作打下坚实的基础。随着陪审案件数量的增多，我自己的法律意识也不断增强，不时地结合具体案例，对同事、家人进行法律知识普及，告诉身边的人，哪些事可以做，哪些事不能做，哪些方面是要特别注意的，积极宣传法制观念。我觉得自己做了人民陪审员后，不知不觉中又成了一名义务法制宣传员。

我是人民陪审员汪鹤兰

汪鹤兰

我叫汪鹤兰，是 64 岁的老太太，做人民陪审员工作已经有 13 年了。我热爱这项工作，陪审过的案件三百余件，刑事的、民事的、行政的，有些案件的庭审过程至今历历在目。

在房管所工作了 32 年

17 岁时，为响应毛主席屯垦戍边的号召，我到 N 市生产建设兵团二师当兵，因身体原因 1975 年回到北京，后分配到乙区 A 房管所当工人。当时很多知青都愿意当兵或者到工厂做产业工人，谁也不愿意去又脏又累的房管所。我在房管所最初的工作就是筛沙子、和泥、修破旧的房子、疏通下水道等，每天都是又脏又臭的一身泥。

1976 年大地震后，倒塌和残破的房子威胁着老百姓的安全，我跟着师傅走家串户，冒着余震的危险查看险情，日夜奔波在我所管辖的胡同里。A 地区与北京建都有着密切相关，最早的城市规划建设就是在皇宫的东西两侧，A 地区是有着八百年历史的商贾云集的商业区。胡同里则是有着商人们修建的大大小小上百个四合院，几百年过去，老旧房屋众多。

我刚参加工作时，门窗还是木棱的糊纸窗户，顶棚还是秸秆纸糊棚。晚上睡觉时能听到耗子啃咬纸棚里浆糊的声音。A 地区的老旧平房分布在约 100 万平方米的管辖里，大大小小近百条胡同。我每天的工作就是走家串户，发现问题及时抢修，保证居民的居住安全。时间久了，走的多了，老老少少，男男女女，每条胡同，每个院子，每家每户，有点家长里短的都愿意和我唠叨，住房拥挤的需要帮助他们调房，上班远的请我帮忙换房，儿女结婚要房找我哭诉住房的难处，邻里纠纷的要仗义执言。下雨天要爬上房为住户毡房，院里积水了要用手抓开堵在雨水口的淤泥垃圾。许多住户白天上班，晚上在家让我过去听听他们的困难，有的骂几句发发牢骚。

我从当壮工开始，一直到我 2007 年退休，我在 A 房管所工作了 32 年。我于 1976 年入党，提干后被送到学校学习专业的文化知识，从房屋管理员、管理组长、副所长到所长，从抢险模范到优秀党员，从 A 地区人民好公仆到当选乙区人大代表。不知道从哪天开始，我越来越热爱我的岗位和工作。看到那么多的住户带着苦恼来反映问题，经过我和同事们共同的努力解决了他们的疾苦，内心有很大的自豪。

我两届高票当选乙区人大代表，我提的建议议案都以住户最切身的利益、政府最想为老百姓解决的疾苦为内容。议案提出后，政府十分重视，区长、区委书记实地调研，我陪着他们串胡同，走访居民。经市政府批准旧城区危改启动，我得到了更多住户的信任和支持。

没有人能愿意 32 年在一个岗位上每天听怨言，但是从基层工作多年积累的经验和教训中，我感受到他们的需求就是我工作的内容，他们的笑容就是对我工作的肯定。

我享受了改革开放社会经济发展进步提高的过程和成果，并在艰难困苦中和繁乱的琐碎事物中锻炼提高，成就了自己。2003 年被任命为乙区人民法院陪审员时，我兴奋激动，不仅实现了我儿时的法官梦想，还让我有更多的机会见到了智者们去平衡矛盾、安定社会，我热爱这项工作。

一起交通肇事赔偿令人记忆犹新

我已经参与300 多个案件的审理，但每次坐在陪审员的座位上，仍然还是热血沸腾，心情激动。当审判长的木槌敲响："现在开庭！"陪审员就要认真听。我认为，既然当了人民陪审员就要为人民负责，在法庭上就要认真了解案情，认真听取双方当事人的发言。如果人民陪审员当听故事，不仅浪费司法资源有损陪审员名誉及职责，陪而不审更是对社会和当事人的不公正、不公平。

我陪审过的一起交通肇事附带民事赔偿案件，至今记忆犹新。在庭审中被告人张某及家属始终坚持没钱赔偿，态度差，让受害人家属气愤和伤心。

2013年的一天，张某夫妇二人骑一辆电动自行车超速行驶，将E医院西门前正在过马路的48岁的受害人殷某撞倒。张某在群众帮助下将伤者送到E医院急诊室后逃走。伤者因无人照顾三天后死亡。当时北京电视台播出了实况录像，法制晚报等多家报纸报道寻找肇事人，经过群众举报，同年7月2日张某被逮捕。

开庭时被害人殷某已经死亡半年，但张某不但没有赔偿，也不曾道歉，在庭中一再坚持没钱赔偿。被害人殷某父母已七八十岁，丈夫重病，女儿没有工作，一家老小生活困难，让人担忧和同情。被害人殷某在医院抢救及丧葬费共用去20多万元，原告要求赔偿包括精神损失费共计91万余元。张某及家属在法庭上非常不冷静，旁听席上还坐着张某的十几位家属和老乡。由于庭审不能继续，审判长宣布休庭进行合议。

我当时非常的激动和气愤，人死了，家散了，一定得让被告赔偿！为让被害人殷某能获得赔偿，合议庭在审判长的主持下耐心的与被告家属沟通，做他们的思想工作，最终被告家属同意赔偿40万元。当听到张某及家属同意赔偿并将40万元送到法庭，我激动地流出了眼泪。我为法官的公平公正点赞，我为受害人家属祈福，我更为自己执着地要求张某赔偿而欣慰。

相邻关系纠纷案最费力

相邻关系纠纷案件最烦人，各说各的道理。在庭审中经常是费时费力费口舌，互不相让，甚至指责互骂。

原告安某告李某违章建房遮挡住房，要求被告拆除自建房一案，被告坚持不拆除。并在原告自建厨房时阻拦和拆毁。造成原告水泥砂浆被雨淋失效损失 4000 余元。由于争执双方特别是被告家里人多势众，我主动向法官要求让原被告分开，我协助法官调解，分别做思想工作。

我先对强势的被告给以警告，要求被告没有户口且不在此居住的其哥嫂一家三口不能再参与纠纷，并对司法从裁判到执行的具体流程进行了说明。法官和我在了解双方情况后，晓之以理，动之以情的劝解被告能换位思考，原告孤儿寡母，又是被告的发小，离婚后独自一人带着个小女孩，仅有的一间南方窗户被遮挡的严严实实，如果换成被告你会怎么做。既然是发小，更要帮助他们母女，把窗户让出来，让房间里见点儿光。经过了一下午的耐心调解，被告的坚持有了松动，最终案件当庭调解，被告同意将 3000 元赔偿金尽快送到法院。当天下午原被告双方签了调解书。我又做了一件双方认可并当庭宣判调解成功的案件，我感到非常高兴。

老母告女案成了拉锯战

86 岁老母亲告 59 岁的女儿一案，也是经历了唇枪舌战的拉锯战。审判长刚坐下宣布开庭，原告老太太就声泪俱下的说起女儿打骂她，不给她吃饭，活不下去的话。要求女儿迁出自己名下地住房，并给赡养费。女儿则没等母亲说完，就手指着亲妈说她没人性，从小就对兄妹四人不好，只知道自己吃喝，根本不管他们。导致现在只有她自己照顾母亲，其余兄弟姐妹从来不来看她。

我听后惊愕，亲生母女如此不堪入耳地讲述对方，确实让人感到震惊。我仔细端详原告，86 岁高龄老太太身板硬朗，穿着得体，行动利索。女儿 59 岁就显出病态，头发已现秃顶，说话声音不高，但字字如刀。经过了解，母亲一辈子没有工作过。我问女儿："怎么能对自己的母亲说出如此没有人性的话？两个人的真正矛盾是什么？"

经过审判长的庭前了解和仔细询问，原告生有两儿两女，年龄都在 50 至 62 岁之间，老伴去世多年。老人现居住两间平房，共 25 平方米。老人想告四个子女支付赡养费，每人每月 300 元。但老大有病，老三与丈夫离婚后失踪，老四吃低保，应诉的被告老二邵某十几年前离婚带着女儿回到娘家居住并一直照顾母亲至今。母亲哭诉被告邵某不给她饭吃，还天天打骂她，老太太多次报警，居委会也清楚他们母女之间的情况。老太太曾经多次上访，要求女儿迁出。她的理由是："如果被告邵女士不迁出，另外三个子女不认她。"

真正的矛盾焦点是，原告所居住的两间平房为公房，户口只有母女二人，如遇拆迁或者母亲百年之后，有权在此居住的只有应诉的被告邵某，公房没有继承权，老太太其他三个子女向母亲施压造成了母女对簿公堂的局面。找到了关键点，审判长严肃地批评被告，指出被告是将来最大的受益者，在这样的情况下不好好照顾母亲，还口口声声地责骂母亲，实在不该，并劝其好好照顾母亲，向老人赔礼道歉。

法庭当庭出具保证书，责其从庭审之日起尽心照顾母亲，不要再让老人伤心。我和审判长走下审判台，拉过女儿的手，让她搀扶老母亲走出法庭。母女二人连声道谢，我意味深长的对女儿说："好好照顾母亲，有妈才有家，记住你的保证。"

陪审后的深思

每次庭审的过程，都是我一次学习的过程。经历过几百次庭审，我每次还是端坐在位子上，屏住呼吸，仔细认真的听着双方的争辩。每次合议时，我会首先发言提出自己的意见。例如：银行职员以公谋私借个人理财招揽投资，后转出做高利贷，严重扰乱了经济市场，伤害了国家和个人的利益，激化了两者间的矛盾，为社会安定埋下了隐患。这系列案件在适当时应广泛向社会宣讲。

还有这样一个案件：一个年轻帅气的山东籍研究生，毕业后留在北京一家公司做人事部高管。在一次看病时发现大夫身边有个助理并质疑他的行医资格，他询问了助理的个人情况，是否有行医执照，哪个专业，是否有资格在这里看病。一连串的发问让大夫很无奈，大夫提出看完病再告诉他。但是，这位人事高管却认为自己需要先知道情况才能继续让大夫问诊。

由此病人变成了政府信息公开系列案件的原告，他提出了 8 个相关问题起诉医院，立案 6 个，驳回 2 个。开庭时，6 个案件合并一起开庭，同一原被告，争议焦点为原告提出问题，医院回复超时，回答问题不清楚而引发原告对医院的管理提出超过 70 个应当公开的问题。例如：医院是否存在民间赞助？是公司还是个人？是什么公司？为什么赞助？赞助的目标是什么？赞助费是否到位？医院有无专管账号？在网络上各项收入开支明细无从查找，等等。在庭审中他侃侃而谈，几个小时庭审里不紧不慢，有问必答。法院只审理相关信息的违规程序，并不处理原告提出的问题的对与错。休庭后，我本想找原告谈谈，这么有才学的年轻人如果能协助政府做一些社会问题的调研，找出平定社会的方法和建议，岂不更好！但因为案件正在审理中，故没有与他约谈。

在陪审的 5 个强奸案件中，共同的特点是熟人作案。被告人均为恋人、老乡、同居者、朋友等。加拿大海归研究生张某英俊潇洒，在酒店做高管。离婚后在地铁站认识了一个平谷的女孩，交往了很久后分手。后来在一个中秋节前后，女孩主动打电话要求见面，二人吃饭后回到被告人张某的宿舍，几个小时后女孩提着鞋跑出了宿舍，给 110 到电话，说张某强奸了她。被告人在第二天接到 110 警务约谈，说他强奸了原告。后来，在一年半的时间里法院开庭了 4 次。并到被告人张某的宿舍周边进行走访调查。在这期间女孩曾经要求撤诉，并承认了他们的恋人关系，但要 30 万赔偿金，被告人张某母亲没有答应支付。最终张某获刑 3 年 6 个月。这个案件引起人很多思考。我们可以借助媒体作为教育素材，广为宣传，让人重拾正确的的道德观、价值观、人生观、恋爱观，让社会风尚更美好，从而减少犯罪。

我曾向陪审员办公室提出政府部门信息联网的司法建议，因为有个案件触动了我。有一对 80 后夫妻要求撤销补发的结婚证，重新登记结婚。十年前二人结婚，为了买第二套房减税，二人在法院调解离婚，未到派出所和民政局备案。摇号得到经济适用房，后住建委通过信息网认为他们在婚姻存续期间不能买房。二人到派出所备案后买房免税成功。但在办理其他事项急需结婚证时二人却说结婚证丢失要求补办，民政局很快办好。

公安局显示离婚却又持有结婚证的做法让他们自己也觉得不踏实，故起诉民政局要求撤销补发的结婚证，重新登记结婚。两人是利用政府各部门不联网而钻空子，自己得到了实惠，又来法庭浪费法律资源。但没办法，最后法院判决撤销补发的结婚证。休庭后，我向陪审员办公室提出，在今年区人大会上形成议案，将政府各部门联网，减少有人钻空子，趁机逃税，巧夺社会福利。

规范陪审，自觉自律

乙区人民法院为了加强管理，使人民陪审员更好地发挥作用，成立了陪审员办公室，负责人民陪审员日常工作，由院长、主管院长亲自抓培训和管理。

为了规范出庭形象，人民法院为陪审员定制了制服，增加法庭的威严性，也显示出专业化。休息室安置了更衣柜放着我们的制服，可随时更换衣裤。陪审员办公室的墙上悬挂着各种规章制度，以此规范我们的行为。每当案件需要陪审员时，由办公室值班员逐一电话通知出庭时间、地点、案件类型、着装要求。为了方便人民陪审员尽快找到指定的法庭，工作人员为每人发一个方便卡，提示了法院几十个法庭的所在位置，为人民陪审员方便出庭节省时间。办公室准备了开水和瓶装水，中午还可以为人民陪审员提供午餐，丰富可口的饭菜让人民陪审员心里暖暖的。

每年人民法院为人民陪审员进行培训。大的培训班近二百人，院长亲自为我们授课，各庭庭长为我们讲述案例，分析案情，引导人民陪审员从多个角度思考问题，提高人民陪审员能力和素质。具有丰富经验的人民陪审员为大家讲述经验，分组讨论时各抒己见，见仁见智，每次都收获满满。

小规模的培训也经常在各庭之间进行专题培训。如深度参审，调解工作的技巧，说话或者发问方式，最让人感动的是法官们主动提出怎么做才能更好的为人民陪审员们服务。他们提出坐在审判台上，法官和人民陪审员身份相同，走出法庭可以为大家提供更多的方便。

从完全不懂怎么做好人民陪审员，到现在我愈来愈热爱这个岗位，每次接到陪审通知，我都会告诉家人陪审日不能安排活动，每次我都会提前半小时到陪审员办公室报到，换好制服，戴好红色的"人民陪审员"徽章，提前进入指定的法庭，静候法官的到来。

每次开庭前我都会认真细致地阅读案卷，仔细看起诉书和答辩状的内容，搞清楚原被告诉求和争议的焦点，才能更好地进入庭审状态。当审判长按程序审理案情时，我大脑快速的运转和思考。我常常窃喜，我的分析离审判长的距离越来越近了，庭审结束后合议时，我总是先发言，大多得到认可。

现在，我的陪审工作已进入佳境。我热爱人民陪审员这个工作，愿意承担这份责任，我要更好地发挥我的作用，更主动地学习深入参审，按人民陪审员的标准严格要求自己，自觉自律做一名合格的人民信任的人民陪审员。

我的陪审小故事

刘爱群

我最早接触审判工作是 20 多年前，蕴藏在心中的故事很多，经常有想说点什么和想写点什么的冲动。但落笔之时，却迟迟没有思路……猴年春节时，在窗外迎新的炮竹声中，我的思绪回到了 20 年前的法院生活，也回想起陪审经历中的点点滴滴……

实习时的法官师傅

大学毕业前夕，我被分配到丁区法院实习。虽然学了四年法律，但一提到法院，心里总是有些发怵，感觉穿着制服的法官看起来很凶，我这么个温温柔柔、文文静静的女孩子，到法院这种地方，会不会也会变得凶神恶煞、性格强悍？同时，又想象着能自由进出法院，在庄严的国徽下该是多么神圣？怀着一丝忐忑、好奇和期待，我来到了法院。

现实中的法院与想象中的大相径庭。办公的地方像是陈旧的机关筒子楼，楼道两侧放置着长条椅，上面坐满了当事人，像极了站满等着叫号的病人的医院。法院老师与我们的带队老师交接完毕后，带着我们一一拜见自己的师傅，从此开启了我为期 4 个月的实习生活。

带队法官带着我穿过熙熙攘攘的人群，推开一间办公室的门，不大的房间挤满了两两相对的办公桌，这里竟然像走廊一样，人满为患。"王法官！给你带徒弟来啦！"随着带队法官一声招呼，离门最远处窗边正在埋头伏案、一身深蓝工作服的法官抬眼瞥过来，是一位 40 来岁、瘦瘦小小、头发稀软的男师傅！师傅好像正在忙，应付地回应了一句，就立即埋头继续他的工作。带队法官把我安顿在角落的一张空椅上等候师傅召唤，师徒生活就此开始。

师傅话不多，待人平平淡淡，平时让我做得最多的就是钉卷、做笔录。就这样，时间匆匆而过，转眼一个月过去了。一天中午午休时间，忽听得安静的楼道内响起一个女人的尖声吵闹声，正在闷头阅卷的师傅突然警觉地抬起头，稍停片刻，怦地合上卷，大步流星的冲出办公室，我不明就里，快步跟上。一位 30 多岁，高高胖胖的女人披头散发哭闹，那不正是上午离婚案件的当事人吗？胖女人垮垮地坐在地上，哭着、吵着，诉说着她男人的不是，要法官为他作主。师傅对她 晓之以理，动之以情，劝导的言语中不乏不容置疑的威严，我在旁边正站得腿酸，胖女人终于起身，抽咽着站起身准备离开，师傅也站起身，却只见额头间有晶莹的汗珠在闪动。师傅事后说，遇到这种情况要有个度的把握，法院是讲法的地方，对有情绪的当事人，我们既要站在他们的角度了解他们的内心，帮他们调整情绪，又不能一味由着他们在法院自由发泄……

慢慢地，师傅开始有意识地安排我独立开展一些简单离婚案件的调解工作，师傅教我说，很多离婚案件，要把握好当事人的心，在自由裁量的范围内，我们要尽可能多做做当事人的思想工作，保全一个家庭。我学着师傅的风格，像真正的法官一样与当事人沟通，看着他们和好撤诉，心里感觉像做了媒人一样高兴，对师傅更是敬意有加。

冬天到了，和师傅一起工作的时间不知不觉已经两个多月，师傅手把手的工作指点令我受益匪浅。那个年代，法官外出送传票还是一项常规工作。一个严寒的冬日，师傅带我外出送传票。当事人的地址在郊区，需要转两次公交，一番辗转，终于完成任务。往回赶时，已是下班时分，手脚冻得又疼又麻，好不容易上了公交车，又是人满为患。师傅看着我，眼神充满关切："跟紧我啊，回去喝点姜汤，注意保暖，别感冒了。"师傅声音一反往日的平淡，我的心里顿时感觉暖暖的 ……

这就是我敬业有情的好师傅！我想说，这样的好法官还有很多……

当事人的故事

这是我陪审期间发生的两则有关当事人的故事。

我陪审过一起兄弟之间的房产纠纷。开庭时间到了，我坐在陪审席上，我看见原告和被告都圆瞪双目、虎视眈眈的，还有一班人马坐在旁听席，他们个个五大三粗，嘴里骂骂咧咧的。好在主审法官很有威严地向他们介绍旁听的纪律，很快恢复了庭前的安静。

清脆的法锤音落，庭审正式开始。主审法官介绍完法庭纪律后，转头询问原告："申请回避吗？"原告一听回避，顿时火冒三丈，矛头指向法官，冲着法官叫嚷起来"回避？我要告他，为什么要我回避？"听到这话，严肃的我差点笑喷！这是哪儿和哪儿啊！回避制度是法律的基础常识啊，没有这点基本概念就来打官司？法官可能早已见多识广，开始心平气和地释疑说："回避，是指审判人员具有法定情形，必须回避，不参与案件审理的制度。法定情形主要包括……"，法官解释完基本概念，法官又用打比方的方法继续给原告释疑。原告总算是明白了什么意思，程序重新来过。"原告申请回避吗？""不回避、不回避！我不用回避……"庭审继续进行，旁听席上的亲友团可能以为庭审多有意思，可以助威助阵，几次当事人还没说话，旁听席就开始搭话。法官微微摇摇头，只好又开始释疑："根据《人民法院法庭规则》，旁听人员必须遵守下列纪律：不得录音、录像和摄影；不得随意走动和进入审判区；不得发言、提问；不得鼓掌、喧哗、哄闹和实施其他妨害审判活动的行为"。旁听人气呼呼地听完法官严肃的提醒，也许是不敢再造次，也许是觉得庭审实在无趣，抬起身，大摇大摆、旁若无人的推门而去！

2015 年，我陪审了一起乱伐林木的刑事案件。被告是一位年过七旬、憨厚敦实的老者，家在郊区，从村委会承包了一块林地，因为伐树卖钱被提起公诉，可能因为年迈生病且社会危害性不大等因素吧，老者之前已被取保候审。庭审开始，公诉人宣读了起诉书，被告老者一脸茫然无辜的样子。进入公诉人讯问被告人环节，当问到土地归属时，老者似乎听不大明白这样专业的问题，操着农村口音、扯着一副大嗓门嚷到："村头指给我这片地，他都说是我的，这片地当然就是我的！证据？啥是证据？我家的地我家的树，我砍我家自己的树还有罪？"眼看着老者是一位彻底的法盲，为了保证案件审理的顺利进行，法官进行释明："擅自砍伐本单位或者本人或者他人承包经营管理的森林或者其他林木的，属于《刑法》第345条第1款规定的盗伐林木的行为"。老者还是很迷惑："我犯罪了？我犯罪了？"憨厚的老者在随后的讯问中，无论公诉人问什么问题，他是否听清楚了，他都是半闭着眼睛，用力点头："嗯嗯，我承认！"。

看着极度配合的老者和公诉人案上厚厚的卷宗，我的心里像五味瓶一样，说不出来的味道，公诉人花了这么大精力整理出来这样厚厚的卷宗，花费了大量时间和精力，是职责所在，是法理所在，但老者真的明白了吗？这件个案处理了，后继者会以此为戒吗？法治社会构建过程中，百姓的法律意识是越来越强，动辄就要上法院打官司，法院每年案件的受理量逐年递增，法官每年8月份以后就要常年加班。可是，当事人真的具备打官司的基本常识吗？

这就是两个当事人的故事，纯朴又令人无奈的当事人，平民百姓的缩影。我想说，普法的路还很长……

陪审员的业余生活

中年，是家庭事业最忙碌的时期。说来大家可能不信，作为国企工作的一名基层法务人员，一年365天，加班是常态，正点下班是例外；上班处理计划外临时突发事务，下班后处理计划内正常工作。就这样日复一日，逐渐形成了习惯。作为学法律、做法律、有在法院实习经历的我来说，能够做一名人民陪审员，内心是有些小激动，甚至是小幸福的！我喜欢再次见到法官的身影，那里曾有我青春的足迹，喜欢在繁忙的工作间隙有另一个法律的世界畅游，喜欢聆听思考当事人们的诉说……

人民陪审员来自各个行业，以临近退休但声望高重的中老年人居多，也有像我这样正值工作任务最重、家庭负担最大的中青年人群。按照规定，人民陪审员应该定期参加陪审，但在执行陪审任务时，我们这个年龄段的人经常会遇到事与愿违、有心无力的尴尬境况。虽然法律赋予了人民陪审员陪审算工作时间的法定权利，但作为受聘于企业的员工，往往很难在常年加班的环境下把公司下达的铁定任务指标扔在一边，频繁请假外出陪审，更难在公司领导临时决定召开重要会议时因为陪审而离开，因此，经常是提前预定了某天的陪审任务，临场又不得不取消……其实，法律赋予了人民陪审员的权力，但我们这类型的陪审员群体却很难有能力把握好这个尺度。因为实在不愿看到自己的陪审出勤率落后，天性认真的我，只好使用了法律赋予我的另一项权利：休假！把休假的时间全部预约了陪审，制定了完美的时间计划表，每天早出晚归，看着陪审任务指标的圆满完成，心里感觉美美的……这就是我，一名普通、认真的小小陪审员。

陪审办公室的左老师是一位号召力极强的女性，是陪审大团队的灵魂！左老师说话爽快、做事干练，既能运筹帷幄，将潮水般陪审任务安排的井然有序。陪审之余，左老师慧眼识珠，积极发现人民陪审人员中的各行精英，组织筹办读书会、女工会等兴趣小组和定期的自助郊游活动。每每来到陪审办公室，都感觉家一般的温暖、放松。

休假陪审期间的一天，左老师告诉我说："周末和我们一起去郊外烧烤吧，放下单位和家里的事，彻底出来和我们放松一下！"这热情又不容置疑的邀请，着实让我心存惊喜又受宠若惊。实话讲，因为参加陪审的时间并不多，除了和几位经常值班、年纪较长的陪审员老师认识、见面打招呼外，我对陪审员这个团体并没有更多的了解。再者，平时因为陪审安排经常与工作冲突，总是麻烦左老师费心调换，心里一直有所愧疚，这次听到左老师盛情邀请，真能感觉到她内心对我的关心，我决定放下一切压力和包袱，投入到这个陪审大团队中。

左老师为参加郊游的陪审员组建了微信群。不多时，热情的老师们就开始在群里献计献策，有自愿当司机的，有自告奋勇买饮料的，有一展手艺自制小吃的，好不热闹，活动前的气氛愈酿愈浓，我实在找不出还可以做的事，又没有可以露手的手艺，左老师善解人意地发出一句指令："你什么都不用做，只管来就好"！热情、期待、兴奋就这样在群里一点点酝酿发酵着。

终于，阳光明媚的周末如约而至，男男女女二十多位陪审员在法院附近集合，一路向北出发！烧烤地点设在一个环境优雅的树林里，郁郁葱葱的树林曲折蜿蜒，每隔一段路就会有路边设在石凳、石桌和简易的烧烤支架，专供游人烧烤休憩，早到的游人们已经在欢庆地品尝他们的美食。树林边上不远，是一潭清澈见底的湖水，远处岸边支起的阳伞，伞下有游人闲钓，有狗儿在假寐，湖面上不时有蝴蝶飞过，空中常有鸟儿在鸣唱……好一片和谐共存的美景啊！

陪审员们的激情也迅速的调动起来，大家抢着从后备箱里取烧烤工具、休闲椅凳以及水果、自制食品，我自然也不甘落后，一路小跑帮着拿这取那。不一会功夫，石桌、石凳上已摆满了大家的成果！不远处，已是青烟缭绕。几名志愿当司机的大哥蹲在地上，执着地扇着烤炭，为大家开始烧制烤串了。这边像集市般热闹："来来，尝尝我做的馒头！""来，这边看！我这个糍粑好吃！"再看那边，两位花白头发的老师正在仔细地切着红薯片，为下一批烧烤备制原料……"刘老师，送您一个小白兔！我做的"，话音刚落，一只晶莹剔透的、用玻璃珠穿制而成的小白兔已跃然落到掌心！我厨艺不精，手艺不灵，唯有能做的，是以同样的热情融入其中，帮帮下手，间歇着为大家抓拍几张灿烂的笑脸……

忽见远处一个矫健的身影蹬着一辆滑板车飞驰而来，那可是位年逾50的老师啊！不多时，大家纷纷跃跃欲试，有放歌起舞的，有推铁圈的，有在广场处放风筝的 ……湛蓝的天空下，五彩的蝴蝶在飞舞，筝线下那满头银发如此璀璨！奔跑的身影如此灵巧！我不禁被这绝美的画面惊呆了！这才是生活的激情啊！

吃饱喝足、稍愒片刻，男男女女结伴一边在湖边漫步，一边各种组合合影，迈正步的、欢呼的、跳跃的，各种创意、各种倩影、各种灿烂、各种欢笑……接着，意犹未尽的我们驱车来到花海，紫色的薰衣草，金黄的雏菊，火红的鸡冠花，高贵的郁金香，这里一团那里一簇，片片张着笑脸迎接着我们。此时的我们像回到了青春岁月，开心地交换五彩的纱巾，尽情地展现着美妙的姿态，笑啊、美啊，心中充满着欢乐与幸福……

这就是我们人民陪审员真实的剪影，工作时兢兢业业、一丝不苟，工作之余开开心心、激情四射的拥抱生活！这是一支充满正能量的友爱团体！

我成了法官的判案帮手

赵 燕

我是个从医 36 年的心血管内科医生，退休后希望学点法律知识，就主动报名担任了人民陪审员。也许因为有医学专业知识，自己不仅顺利当选，而且经常被指定陪审医疗纠纷案件。为很多医疗纠纷案件的公正审理提供专业意见，是法官的"高参"，通过实践—思考—总结这一心路历程，我尝试着把自己的专业知识与司法审判结合起来，积极为公正判案起到参谋作用。我希望自己能够成为连接医学专业与司法审判间的一座桥梁。

第一次上庭我成了 "陪衬"

在甲区法院的人民陪审员中，有几位叫得响的医学专家和专业技术人员，每每有医疗纠纷开庭，总是这几位担纲陪审。开庭前，我总是先拿着当事人提交的病历材料细细研读。庭审中，我会带着自己从中发现的问题陪审。很多次，对在诊疗中出现的、又是双方都没有注意到的问题，我能一针见血地提出质询，使过错方无言以对。

别看现在我是被点名认可的陪审员，但刚坐上审判席时，我还真尴尬地当了回"陪衬"。一开始我不是很了解人民陪审员要做些什么，也没想过能发挥什么作用，就想带个耳朵来学习一下法律知识。结果第一次上庭就傻了，法官当庭问我有没有要问当事人的问题。我根本没想过，啥问题也问不出来。就这样，第一次陪审去当了"陪衬"。

庭后我认识到，咱人民陪审员不是陪衬，听法官怎么判就怎么判。合议庭重视咱，咱不能不认真。从此以后，我开始恶补法律知识，去图书馆竟然比以前在医院上班还勤快。

做医学与法学的桥梁

我身在医生圈子，让我的陪审员工作得到了不少便利。遇到自己不了解的医患官司，除了跑图书馆、查阅书籍文选之外，我还可以向同行、专家求教。

在一起涉及胎儿超声检查的案例中，原告的孩子出生后即被检出是"心脏血管先天性畸形"。原告认为医方在整个孕检期间对胎儿的B超检查中，应该能够检出而未检出此畸形，认定医方有过错，要求赔偿。就这个问题，我陪同主审法官专程找到超声界的专家请教。专家给出了详细的分析意见，对此案的责任认定起到了关键作用。因为有医生的身份和工作环境，我在审理医疗纠纷案件时，会有不少便利和优势。遇到不了解的医患官司，除了跑图书馆查阅书籍资料之外，医生圈子还是我陪审医疗案件的智囊团。

我很想成为医学专业与法律审判间的一座桥梁。用我的专业知识为法官公正审判案件，起到很好的参谋作用。

我否定了一起医疗事故鉴定

有人曾当面质问我："你们陪审员有权力吗？"这其实是很多公众的疑惑，也是我最希望让大家知道的。

我国的现行陪审员制度是参审制，陪审员与合议庭法官有相同的职权，既可对案件的事实问题发表意见，也可对案件的法律问题发表意见。因此，我们会对每一案件作出公正的事实认定，并且在合议中行使法律赋予人民陪审员的权利。这些话不是我们陪审员说出来壮胆的。更重要的是，我的医学专业知识，让我真正找到当陪审员的自信和感觉。

现在老百姓的法律意识增强了，但医学知识还很有限。在医患纠纷中患者过多地揪住病历书写瑕疵或医生资质问题，而不了解诊疗过程的科学性和规范性，往往表现的"感情胜过了理智"，但又说不到根本上。因此需要我们在陪审中发挥专业知识，给予案件双方公正的事实认定。

一次，我陪审了一起医疗纠纷案件。死者是位老先生，在家里突发心梗。家人打电话叫急救车。可没想到，承诺5分钟到现场的急救车20多分钟才到。急救人员到现场后给患者用了硝酸甘油扩张血管，但拉到医院前患者就去世了。死者的妻儿将医疗单位告上法院，他们提出，急救车迟到延误抢救，急救人员转移病人过程中，在电梯里也没给病人吸氧，这些与病人死亡有直接原因。

经过医学会鉴定，他们提出的这些问题都被认定"不足以构成医疗事故"。如果是没有医疗专业知识的审判员或人民陪审员，往往会仅参考鉴定判案，但我没有局限在这份医疗鉴定上。

我仔细查阅了病历，发现医生诊断急性心梗，但抢救记录中，没有标明硝酸甘油的具体用量；当病人的血压从170毫米汞柱降至70毫米汞柱以后，直至整个转运病人过程中，始终没有使用升血压药的记载，也没有心电监护记录。恰恰这两方面都会对心梗病人的抢救有一定影响。我将自己的分析向主审法官进行了详细说明，也就此向院方提出质疑。最终，判决认定医方在此案中负有一定程度的过错，向死者家属进行了赔偿。

庭下治病救人，庭上说理服人

我是个医生，在医学圈子里工作了半辈子，上班在医院，朋友很多也是医生，我热爱这个职业，但也摆脱不开医学的人际网。在法庭上面对一家家医院、一个个大夫，给他们的诊疗挑"毛病"。有人不免会问，你怎么能摆平自己的双重身份而作出公正的认定呢？

我陪审过这样一个案子。河南一位老太太因为肚子疼去医院就医，第一家医院给了"两片药"就打发了。老太太见症状没有好转，又去了另一家医院。医院收治了，在急诊科留观两天，让各诊室来会诊，也没个结果。最后老太太疼得不行了，剖腹探查时已经胃穿孔了，终因感染死亡。

我们合议庭认真讨论后，结合医疗鉴定报告，最终判决医院承担60%

的责任，按此比例对家属予以赔偿。后来得知因为这起案件，两个科室的主任被撤职，我虽然也为被免职的医生感到惋惜，但是我认为这起案件暴露出一些医生重抢救轻观察的疏漏，医院理应承担过错责任。法庭以事实为根据作出一个合法又合理的判决，才能体现司法公信力。

血清与血浆之争

一个看似简单的合同纠纷，背后却隐含着复杂的医学专业技术问题。2012 年夏季，我陪审了一起"技术服务合同纠纷"案。原告是某医学研究所，被告是某检验所。原告因承担了一项流行病学研究的项目，委托某地疾病防控中心采集了几千份血样作为研究样本。随后，研究所与检验所签订了"技术服务合同"，检验所按照原告的要求，使用特定的仪器和试剂对样本进行检测。2009 年 1 月，检验所对约 1000 份血液样本进行了检测，提供了检验结果。2009 年 3 月，原告又委托另一家医院以抽检的方式对上述样本进行复检。第一次对 31 例样品复检，差错率是 6%；第二次对 60 例样品中复检，差错率是 51%。据此，原告认为：被告提交的检验结果错误且未完成约定的检验项目，已构成违约。被告的违约行为严重影响了原告的科研活动，导致该项目失败。三年后，原告提起诉讼，请求判令：（1）被告返还已付合同款 1.53 万元；（2）赔偿原告经济损失 15 万元。

庭审中，原被告都围绕着检验流程是否符合规范展开辩论。原告的证人王某作证说，他看到检验所的实验室混乱，血液样本有复杯问题，实验人员技术不熟练等。原告的另一位证人章某作证说，该医院对已检测的血浆样品抽样复检，发现有几天的结果差异比较大。

听到这里，职业敏感让我意识到：刚才原告说送检的是血浆，医院复检也说是血浆，而被告在答辩中提到送检样品是血清。血浆和血清，一般人估计分不清楚，但对于专业人员而言，这是常识性概念，两种物质凭肉眼就能分辨。到底是一方口误呢？还是检验样本真出了差错？如果双方所述都是真的，那么本案首先应查清一个基础事实：检验标本到底是什么？

想到这里，我征得审判长同意，再次询问了双方。原告坚持说送检的是血浆，被告仍坚持送检的是血清，并提出合同中写明的试剂和仪器只能对血清检测。

庭审进行到这里，原被告双方都有些措手不及。本来双方庭前准备的重点是检验流程是否正确、检验结果是否可信、检验任务是否如约完成等内容，听到我的询问，原被告才意识到，原来双方说的检验标本就不一样。这个前提不解决，其他事实没法查清。审判长果断宣布休庭，给双方10 天的举证期限再开庭。

为查清事实，休庭期间，我专程请教了三家医院的检验科主任，他们一致答复：合同中写明的仪器和试剂只能对血清进行检测，如果对血浆检测，要么是乱码，要么数据错误。随后，合议庭人员又一起去了原告所在地，从 −40℃的冰柜中，原告取出一些存放在离心管中的血液样本，解冻后确实是血浆。我又追问，冰柜保存的血浆是否是送检样本？原告支支吾吾，终于承认送检的遗留样本已经丢弃。

法庭按期进行第二次庭审。原告出示了一份由采集原始血样的疾病防控中心出具的证据，证明最初采集的是血浆。被告拿出的证据是三份有原告署名的发表在国际刊物上的学术论文。论文开篇就介绍了本案研究项目的名称，同时表明血液检验样本是血清。为了核实论文的真实性，我到医院图书馆找到了其中的一篇外文论文，原告方确实写明送检样本是血清。

案件审理到这里，可以推论出：原告要么在法庭上没说真话，要么在论文中没说真话。而原告公开发表的论文，恰恰自证了原告在法庭上对送检样本作了虚假陈述。

最后，该案以调解方式结案：原告不再要求被告退还已付合同费用1.53 万元，不再要求被告赔偿经济损失 15 万元，双方所签"技术服务合同"再无其他争议。

一起血浆与血清的真相之争，终于水落石出，法律的尊严再次得到了维护。能用自己的专业知识为司法公正尽一份力，这让我感到欣慰。

我要求对被告做精神鉴定

2012 年冬，我参加了一起刑事案件的陪审。被告是一位 50 多岁的男性，曾经是某单位的工作人员。几年前因给所在单位提意见未被领导采纳，就抛弃工作，长期上告。一次，被告又到本单位提出意见，因为感觉接待他的工作人员态度不好，不重视他的意见，就砸了单位的电视和一个玻璃门，价值共 5000 多元。检察院以故意毁坏财物罪起诉该被告。

在法庭上，被告回答法官和公诉人的讯问时，对上述事实完全承认，对本人的行为描述清楚，不回避、不敷衍。但是当法庭询问被告为什么要损坏公物时，被告则振振有词：一会说单位派人长期跟踪他、对他打击报复；一会又说接待的人给他喝的水有毒；一会又说因为有监听器，自己说话很谨慎，等等……

作为一个医生，长期的工作经验使我意识到，被告不是故意的胡编乱造，他的表述更像是妄想症状的外在反映，不像是装出来的。但是，案卷中并没有关于被告以往精神病史的记录。

合议时，我向审判长提出，凭直觉我觉得被告不太正常，能否做一个精神鉴定。审判长很重视我的意见，按照程序获得批准后，委托北京安定医院对被告做了精神鉴定。鉴定结论是：该人系完全无行为能力人。根据我国刑法的规定，精神病人在不能辨认或者不能控制自己行为的时候造成危害结果，经法定程序鉴定确认的，不负刑事责任。该案最后由检察院予以撤诉，被告交由家属监护。

坚持实事求是驳回原告诉讼

在审判案件时，我也经常利用自己的专业知识与当事人沟通，进行调解工作。

有一起医疗合同服务纠纷案件，原告因心绞痛发作去某医院就诊，经查原告有既往冠心病史和陈旧性心梗，准备放冠状动脉支架，手术前要进行必要的血管造影等前期检查，但在正式放支架时，医生才发现，血管堵塞程度严重，已经不适合再放支架，必须进行搭桥手术。但原告不同意进行搭桥，只好作罢。

事后原告起诉医院，要求返还大约一万多元的前期检查费用。征得审判长的同意，我从治疗的角度仔细向原告讲解了前期造影检查的步骤、内容和目的，同时也解释了不能放支架的原因。合议庭也向原告释明了其坚持诉讼请求的法律风险，况且经询问，这笔费用原告已经通过医保予以报销。但原告坚持诉求，合议庭判决驳回原告诉求。

虽然原告没有主动撤诉，但是因为在庭审时就事实问题解释得较为清楚，原告败诉后也未再提起上诉。

通过陪审实践，我体会到人民陪审员最重要的工作是根据自己的社会经验、工作阅历，进行客观公正的事实认定。人民陪审员参与庭审，是民众监督司法的有效渠道。作为一名人民陪审员，一想到司法审判是保护诚信者利益的最后一道防线，是公平正义的最后保障，我感到任重而道远。

我更喜欢独立地思考

洪晓达

十年前，经单位推荐我加入了人民陪审员行列，感到无比的自豪和荣幸。《全国人民代表大会常务委员会关于完善人民陪审员制度的决定》赋予人民陪审员同法官同等的权利，我认为这既是一种权力，更是一种责任。因此，在工作中我会从点点滴滴做起，正确认识人民陪审员的份量，以自身公道正派树立陪审员在人们心中的良好形象，服从法院的工作安排，珍惜每次陪审的机会，事先了解案件情况，学习相关法律条款，做到心中有数。

作为人民陪审员，在审理各种案件中虽然没有专职法官深谙法律知识，但在案件审理中往往会运用自己积累的社会经验，在审理、评议、表决案件的过程中敢于提出自己的意见和建议，同时把自己的想法向合议庭中的审判长、审判员说明说清，以便作出一个全面负责、公平公正的判决。在多年的合作中，我与法官们彼此都有了一定的默契。

故意伤害致人死亡不赔一分钱要假释

记得 2012 年 2 月 29 日在北京市丙中院开庭审理了这么一起假释案件：犯罪人李刚当年（1997 年 6 月 13 日）驾驶摩托车带其妻李某，由北向南行至北京市丁区东村一街木材厂附近的一路口时，遇被害人张飞驾驶农用机动车由西向南转弯，张驾驶的农用机动三轮车前挡板，碰到了李某的右腿膝盖部。李刚顿时恼羞成怒，下车即用拳头击打张的头部，并将张打倒，致张头部撞在地上，后又猛踢张的头部及身体，致张飞头外伤，引起急性闭合性颅脑损伤（重型）颅内出血，小脑扁桃疝造成中枢呼吸功能衰竭死亡。李刚作案后被查获归案。李刚的行为不但触犯了法律，给被害人张飞家族带来非常悲痛的灾难，原本靠张飞养活的一家老少失去了顶梁柱，主要的经济来源没有了，一家老小全部沉浸在悲痛之中，一个好端端的家庭就这样支离破碎了，失去了生活的方向……

法院依法判决：①被告人李刚犯故意伤害罪判处无期徒刑，剥夺政治权利终身。②被告人李刚赔偿附带民事诉讼原告人（被害人家属）抚养费、丧葬费、赡养费等共计四万八千元。李刚当时赔偿被害人家属二万元并答应余下的二万八千元事后补齐交被害人家属以求得被害人家属的谅解。但事后14年漫长的监狱改造，直到2012年2月29日假释开庭时，李刚没有赔偿被害人家里一分钱。而且，在此期间李刚家里因拆迁还获得了一笔数额不小的拆迁费用。得知了这一事实后，我对李刚认罪悔罪的态度提出质疑。我并不怀疑李刚在狱中改造表现良好，但他不执行法院的附带民事判决，不从罪恶中深刻反省，不设身处地体谅被害人家属的处境，如果这样假释，对被害人及家属的不公平。同时，对犯罪人的思想改造是不彻底的，不可能真正的认罪悔罪。我在合议庭中提出了自己的意见，最后合议的结果是在被害人没有获得剩余赔偿款之前不予以假释。看到如此裁定，我感到人民陪审员身上的责任也是蛮大的，发自内心地感受到决不可辜负人民给予的使命。

网吧纵火致数十人死伤要减刑

有的案件虽然过去了很长时间，但当人们回忆起时仍然触目惊心。北京"先锋"网吧2002年6月16日凌晨2时40分许发生火灾，造成25人死亡，13人受伤。"先锋"网吧纵火案震惊全国。几名少年轻率的报复行为致使25人死亡，多人受伤。8月，法院对此案作出一审判决，涉案人中，两人以放火罪判处无期徒刑；一人被判处有期徒刑12年。全国从此开始对网吧的大整顿。

2015年1月，在未成年管教所对罪犯李某开庭审理减刑一案。李某是当年指挥策划"先锋"网吧纵火案的主犯,那一场大火共烧死25人烧伤13人,25条鲜活的生命从此与这个世界阴阳两隔,25个家庭从此支离破碎。这就是罪犯李某及其同伙,为了满足报复之心,放火烧死烧伤那么多无辜者,罪恶之极。当年法院判李某犯放火罪无期徒刑,剥夺政治权利终身。随着岁月的流逝,李某在监狱中改造了12年之久,在狱警的帮助和教育下,罪犯李某认识到自己的罪恶,积极改造自己,认真洗刷自己的思想,深挖犯罪根源,在改造期间有获奖的表现。

但我认为"先锋"网吧纵火案是当年的一个大案,是当年经历过的不能忘却的一个伤痛,我们处理每一个案件时不光要从法律深层次考虑,也要从社会的影响面、社会的稳定面上进行多方位衡量。对于这样的罪犯减刑幅度过大是对那么多死去的人及其家属的不公平,对那些为此受到身心双重伤害的当事人的不公平,同样也不利于他们的改造悔过和彻底的认罪伏法。我把自己的意见与审判长进行了沟通,合议结果认为:罪犯李某在服刑劳动改造期间,认罪服法,遵守监狱纪律,积极参加学习和劳动,自觉接受教育改造,同时积极履行附带民事赔偿义务,确有悔改表现,符合减刑条件,可以减刑。但根据2014年6月1日起施行的最高人民法院《关于减刑、假释案件审理程序的规定》,考虑到罪犯李某的犯罪后果、社会危害性,故对其减刑的条件和幅度应当严格掌握尺度,因此,对其减刑刑期减少了一半。我认为此裁定是公平的,既保护了被害人及家属的利益,也促进了罪犯在狱中改造自己的信心。

出卖国家机密的女间谍要减刑

2015年9月在女子监狱开庭审理了王某减刑一案。王某出生于云南景洪市,彝族,大专文化,曾任国家海关总署要职。对这美好的一切,王某不仅不知道珍惜,却为了自己的私利,利用手中掌握的权力与工作便利,无视国家法律,接受间谍组织代理人的任务,出卖国家机密文件30余份,经鉴定其中属于国家机密级文件10份,属秘密级文件22份,其行为严重危害了国家安全,构成间谍罪,判处有期徒刑15年,剥夺政治权利3年,并处没收个人财产人民币 10 万元，违法所得的 3 万泰铢及 5000 美元。王某的罪行，给我国国防经济建设造成了不可挽回的重大损失。一个被国家培养多年的、放在重要岗位上的少数民族干部，最终未经得起外面的诱惑，变成了被人们所唾弃、所痛悔的国家罪人。对这次减刑，监狱认为罪犯王某在服刑改造期间能认罪伏法，服从管理，积极改造，并两次获得监狱改造积极分子的奖励。提出对王某减去有期徒刑 1 年 10 个月的建议。

我向主办法官提出了我的意见：第一，王某的犯罪给国家在政治上、经济上、军事上造成了无法挽回的重大损失（其中机密级文件 10 份，秘密级文件 22 份），主观恶性、人身危害性、社会危害性较为严重。第二，2015 年正是我国抗日战争 70 周年、世界反法西斯战争 70 周年纪念，全国爱国热情空前高涨，对危害国家的行为十分痛恨，如果这时对王某的减刑幅度过大，对社会的稳定、打击犯罪是不利的。社会上对这类犯罪十分关注，从社会影响角度考虑，对这类犯罪人员减刑幅度不宜过大。合议庭对监狱提出报请减刑幅度予以酌减。

通过此案的审理，我感觉到国家的兴亡与我们每一个人的每项工作都是息息相关的，爱国不只体现在口号上，更要落实在行动上，做好每一件事。对犯罪行为和现象要狠狠地打击，决不能手软。

交通肇事积极抢救赔偿从轻处罚

对审理和判决不是千篇一律的，要根据案件的性质、社会的危害程度、本人的认罪态度及被害人谅解程度等综合进行认定。2015 年 12 月 9 日在清河法庭开庭审理了这样一起案子：被告人张某，涉嫌交通肇事一案。张某，男，出生于 1976 年 2 月 6 日。案发前系北京某信息科技有限公司总经理，因涉嫌交通肇事罪于 2015 年 10 月 23 日逮捕。事情的经过是这样的：2015 年 10 月 19 日晚 8 点 15 分左右，被告人醉酒驾车，沿津汉公路由西向东行驶，当车行驶至津汉公路 48.9 公里处时与同向行驶骑电动车的刘某、谌某相撞，两人被撞成重伤，电动车损毁。之后两被害人经抢救无效死亡。经鉴定，张某血液酒精含量为 173.1mg/100ml。当地交通队认定张某负事故的全部责任。

事故发生后，张某在现场及时采取急救措施并报警投案。2015 年 10 月 26 日张某家属变卖家中财产，向亲戚朋友借款积极赔偿被害人谌某家人民币 160 万元，赔偿被害人刘某家人民币 240 万元。谌某、刘某家对张某表示谅解。对待这类案件，我认为犯罪人酒后驾车固为可恨，但犯罪主观恶性较小，特别是犯罪后能积极采取救助措施和赔偿被害人，得到被害人家属的谅解，社会影响和社会危害性较小。此外，当时张某还担任某项科技产品的研发和组织。我认为对待这类犯罪如在监狱进行改造一是浪费国家资源，二是也不利于被告的改造，对国家和个人都不益，但犯罪人的确是犯罪了。在合议中我阐明了自己的观点和态度，合议结果是判缓刑，让犯罪人在域外执行，继续搞技术；同时改造自己，认罪悔罪，重新做人，报效国家。

在做人民陪审员工作的过程中，我有幸参加形形色色的各类案件的审理，对我来说是一种提高也是一种挑战，使我懂得和掌握了更多法律知识，增加了我对法律的更深层次的了解。同时，我也经常利用各种机会把自己学到的法律知识、接触到的案例向周围的人进行宣传，以此提高大家的法律意识，使自己在法庭内外都做一名知法、守法、护法的法律工作者，切实真真正正的来维护我们国家的法律尊严。

难忘的一次陪审经历

王金锁

　　回想起来，我从事陪审工作已有十多年时间了，参与陪审的案件也有一百多起。时光荏苒，有些案件的情节已渐渐淡出了记忆，唯独对一起案件的情节、过程至今仍记忆犹新，并引发了一些思考。

　　这起案件的审判发生在 2014 年 6 月 25 日。那天天空晴朗，阳光明媚。我与主审法官乘坐的汽车行驶在大山间，车门上两个蓝色的"法院"大字在这蜿蜒起伏的山区道路上格外醒目。车窗外，大山的峰岭自然排列，树木植被郁郁葱葱，满眼绿色，各种野花点缀其间，路旁清清的永定河在静静地流淌，山脚下时不时跳出几只小松鼠在悠闲地嬉戏玩耍，夏日的门头沟景色着实的迷人，但车子里坐着的法官和人民陪审员却没有更多的心思去欣赏这美丽的风景。

　　我们到达的目的地是距法院近 50 公里外的雁翅镇王村（化名）。王村，地处永定河南岸，依山傍水，自然景色秀丽迷人。全村约 50 户人家，100 多口村民，村里的主要经济来源是种植中草药。王村的经济基础相对薄弱，这次因土地合同纠纷被告上了法庭。主办这起案件的法官是丁区法院民二庭郑副庭长。

　　郑庭长在法院工作了十多年，一直奋斗在基层的办案一线。她经验丰富，给我的印象是干练、沉稳、办案思路清晰，尤以精准发问著称。在庭审时，不管双方当事人如何巧妙地掩盖事实，她的精准发问也会让事实澄清。

　　王村这起案件复杂，此次去村里调查，事关案件的最后公正判决，能否找到当时的村民代表？被调查人能否真实地还原事实真相，这些问题一直萦绕在郑法官心头。坐在车内，我从她俊秀的眉宇间，依然能看出她内心的焦虑。

此案还要从头说起。2006 年，北京嘉瑞技术开发有限公司（化名）的法定代表人李某，经人介绍认识了王村经济合作社的法定代表人王某（此人因违纪违法问题，已被相关部门处理），在双方确认了各自身份后，开始商谈合作开发事宜。2006 年 12 月 31 日，王村与北京嘉瑞公司签订了荒山荒滩租赁合同。合同约定，嘉瑞公司承租王村 3000 亩荒山进行开发经营，租期 50 年，租金 50 万元。当天，嘉瑞公司就将 50 万元现金通过银行转账支付到村主任王某的个人账户上，村里给嘉瑞公司出具了收据并加盖村合作社公章。同一天，嘉瑞公司法定代表人与村主任王某又签订了工作协议，嘉瑞公司委托王某对租赁的荒山上所有的前期建筑物和驻留人员进行清理，并一次性向王某支付 30 万元。嘉瑞公司在签订承租合同后，又出资清理土地，但并未进行其他开发。

2012 年 1 月，王村通知嘉瑞公司："因嘉瑞公司逾期未开发土地，村集体已将荒山转租给其他人开发经营。"此后，嘉瑞公司与王村进行协商，村里口头同意终止合同并退还 44 万元租金，但村里一直未退还其租金，由此，嘉瑞公司将王村诉讼至丁区法院。

丁区法院于 2013 年 12 月 25 日立案受理后，此案由郑法官负责审理。在案件审理中，郑法官做了大量的调解工作。她多次找村干部谈话并做说明解释，同时又找到镇领导说明情况。但几年过去了，镇领导换了几茬，现任领导不了解当时的情况，同时极力说王村太穷，无力还款。况且租金还涉及到全村村民的利益，弄不好就会集体上访，影响社会稳定。

2013 年 12 月 30 日、2014 年 2 月 20 日，郑法官适用简易程序先后两次开庭审理此案。随着案情审理的不断深入，案情也更加复杂。2014 年 2 月 27 日，此案转为普通程序审理，我和另一位人民陪审员参加了此案的合议庭。

本案在适用普通程序审理后，于 2014 年 5 月 21 日第一次开庭审理。被告王村的诉讼代理人庭审时答辩称："村合作社从未收到原告支付的款项，也未同意将涉案荒山出租给原告，所以不同意原告的所有诉讼请求。"

其理由是："第一，村里未按规定召开村民代表大会讨论，也未报镇政府审批，所以合同无效。王某将荒山租赁款50万元和工作协议的30万元款项自己收了，未将两笔钱交到村里，只有将款项交到村里才算合同生效；第二，原、被告双方不具备诉讼主体资格。王某与原告公司法定代表人签订合同和协议是他们两人的事，王某违约应是王某将钱还给李某，而不是村里退款给嘉瑞公司，村里和公司不能作为原被告参加诉讼；第三，嘉瑞公司涉及商业贿赂。其工作协议中的30万元清理费应给村里，而不是给王某本人；第四，原告承包的荒山中有11.38亩基本农田，原告公司无权承包；第五，嘉瑞公司签订合同的五年内未进行开发，村里与案外第三人签订的开发合同不违约。总之，村里不能退还土地承包款。"

原告嘉瑞公司则称："合同中的50万元租金虽然是转入王某的个人账户上，但王某是村里的法定代表人，且在收款收据上加盖了村合作社的公章，其款项应视为是交给了村里，其他事项认可法院查明的事实。王某称：已将50万元用于村集体建设，并交纳了相应收据。"

第一次庭审结束后，我作为陪审员内心也充满矛盾。王某是否将50万元中饱私囊？原告在尽了身份审核义务后，所鉴定的加盖村合作社的公章合同是否会被法庭采信？原告所持有的加盖有被告公章的收据是否能被采信？既然村里确实没有收到租金和清理费用，那村里为什么不起诉或到相关部门举报王某呢？

庭审结束后，村里的诉讼代理人私下里对我说："你们合议庭可要公正啊。"言外之意是本区法院、本区的人民陪审员要偏向本区的村合作社啊。听到这话，我内心更加矛盾，更加纠结。法庭如果真的在查明事实的基础上判决村里败诉，一个经济落后的小穷村拿什么去偿还这笔款项？但原告公司就理应被坑么？

带着种种矛盾和纠结，第一次庭审结束后，合议庭进行了第一次合议。经过充分讨论，合议庭一致认为，此案要进行第二次开庭审理。在第二次开庭审理前，要去村里实地调查此案涉及的租赁合同在签订之前是否召开了全体村民大会，村民代表大会是否进行过讨论表决，并以此事实为依据来认定合同是否有效。

当我们走进村委会办公室时，被调查的村民如数早到，多位被调查人都表示不知道此事。其中有一位村民说，当时在村里走路遇到王某时，王某说村里的荒山准备出租给一家公司，为村里增加收入。在充分调查的基础上，可以认定王某在签订承包合同时，未召开村民代表大会讨论过荒山出租事项，村委会就此事也没有任何文字记载。

经过调查和两次开庭审理，在查明事实的基础上，法院作出了最终判决："嘉瑞公司与王村签订的《荒山荒滩租赁合同》无效，王村自判决生效之日起 7 日内返还嘉瑞公司租金 48 万元，并负担 8500 元诉讼费，原告的其他诉讼请求予以驳回。"王村不服一审判决进行了上诉，二审法院审理后维持了原判。

这起案件早在两年前就尘埃落定，案子虽然结了，但这起案件却留下了很多值得思考的问题。回忆起当时参与办案的过程，依然觉得很多东西值得去总结。丁区法院的领导，尤其是主办案件的法官，当时在审理这起案件时顶住了来自各方的压力，他们依法秉公审判的精神，只有亲身参与并近距离接触的人才能真正体会出来。

这起案件审结后，我时常在心里问自己几个问题：第一，办案法官在向基层政府的领导干部调查案件时，他们为什么总是遮遮掩掩，推三堵四，不能如实的把事实真相讲出来？第二，对村干部的监督机制哪里去了？王某一个人做主将村里的几千亩荒山承包出去，是谁给了他这么大权力？第三，对村干部的管理为什么总是喝彩的多，敲警钟的少？第四，在这个案件中，王某将 3000 亩荒山对外出租的 50 万元现金装进了自己的腰包，难道村里的干部、党员、村民就真的没有一个人知道吗？

党的十八大春风吹遍了京郊大地。基层党风廉政建设取得了空前成就。小官大贪、小官巨贪的案件被一起起揭露出来，对那些胡作为、乱作为的村官给予了沉重的打击。各项严格的管理机制得到了全面落实。我相信随着党风廉政建设的不断深入和严格监管机制的完善及落实，像这样案件所表露出的各种问题一定会得到有效的遏制和彻底的解决。

陪审活动在我的记忆中留下了一个个真实生动的故事。陪审活动中的案例使我对全面依法治国有了更加深刻的理解。随着人民陪审员制度改革的实施，我感觉陪审员队伍建设和陪审工作出现了几大亮点。首先，人民陪审员队伍的组成实现了全覆盖。以前，陪审员是由各单位推荐，主要由机关、事业单位的人员组成。这次改革后，陪审员队伍的组成人员是在全区选民的十四个选区随机抽取，这样就包括了全区各行各业的人员，这就更加具有代表性和广泛性；其次，这次改革后，陪审员在审理案件时，只对案件的事实部分进行认定，每个陪审员都感觉更有发言权，因为很多案件就发生在他们身边，评理说事更有针对性，陪审积极性也随之更加高涨；第三，许多陪审员就是各个行业的骨干，对社情民意了解很充分，在合议案件时能提出有建设性的意见，对法官的最终判决能起到积极作用；第四，法官在办案过程中，针对某一专业性较强的案件，可以随时随地找一些陪审员了解各行各业的实际情况，提高了工作效率，陪审员也感觉更有成就感。

随着人民陪审员制度改革的不断深化，人民陪审员队伍一定会在公正司法的过程中发挥出更大的作用。令人难忘的陪审故事会越讲越多，越讲越鲜活。全面依法治国的明天会更加光辉灿烂！

陪审路上尽担当

陈汉民

我叫陈汉民,从 1999 年 3 月开始在戊区法院担任人民陪审员,至今已整整 17 年。我共参与审理了 3000 多起民、刑案件。

两起民事案件平稳着陆

2015 年 7 月,在一次刑事附带民事案件审理时,开庭前受害人情绪就非常激动,声称法院如果不给他一个满意的结果,他就死在法院。开庭审理 20 多分钟时,受害人突然失控,发疯似的踢踹桌椅,并突然打开窗户要从法庭三楼跳下去,说时迟,那时快,我一个箭步从审判台冲过去,一把将他抱住,并慢慢疏导他,从法理到情感我耐心地讲了一个多小时,后来当事人终于恢复了平静,并向法官连连道歉。

事后有人对我说:"你一个陪审员干嘛管这事,出了事有法官呢!后边还有法院呢!"我说:"这是陪审员的责任和义务,我不能坐在审判台上眼看事件恶化而不管,这有悖陪审员的基本准则。"

2014 年有一起刑事自诉案件,我与法官约好参与调解。自诉人是一位老年丧子的母亲,被告人是她儿子生前的女朋友。老人儿子去世后,其女友从老人儿子的银行卡取走了一万九千元钱,由于数额达不到侵占罪的标准,本案可以直接裁定驳回起诉。

承办人李某是一位年轻的硕士生,非常有爱心,心地很善良,她对我说,虽然可以驳回起诉,但是老人丧子已经很可怜,被告人从他儿子的卡里取钱,已涉嫌盗窃,法定继承人完全可以向公安部门报案,但基于她们之间的关系，如能调解效果更好，咱们共同给她们调解调解吧。

调解时双方都不是很配合。老人认为不仅仅是这一笔钱，儿子生前被其女友取走的 3 万元钱也应该归还。老人的态度很强硬。法官与我互相交换意见后，耐心地给老人做起工作，最后明确告诉她，儿子的女朋友在你儿子生前从他的银行卡里取钱，如果是你儿子同意的就完全合法。现在你没有证据来支持你的意见，所以也得不到法律支持。老人明白后希望我们帮助她将一万九千余元和利息要回来。

在与被告方调解时，我们同样费尽口舌。因为不是开庭，调解过程中要尽可能用商量的口气，而且有些话不便明说。那天被告方带来了五六个人，其中有一名自称是其朋友的男子情绪失控，大声指责我们调解有偏袒，调解气氛异常紧张，火药味十足。我与法官交换意见后，法官说："咱们放松十分钟，冷静后再说。"

十分钟后大家重回调解室。我们首先指出被告方的做法哪些是不妥的，哪些是违法的，如果不配合调解，只能诉诸法律，其结果可能会很严重。如果想妥善处理，只有把取走的一万九千余元还给对方，并按照同期银行利率支付利息。我们虽然语气和缓，但语言分量很重，被告方能听出其中的含义。那名发火的男子突然走到我和法官面前深鞠一躬说："对不起，刚才失态了，请原谅。我回去一定劝说朋友慎重处理此事。"被告人也说："回去商量商量，尽快答复。"第二天被告人回复法官，同意退回一万九千余元，并按银行同期利率支付利息。此案达到预期效果、圆满解决。

作为一名人民陪审员，要听从审判长的指挥，严守法庭纪律，认真听审，仔细核实证据的来源是否合法、真实有效，在合议时公开自己的看法，敢于提出不同看法，甚至提出反对意见，不做好好先生。如果法庭遇突发情况，要勇于担当，帮助法官把事件平息、平稳着陆。因为从组成合议庭的那一刻起，法官和陪审员就是一个整体，面对困难责任共担。

架好法官与当事人之间的桥梁

法官与当事人永远是矛盾的共同体，不管法官怎样做，要想得到双方当事人满意是非常难的。

有一名法官满脸无奈地对我说，我从早到晚忙个不停，有些案件从法上我不敢越雷池一步，从理上我到事发地了解社情民意，从情上我把自己当成当事人，法、理、情我都反复权衡，但是双方当事人还是不满意，我真是无语了，很郁闷，也快崩溃了。

的的确确这么多年，尤其是 2008 年之后，各基层法院案件呈井喷式上升，法官都是超负荷工作。我接触的一名法官，全年审结 600 多件案件，正常工作时间根本没有时间去写裁判文书，都是晚上加班或者周六日在家做这些工作。法官累、法官苦，我们人民陪审员心里特别清楚，我们唯一能做的就是架起一座法官与当事人之间的桥梁，消除或者减轻当事人的误解或埋怨。

由于我们来自百姓，与当事人沟通有语言优势，对乡俗民风、社会人情了解得比较清楚，所以沟通起来比较方便。首先要有诚恳的态度，当事人对你才没有芥蒂，愿意和你沟通交流，你才能把所有的事实以及法官的良苦用心，依法依理依情向当事人和盘托出。我们经常告诉当事人，现在的法庭审判是全方位、多角度录音、录像，又有陪审员一起审理，审判一定公开公正的。打官司的当事人都认为自己有理，但法庭需要用法去衡量，只有合法的才能得到支持。大多数当事人听完人民陪审员的解释后，埋怨的话消失了，心结也打开了。其实有些法言法语，只要将它变成通俗易懂的语言，当事人是可以理解的。这就需要我们人民陪审员多用心、多留心，多下点功夫去做功课。

上述案例说明陪审员在案件审理之前、之中、之后，只要有耐心、有信心、有勇气，最大限度地发挥个人潜能，还是能够发挥出积极作用的。

送上家门的调解

2013 年 4 月 25 日下午，我应周法官、李法官的邀请去距离戊区法院 30 多公里的甲村去做一起故意伤害案的调解工作。在路上，我问两位法官："在法院调解不成，跑到这么远的地方，有什么把握吗?"周法官说：

"现在是农忙时节，让当事人来一趟法院不容易，不如我们辛苦点，把调解送到农村去，把方便送给当事人，虽然我们这样做很辛苦，但是法院的宗旨就是为民服务，最大程度方便民众，这是我们的工作方向和目标，同时顺便也多了解了解农村，多接点地气，多熟悉熟悉乡土人情，多增长点社会知识。要说有什么把握，我们俩还真没有，但我心中始终有一个信念，即便这次没成，不是还有下一次吗？有句成语叫作'精诚所至、金石为开'不就是这个道理吗？"李法官接过话说："您是老陪审员，有过多次调解经验，我们主要想跟您多学习一些，这次主要靠您呢！"我虽然知道两位法官是在戏说，但也感到责任重大。

那天我们积极协作，相互配合，加上当地镇司法所及村支书的大力协助，历经了三个半小时的不懈努力，耐心沟通，反复劝导，赔偿数额由被害人最初要求的 20 万元，最终降至 4 万元，两个家庭最终达成了赔偿意向，顺利签署了和解协议。照相机保留了原先不共戴天、势不两立的两个男人双手握到一起的微笑镜头。

2013 年因故意伤害而引发的刑事附带民事赔偿案件的重头戏、一起潜在的社会隐患，通过大家的共同努力，终于画上了圆满的句号，美丽的村庄又恢复了往日的平静和安宁。

倾力帮助年轻法官，当好铺路石

近几年，戊区法院来了大批硕士研究生，我们知道做一名合格的法官，只掌握书本上的法律知识是远远不够的，必须要融入到当地大众文化和风土人情中才能生根发芽、开花结果。但说起来容易，真正融入需要的是时间，这就需要我们这些老同志多给予帮助。

法庭上有些当事人看到年轻法官，又是女孩子，常常故意刁难，给她们出难题，这个时候我们就会勇敢地站出来，理智地提醒，必要时勇于维护正义。有些辩护人也是不把年轻的女法官放在眼里，在法庭上不听从法官指挥，不遵守法庭纪律，作为人民陪审员，应适时对辩护人提出警示，以维护法庭秩序，维护法律的尊严，维护法官的权威。

2014年9月5日，吴法官承办的非法集资案，那天受害人来了几十号人，都情绪激动，法院派了几十名法警维护秩序以保证顺利庭审。中午休庭时，受害人突然发难，缠住主审法官不让其离开。当时吴法官已经身怀六甲，站在那里无法脱身。我当时向受害人解释："现在已经十二点了，法官工作了一上午，于情于理都应该让法官去吃饭，休息一下，下午还要继续开庭。"但是受害人胡搅蛮缠，不听解释，还质问我是干什么的，我义正言辞地告诉他们："开庭时审判长已经宣布了合议庭组成人员了，我是一名人民陪审员，是经戊区人民代表大会常委会任命，且有合法资格的人民法院聘请的陪审员。你们缠住法官不让吃饭，不让休息，如果产生严重后果，你们必须要承担责任。"这时，围堵的当事人慢慢退去。下午开庭时，当事人没有闹事，法庭审判顺利进行。

有些人事后说我："你干嘛管这事，又没拦着你不让走。"我说："我是合议庭成员，我有义务维护法官的人身权益不受侵害。"

2015年8月份，一起故意伤害案摆到了周法官的案头。其实案情比较清晰，被告人对犯罪事实基本承认，但对形成犯罪的原因和过程不认同，认为被害人故意找茬，才发生打斗，在打斗过程中误伤。

经过对双方当事人的多次接触，我发现被害人比较赖皮，天天往法官办公室打电话，多次找法官吵闹，任凭法官怎么解释他都听不进去。开庭时缠住被告人及辩护人不让离去，最后调来法警，被告人及辩护人才得以脱身。

周法官跟我商量，做一做被告人的工作，是否能够多出一点钱赔偿，否则即使判决了，被害人也不会消停。我同意法官的看法，就多次找被告人做工作。经过反复工作，被告人同意赔偿2万元。但被害人坚持必须赔偿4万元。我告诉被害人："你可支持的证据才11000元，如果给你2万元不要，法院就按实际损失数额判决。如果被告关进去了，你连11000元都得不到，孰轻孰重你掂量掂量，如果领到判决后你再来闹，可能涉及犯罪。"他听后沉思了十分钟说："按你刚才说两万元，一分不能少了。我说："你收到钱，应该给被告人出个谅解书，否则他不会出钱。"被害人同意了，最后双方和解，案件圆满结案。

回想起十几年的陪审历程，凡是刑事附带民事案件的审理，几乎每件案件在经过承办法官的允许后，我都会主动给双方进行调解，即便调解没有成功，也要努力消除他们对法官的误解。

我始终把自己当成一名不穿法袍，也不在编制的百姓法官，去做好每一件应该做的工作。我喜欢刘禹锡的浪淘沙：莫道谗言如浪深，莫言迁客似沙沉。千淘万漉虽辛苦，吹尽狂沙始到金。

聊聊陪审那些事儿

钟启龙

自 1971 年参加工作到退休，43 年来，我从当工人到进入管理岗位，先后在企业和集团公司从事过共青团、工会、党务、宣传教育、办公室、人力资源、第三产业、房产出租、信访、法务等诸多管理岗位，对基层情况熟悉了解，尤其是从事多年的信访工作经历，使我在与职工群众打交道以及处理纠纷调解方面具有独到的优势。为了充分发挥我的这一优势，我加入了人民陪审员的队伍，近 20 年的陪审经历，让我经历很多，感悟很多。

一桩行政诉讼案的启示

那是 2013 年 8 月 8 日，一起行政诉讼案件在乙区人民法院开庭审理。原告及其父亲在原告席依次落座，北京市公安局乙区分局的委托代理人端坐于被告席上，法庭正后方的旁听席上，坐满了专程前来旁听案件审理的群众。

事件的起因是在当年三月两会召开期间，原告因为个人诉求没有得到满足，公然在人民大会堂附近拦截人大代表车队，在现场被强行劝阻之后，受到公安部门的行政处罚。原告对此不服，在诉讼中情绪激动，言辞激烈，庭审中在审判长的把控下，依次完成了各项程序，随着"锵"的一声法槌响过，庭审结束。

走出法庭，我被原告父亲及多名旁听人员团团围住。各种质疑、责难不绝于耳，凭着多年在企业从事信访工作的经验，我感到在场人员中有多名上访专业户，他们的发问，已经超出了案件的范围，直指国家的司法制度，甚至带有某种挑衅。为了平息事态，为了维护人民陪审员的尊严，我在现场一方面据法说理，阐明行政诉讼案件与刑事案件审理的异同之处，另一方面，宣释审判纪律，谢绝讨论案件的相关细节。针对原告父亲向我索取联系方式的请求，我给予了满足。两天之后，原告父亲打来电话，诚恳提出想择日与我会面交谈，慎重考虑之后，我答应了他的请求。

约谈当日，我与原告父子在我的办公室长聊了近三个小时，交谈中我了解到，原告此前曾因在小区内停车时与人产生纠纷，双方在互殴中致对方轻微伤，原告对受到的行政处罚心存不满，认为警方偏袒对方，在屡次信访无果之后，情绪愈发冲动，以致发生在人民大会堂附近拦截人大代表车队的过激行为。对此，我在向原告父子释明行政诉讼案件审理范围的同时，从一个百姓的角度，讲述自己在小区停车过程中遇到类似争议时采取的处理方法，引导其知晓，警方对于此类纠纷的处理原则，不仅看原因，更要看结果，一个不冷静的失手伤人，导致了行为人受到法律制裁，从事件起因上，看似有点冤，但从伤害后果上论，势在必然。我还对原告父子不满社会的情绪进行疏导，我与原告父亲是同龄人，我同他一起回顾新中国成立60多年，特别是文革前后，党和国家在民主与法制方面的发展变化，比较了中、西方司法体制的异同之处，从西方国家目前反恐的应对措施谈到我国在两会期间的安保，从做父辈的角度谈子女教育……

尽管不可能以我一己之力，完全扭转他们的认识，但坦诚相见、推心置腹的畅聊，无疑对舒缓情绪、消除对立起到一定的帮助作用。原告父子表示，今后会吸取教训，冷静、依法、依规处事。对于两人此前就相关刑事案件处理过程中存在的异议，我也提出了相关建议。握手告别之际，我向二人承诺，会把他们的意见如实地向合议庭转达。

一起行政诉讼案件的陪审，使我感悟颇深：根据行诉法的规定，行政机关具体行政行为是否合法是行政诉讼案件所要解决的问题，至于行政行为涉及的具体内容，并不是行政案件审理的范围，作为法官当然必须掌握原则，遵从法律规定，这是毫无疑义的。但从定纷止争、维护稳定的大局出发，如果人民陪审员能够在调解过程中，以老百姓的身份，有所"越位"，做一些法外说理的工作，往往会收到围点打援、事半功倍的效果。在与该起行政诉讼案件当事人的约谈中，当原告大谈西方民主的优越时，我曾毫不客气地反问原告：假如你在人民大会堂的所作所为发生在白宫周边，结果将会是什么？我认为，陪审员在履职过程中的特定角色，使我们在与原告的交流过程中享有比法官更大的自由度，有助于案件地顺利审理。

当然，这是发生在三年之前的一桩案件。从去年开始，乙区法院正式建立健全了人民陪审员与当事人的约谈制度，就约谈程序、地点、谈话记录等相关细节作出明确规定，并将每次开庭前的权利与义务，明示告知原被告双方。抚今追昔，回忆起三年前的那一幕，我隐隐感到，按照现行约谈制度的要求，我还真的有点儿违规操作之嫌了。

他该不该负刑事责任

去年夏天的一个晚上，被告的妻子参加一个朋友聚餐，期间，大量饮酒，由于聚会时间过长，被告曾数次打电话要求妻子尽快回家。近午夜时分，被告情急之下，直接驱车赶往聚餐酒店，恰逢已处于醉酒状态的妻子被一同参加聚餐的李姓男子搀扶着步出酒店，被告与李姓男子发生了口角，并互有拉扯。

其后，处于醉酒状态的被告妻子被搀扶上车，而李姓男子仍不停给被告的妻子打电话。随后，气急败坏的被告打电话叫来几个朋友，要与李姓男子好好"聊聊"。在相互拉扯中，李姓男子曾与被告同坐在酒店外的人行通道边，当被告看到李姓男子有后仰动作时，为防意外，将他从通道旁拽向绿化带，李姓朋友挣脱了被告，不慎跌入人行通道坠亡。

今年1月开庭审理这一案件时，检方以过失致人死亡罪追究被告刑事责任。被告律师则以检方证据不足，被害人酒后自身行为失控，为被告做无罪辩护。

庭审结束后，为了还原现场，增强对案件事实的感性认知，我先从手机 App 上查到涉案酒店所在位置，并从360°角反复查看全景图，对酒店周边设施及其相邻关系形成清晰印象，此后，又专程驾车到事发地印证之前的判断。

由于对案情了解充分，合议庭合议时，我率先发表意见，我认为，首先从事件发生的起因上，李姓男子过错在先，对被告妻子的暧昧行为及多次的电话骚扰，显然激怒了被告，是导致事态发展的诱因；其次，被告对于李姓男子虽有拉扯动作，但并无人身伤害行为，李姓男子被威胁的感觉只源于其主观判断。从现场情况分析，该酒店属于快捷酒店类型，无专属庭院，出酒店正门下台阶不到 10 步的距离就是事发的人行过街通道，而通道边的水泥护栏高度正好适合人坐，因此，双方在此发生争执有着客观的必然性。

争议的焦点在于，被告对于李姓男子的坠亡是否有过失责任？我的观点是，当被告发现李姓男子有后仰倾向时，立即将其从通道护栏处拽走，已经尽到了责任。而现有的全部证据，均不能证明李姓男子坠亡发生时，被告在其身旁，既然如此，又如何要求被告去阻止李姓男子的坠亡发生呢？除非被告寸步不离李姓男子，然而，在现场其他人员的行为，恰恰是拉架，使其双方减少接触，平息事态。既然检方无直接证据支持对于被告的过失指控，按照疑罪从无的原则，我认为，被告不应对李姓男子的坠亡承担刑事责任。

审判长认真倾听了我的发言，我的合议意见被详细记录在案。由于事关重大，合议庭的最终结论是将两种不同意见上报审判委员会讨论。

陪审实践让我体会到，从庭审到最终形成判决，认真负责的合议应当是关键所在。而从敢于发言到善于发言的决定因素就在于是否能够用心去钻研案件。如果说，人民陪审员在庭审过程中的发问应当注意谨言慎行的话，合议时背对当事人的宽松环境给予了我们更多的发言机会：对案件细节的询问、对法律适用的咨询、对双方证据的疑问，都可以是我们与合议庭法官互动的内容，也是我们发表意见的基础。综观审判实践过程，从人民陪审员自身特点考量，在事实认定与法律适用之间，更多地发挥人民陪审员在事实认定方面的作用，应当是毫无争议的。

至于人民陪审员发表意见的角度，我认为，百姓视角、常识判断与法律分析的结合固然是必要的，理想的，但在合议庭内，人民陪审员的特有属性、特定角色，要求我们在发表意见时，应当更多地倾向于前者。因为只有这样，才能丰富合议庭的合议意见，从整体上实现百姓视角、常识判断与法律分析的完美结合，使最终的判决更加扎实，更具说服力。

别以为只出庭陪审就完事儿了

我们乙区法院的人民陪审员办公室位于审判大楼三层的公开区域，值班时，只要房门不锁，当事人就会推门而入，问路的、找法官的、查询电话的、反映问题的、咨询法律的，等等，真像是个诉讼服务办公室。平时在法院，被当事人拦住说长问短更是家常便饭。每当这时，我都告诫自己，无论心情好坏、时间急缓，一定要沉着、耐心、负责任地回答问题。我常想，作为普通老百姓，一辈子可能只打一次官司，只来几次法院，他们对法院、法官的印象，可能就是在这里的亲眼所见、亲身所感，因此，我们的任何行为，都会影响到人民群众对法院、法官，甚至是对国家法律的看法。

去年八月底的一天，我正在接受《北京晚报》记者的采访时，一位年近七旬的老太太推门而入，要找我反映问题，在简单询问情况之后，我请她找主办法官及主管部门解决问题，但老人执意不走，要坐在旁边等我们谈完。

我耐心劝解老人暂时回避，并承诺之后再与她交谈。在 11 点结束采访后，我已找不到老人的踪影。想到此前对她的承诺，心中竟有些惆怅。由于第二天是国家的阅兵典礼，法院加强安全警戒，不便接待来访，我一定想办法找到老人，于是我开始在法院的各楼层寻找老人，半小时之后，终于找到了他们，老太太携同老伴一起来谈。

经了解，老人是因拆迁对于安置房及其周边环境不满，请求法院判决其与开发商签订的拆迁协议无效，并给予相应的货币补偿，因为首次开庭之后，迟迟没有等到二次开庭通知，于是认为法官向着开发商，故意拖延时间，不给她解决问题。对此，我告诉老两口，第一，实行立案登记制度之后，法院的诉讼案件大量增加，在审理期限没做相应调整的情况下，法官们背负着沉重的工作压力，经常要加班到很晚，脱下法袍，他们也是平民百姓，也有妻儿老小，说起来他们都是我们的孩子辈儿，我们做老人的不该给他们一点理解、同情吗？更何况，您的案件根本没过审理期限，不要着急；第二，您与开发商签订的拆迁协议距今已近 20 年，早已履行，已过诉讼时效。正是基于这种情况，立案庭的法官在为您办理立案手续时，请您考虑是否暂时放弃第二项诉求，只打协议无效官司，在保证您拥有诉讼权利的同时，最大限度降低诉讼成本，规避诉讼风险，这难道不是为您着想吗？第三，依我所见，按您的说法及手头的证据，打赢官司的把握真的不大，对此，您该有思想准备。如果诉讼不成，还可以考虑向物业管理、城管监察等相关部门寻求解决，既然牵涉到的是小区的整体居住环境问题，最好通过业主委员会，联合更多的住户一起呼吁反映……

我与老两口推心置腹的交流，他们的不快一扫而光，高高兴兴地离开了法院。虽然已近 12 点半，但我内心却充满了愉悦感。我认为，以我们的努力工作，倘若能够架设当事人与法官之间心灵沟通的桥梁，就能够最大限度减少因诉讼产生的矛盾纠纷，维护社会稳定，同样是人民陪审员应当肩负的社会责任。

20 年的履职经历，让我学到了很多书本上难以得到的知识，极大丰富了自己的人生阅历，体会到作为一名人民陪审员的光荣、骄傲。我愿更加努力做好这份工作，为这段宝贵的人生经历画上圆满的句号。

良知本在心　春暖花自开

陆友才

　　我担任人民陪审员的情况比较特别，就是时间跨度长。最初是由单位推荐到己区法院担任人民陪审员的，那是八十年代，担任人民陪审员首先要求是政治过关。我是复转军人、中共党员、国企中层干部，自然符合条件，于是就成为了一名人民陪审员。

　　那时人民陪审员人数少，法院对陪审员的要求也非常高。从一接触陪审工作，我就非常重视，因为是单位派来的，到法院参加案件审理，光荣自不必说，最主要的是责任。我深知责任的重要性，所以非常努力地履行法院要求的职责，然而随着对陪审工作性质和程序的逐渐了解和掌握，我也开始喜欢上了这项有意义的工作，只要到了法院，就全身心的投入到案子当中，虽然很累，但感觉过的很充实。

　　但有一点，我不能完全满足法院的要求，就是参审时间。那时法院通知你来陪审，就必须无条件准时到庭，而我毕竟有本职工作，时间上确实难以自己把控，所以在坚持了几年后，我不得不忍痛离开了心爱的人民陪审员队伍。

　　2014年，己区法院陪审员换届，这时我已经退休几年，时间上完全没有问题了，于是，我就情不自禁地又找到了法院，提出了深藏已久的愿望，希望继续担任人民陪审员。基于我以往从事陪审工作的表现，法院经过全面的考核，又重新接纳了我这名老兵。

　　回到法庭，兴奋中又难掩一丝不安。毕竟过去了这么多年，法院的工作环境发生了巨大的变化。八十年代的己区法院，法庭就是几间小平房，审判台就是一张三屉桌，人民陪审员真是坐在法官身后的长条凳上听案子。而法官也大都是复转军人，与我们陪审员有着类似的经历，问案时虽然威严，但合议时彼此交流起来，没有隔阂。而眼下，法庭布置得庄重威严，法官身着法袍，手持法锤，但都是不认识的年轻人了，审理的案件类型复杂，当事人诉求也是五花八门，这时我不禁自问："我还能行吗？"

可一坐到审判台上，心中的自信不由自主的就出来了。因为我心里明白，这就是我喜欢做的事儿，能够用自己的良知去主持正义，帮助蒙冤受屈的人就是我最有意义的人生经历。

自己曾陪审了多个个人起诉单位或社保机构的民事和行政案子，诉讼请求都是要求办理社保退休手续或要求享受某个级别的退休待遇。这些案子的案情有个共通点，就是原告都是在改革开放初期，自愿离开了原先所在的机关或企事业等正规单位，俗称"下海"了，但走时有的没有办理正规的离职手续，有的走时虽然办了停薪留职手续，但此后不再和单位保持任何联系。总之，在单位后期发生改制等变化或者单位无法联系到其个人的情况下，造成这些个人的工作关系、档案材料消失了。这些人也是多年不与单位联系，更不曾到单位上过班，对单位而言，已经不存在这个职工了。但他们到了退休年龄时，想来单位办理退休手续，但此时原单位已不存在了，档案材料已无从查找。有的单位认为当初他们离职时没有办理相关手续，也没有留下联系方式，故依照单位的管理规定，只能认定其自愿辞职，不可能再为其办理退休手续。而社保机构更是依法在个人劳动关系明确、档案材料齐备的前提下，才能为其核准应享受社保退休金待遇的标准。在这些案件的审理中，对原单位尚存在且对个人档案材料消失负有责任的，合议庭会组织原告个人与被告单位进行调解协商，以单位一次性给予个人一定数额的金钱补偿方式来解决纠纷。而对已不存在的原单位及对社保机构的起诉，因其诉求没有事实与法律依据，合议庭就会依法驳回其诉讼请求。

我所在的国企就经历了改制，对改制中职工身份的变化，工资待遇的改变，乃至改制中企业管理的变化或混乱状况，我是有着切身体会的。所以在参审这些案子时，我会认真听取当事人的请求和抗辩意见，对双方出示的证据予以认真地审视，厘清双方的争议焦点和可认定的事实。在可调解的案子中，用当事人能理解的话语来做他们的工作，和他们一起分析历史原因和双方在其中应承担的责任，力争使当事人认清事实，明白各自的利害关系，直接提出可行的解决方案，为最终达成和解协议营造氛围和创造条件。实践表明，这样的工作方法，通常会起到积极的效果，当事人和解的比例也是比较高的。

对那些当初自恃年轻力壮或有一技之长而无视社会或单位管理规则，不辞而别，下海捞金的弄潮儿，我也会以人民陪审员的身份，向他们讲明，作为一个公民，任何行为都要在法律允许的范围内行使，而且更要承担自己先前行为带来的后果。社会保障制度，顾名思义，其制定的前提和实施的目的就是国家对全体社会成员合法权益的依法保障，而不是对某个个人无法律支持的愿望给予无限满足。

我在法庭上履行人民陪审员职责，而在生活中，我也是普通百姓中的一员，也要面对日常生活中的各种人和事，要与亲人、朋友、同事、邻居乃至外出偶遇的路人有交往。在参审的案件中，特别是民事案件中，看到双方当事人往往因为一些非原则的琐事而发生争执、矛盾，以致闹上法庭，即便通过漫长的诉讼过程获得了一纸判决书，但从源头而言，矛盾并没有消除，反而还有可能形成心结，对今后的生活产生消极影响，其解决问题的成本也是不划算的。因此，每每在法庭上面对这类案件时，我时常会问自己，如果在生活中遇到与他人的矛盾，我该怎样解决呢？

正是有过这样的思考，所以在真遇到问题时，自己的第一反应就比较积极。事情是这样的：因为儿子长期不在北京工作，所以就把他的房子出租了。一次因租客疏忽，假期外出时没有关紧水龙头，跑水把楼下住户的墙皮给冲坏了，楼下住户找到我，要求我赔偿。我一接到通知就马上赶过去看了现场，只是墙壁被水浸泡过并留有痕迹。我当时就对房主说跑水是我的责任，看怎么解决为好，我来找人维修也行，房主自己找人维修我付费也行，房主说考虑一下再联系我。可此后房主并没有及时联系我。我主动联系房主，可他只说需要重新装修，并不说具体方案。

我们这座楼是老楼，各家基本都是简易装修，我去楼下看过，也是普通装修。我感觉楼下房主不提费用，只说重新装修，可能是想争取主动，让我重视此事。这时我就想，如果我不明确表态，事情可能复杂化，既牵扯我的精力，也会使楼下房主多心，反而提出不切实际的要求。根据我在现场看的墙壁损坏状况，我估算了一下维修费用应该也就几千元，为了尽快解决问题，多付些维修费也是可以接受的，再说毕竟问题是由我家跑水引起的，我主动些，对方应该乐于接受。于是，我再次主动联系了楼下房主，建议由其自行联系人来维修，我一次性付给维修费及赔偿金二万元，此事就全部了结。果然，楼下房主很痛快答应了，还主动说起原先提重新装修就是担心我不认真对待此事，所以说的严重些，没想到我这么有诚意。

此事顺利地解决，更印证了我在陪审时形成的理念，就是无论问题多么复杂，矛盾多么激烈，只要有一方当事人能做到理性对待，采取措施，总会找到解决方法的，成本也是最低的。

作为一名"老"陪审员，我深知保守审判秘密的重要性，自我检讨这么多年下来，还从没有出现过类似的违规情形。但是在比较熟悉的陪审员同事之间，在等候开庭的间隙，有时也会彼此对自己印象深刻或尚不能定性的某些案子的案情及涉及的法律问题进行探讨。

记的曾和几名陪审员聊起一桩刑事案，案子中的被告是一名来京务工的青年，本人学的是平面设计，在一家装饰公司任设计员，有着尚好的工作和生活条件。但一次因公受伤并被定残，向所在公司要求补偿未果，诉至法院并胜诉，但所在公司人去楼空，法院判定的补偿金虽经强制执行亦无法兑现。生活无着的他急于挣钱，就用家人给他疗伤的五千元，在某银行营业厅内购买了理财产品，但结果是被骗，血本无归，虽向公安报案，一时也无法追回损失。不甘心以伤残之躯，身无分文回到家乡的被告人，在游荡网吧时发现了一个衣着鲜亮，使用高档手机的女孩儿，经过几天的观察，被告人尾随女孩儿到其家里，用手掐住女孩儿脖子并将她推坐在床上后松开手，声称自己几天没吃饭了，要借钱吃饭。女孩儿将钱包中的900元都给了他，被告人拿了钱声称是借钱，等有了钱一定还。他还要了女孩儿的手机号码，然后带着钱离开。下楼后，被告人还给女孩儿打了电话，告诫女孩儿在网吧不要露富，免得被坏人盯上。后来女孩儿在和朋友通电话后，在朋友的催促下报了警。随后，民警在网吧抓获了被告人，被告人没有否认自己的行为，而女孩儿也写了书面的谅解书。

我们几位陪审员在讨论这个案子时，心情都很沉重，仅就本案而言，被告人在犯罪前本是一个学有所成，自食其力，或可以说对社会有所贡献的人，而当他的合法权益遭受侵害的时候，未能得到社会的有效救济，从而陷入困境。如果这是被告人的个人悲剧，那么，当其丧失对社会正常功能的信任和期盼，转而将自身困境的解脱建立在以侵害他人正当权益的基础上来实现时，是否应该将此看作是社会的悲剧呢？这实在是我不愿但又不能不如此思考的问题。

陪审刑事案子，往往会心情沉重，因为无论对罪犯处以何种刑罚，都无法挽回其犯罪行为对受害人、对社会秩序所造成的损害。因此，作为人民陪审员，我时常会将一些案例的主要情节以及由此反映出的社会问题向身边的人讲述并借机宣讲一些相关的法律知识，以提醒大家任何违法犯罪行为，都源于最初的一念之差，而结果必然会受到法律的制裁。

我家到法院的路途较远，所以每天喜欢早点出门，这样到法院的时间通常都会比较早。法院负责陪审员日常管理的赵老师平常上班来的也比较早，这样我们俩早晨有近半小时的时间聊上一会儿，时政新闻、文体消息都在其中，当然也少不了参审感受。

一次聊到如何看待现在人们彼此缺少情感信任，更多地相信物质财富带来的安全感，很多人为获得财物亲人反目，我们陪审时就经常遇到此类案件。那天，赵老师与我说起他看到的一本书里有这样一段话："一定要坚信每个人都赋有良知，哪怕人们自己都没有意识到这一点。任何外界强迫力量都不能压迫或引发人的良知，只有等待良知自然的展现。以前没有展现，现在没有展现，也许百年千年后都没有展现，但人的良知终会展现，因此，需要我们宽容。"

春寒消退，鲜花灿烂。我这名老陪审员无从知晓还能从事多久陪审工作，但我确信的是坐在法台上的每一刻，我都会坚守公理和法律不能突破的理念，并时刻提醒自己要用宽容来展现良知。

感同身受群众疾苦　甘于奉献正义之光

　　我是湖南省常德市的一名小学校长，由于长期扎根偏远基层，开展教学工作，1996 年被常德市人民政府授予"劳动模范"称号并荣立个人二等功。2012 年，我退休后来到北京并荣幸地被庚区人大常委会任命为人民陪审员。我怀着一颗为党分忧，为民解难，燃尽余晖的赤诚之心进入法院，主要参与审理各类民事案件。三年多来，我共参与审理了各类民事案件 471 件，其中调解撤诉 124 件。

　　当人民陪审员责任重大，使命光荣，当上容易，当好却难。因此，从当上人民陪审员的那一天起，我就把自己当成了庚区人民法院的一份子，决心与法院共命运，同荣辱，以强烈的公民意识和责任感参加陪审，立志做到上不辜负党的重托，下不辜负老百姓的希望。

　　只有一颗"想"的心，没有一股"干"的劲是不成的，当好人民陪审员必须得真抓实干，既要运用自己丰富的社会阅历，也要掌握必要的法律知识，提高业务素质，不然就会导致"只陪不审"和"陪了乱审"。为此，我积极参加了庚区人民法院组织的人民陪审员培训班和国家法官学院北京分院的学习班，还学习了《人民陪审员培训教材》《简明办案手册》《合同法释义》等书籍，仔细阅读《北京法官》《北京审判》《法庭内外》等刊物，并经常浏览法院给我们订的《人民法院报》。另外，我还特别喜欢收看江西卫视播放的《金牌调解员》和央视播放的《超级陪审员》等节目。

　　在陪审的过程中，我最大的感悟就是，若想让原告、被告双方都满意，最佳的方式就是调解。我的基本思路是，先让原被告"背靠背"，分别做思想工作，再让双方"面对面"，讲清利弊得失，从而一举解决矛盾纠纷。首先从情理、乡风、民俗方面打开当事人的心结，赢得当事人的信任，再从法理上指出当事人的行为有没有违约、有没有侵权、该不该赔偿，等等。当调解到八九成时，由法官一锤定音，确定调解方案，出具调解书。就这样动之以情，晓之以理，说之以法，用法理明事理，以情理释心结，促成案结事了。

胸怀天平之秤，巧解多年怨恨

公正是审判工作的生命和灵魂，作为人民陪审员也要努力确保当事人在每一个司法案件中感受到公平正义。我陪审调解的每一起案件，都不是单一的、孤立的、纯粹的，而是在向全社会传递着公平正义的理念。作为人民陪审员，我们要根据法律法规和当事人提供的证据独立做出判断，努力让法律事实更接近客观事实，让当事人更信服审判结果，真真切切地让当事人在一个个具体案件中看得见公平、摸得着正义，在全社会树立司法公平公正的权威。

2012年8月，我和陪审员小崔夫张村法庭陪审了一起发回重审的邻里纠纷案件。两户邻居屡次兴讼，官司已经打了五年了，村委会三次调解未果，法院一审判决后，中院发回重审，真可谓是"顽案"了。

开庭时，一位满脸煞气的长者首先来到法庭，他便是本案原告王立，紧随而后的是一对满脸愁容的老年夫妻王光和李英即本案被告。庭审开始后，原告开口就说："我要他赔偿我一万元，赶快把兔子窝、杂物和泥土从我家宅基地拉走。"被告也盛气凌人地答复说："绝不可能。这块地方祖祖辈辈都是我们家使用的，凭什么退给你们家。"双方的吵骂声不绝于耳，审判长魏法官及时制止了双方，但双方余怒未消。见此情景，在征得审判长同意后，我准备给双方做一下调解工作。

我对他们说："老乡您好，有句老话叫有理不在声高，你们都克制一下，听我说几句话好吗？""好！"下面一声回应。"我们认真分析了你们的案子，是否愿意让法院给你们调解一下？如果你们双方都同意，法院就用法律的形式固定下来，调解书与判决书效力一样，但是调解书既省了您的诉讼费，还节约了时间，最重要的是让您双方都省心，免除了上诉的烦心事儿，不然你们看你们双方一审、二审、发回重审多累啊！"双方都表示同意，我紧接着说："既然你们都愿意调解，我就先说您被告，其实原告不是真心要您一万元，你们都姓张，五百年前是一家，都是住了几十年的邻居，低头不见抬头见。你们双方的儿子也来了，难道这官司要子子孙孙打下去呀？从墙根向外1.5米虽然不属于宅基地范围，但是，相邻关系讲究的是有利生产、方便生活、公平合理，而您的兔子窝、杂物堆在人家屋檐下面，还拖来几车泥土垒成外高内低的形状，下雨时雨水返流进人家屋里了，您是不是做得出格了？"

"那我错了"，被告回答说："法官，我兔子窝、杂物马上搬走，那几车泥土要么运走，要么平整好，用水泥、砂石硬化好行吗？"我趁势回应他："您不应问我行不行，要问原告是否同意，向人家道歉。"原告这时好像气消了大半，提出了一个条件，要被告从基地中线后退一米远。被告和妻子商量了半个多小时表示不同意。

审判长说："我去现场勘查过几次了，你们两家中间是村集体的土地，因面积小、不好经营就暂给你们两家使用。"我又说道："这样的好事你们不珍惜，被告您把多占的土地后退，中间开条排水沟不就行了吗？"这时被告又提出要二次商量，等了又约半个小时，他一家三口都表示不退那么多。这时审判长瞅准时机说："被告从现有界限后退80公分，然后两家中间开一米的排水沟，你们看怎么样？"双方思索了半刻，都点头表示同意。

一场历经几年的官司就这样画上了句号，双方握手言和，夸奖我们这些法官和陪审员的办事效率高，决事果断，可谓是"多年积怨一朝解，握手言和笑颜开"。当我和小崔刚迈出法庭大门时，两位热心的法警为我们送来两瓶矿泉水表示敬意。大家笑逐颜开，我们两位陪审员也有说不出的愉快。事后通过回访，他们都按调解协议执行了，调解打开了他们矛盾的心结，两家人又和睦相处了。

全力倾心为民，解除群众忧困

我生在农村、长在农村，从事教学工作以后也是长期扎根在偏远地区，熟悉基层的社情民意、了解基层的乡土人情，对基层淳朴、勤劳、善良的群众更是有着难以割舍的深厚感情。因此，处理每一个案件时，我都会感同身受的体察他们的困难，设身处地从百姓利益出发，千方百计帮助当事人解决矛盾。我们虽然不穿法袍，不戴法徽，不敲法槌，但是我们也要以职责为重、以人民为本、以陪审为荣、以奉献为乐，化解纷争，维护稳定。

2015 年夏季，我和陪审员老谢陪审了一起劳动争议纠纷案件。原告是只有初中文化的 90 后小伙陈风，他请求法院判令被告北京家乐电气有限公司给付违法解除劳动关系赔偿金 25000 元、未休年假工资 7586 元及加班工资 31379 元。蒋法官相继进行了法庭调查、举证、质证和法庭辩论，最后询问当事人是否同意调解。原告表示同意。而被告却说："调解可以，但公司不给赔偿。"休庭合议时，我建议分别做双方的思想工作，法官带原告在庭外做思想工作，我们两位陪审员留在法庭做被告的思想工作。

我说："您好，赵经理。我问您几个问题，第一，你们厂有一条规矩，凡是在你们厂打架斗殴的工人一律开除出厂是吗？"被告点头称是。"那你们这条规矩是否通过职工工会？""没有。""那工人是否知晓呢？""不一定。""那你们不是暗箱操作吗，说得不好听一点就是'霸王条款'，你们是不是错了呢？"被告低头不应声。"第二，陈风工作表现很好，而打他的人是嫉妒他的好表现，你们不仅不惩恶扬善，反而一律开除，这天下哪儿有正义可言？偏要好人扛着行囊走天涯，我们都摸摸自己的良心。"这时，赵经理面露羞愧之色。"第三，俗话说，天有不测风云，人有朝夕祸福，有些事不是自己能掌控的，而事实充分证明是打他的人不对，人家也给原告赔偿了损失。把逞凶者开除是他罪有应得，而你们把原告开除，人家冤不冤啦。"听到这里，被告好像一下豁然开朗了，表示愿意赔付原告一万元，原告也点头答应。蒋法官趁热打铁，给双方出具了调解书，这场官司就这样圆满落幕了。

用法理明事理，以情理释心结

作为人民陪审员，不仅要确保公正司法，还要与法官共同承担起挖掘案件背后的社会问题根源的重任，尤其是民事案件多涉及房地产、婚姻家庭、邻里纠纷等百姓日常生活。我们不应以草率结案为目标，而应本着替当事人着想，对案件负责的态度，认真研究各类型案件背后的问题症结，为当事人寻找出路，解决实际困难，化解矛盾纠纷，真正让司法的阳光照耀他们，让司法的雨露滋润他们，让司法的权威保护他们。

今年3月，我陪审了沈法官承办的一起房屋买卖合同纠纷案。原告魏鹏（化名）请求法院判令解除与二被告即王玉希（化名）、北京好友家房地产经纪有限公司（化名）的相关房屋买卖协议，并要求被告王玉希返还其定金10万元，赔偿经济损失42150元。庭审即将结束，沈法官询问原被告是否同意调解，原告表明同意调解，被告不同意，双方分歧很大。沈法官宣布暂时休庭，合议庭商量，我建议沈法官把被告请出去，我们先做原告的思想工作，原告这边松动较大。这时，我们把被告及其律师请进来，被告却坚持反诉不愿让步。

眼看调解即将破局，我征得被告的同意，跟他讲了几点看法："被告和代理人，我想谈谈我的看法，看看你们是否同意。第一，您是卖房，您卖房的钱一天不到您手中或到您的银行账户上都不算是您的钱，您还是买房，心里更急，你说是吗？"他点头表示同意。"第二，如果您卖房的合同到期或超过期限，那您满身都是道理，但是目前您的合同期还未到，您的反诉从法理上说不过去。"他也说是。"第三，合同约定原告在2015年10月20日给你首付141万元，原告没按期给你首付造成了您与别人违约这是事实。但是原告的房屋评估，银行贷款都得听别人的通知，不是原告能左右的。试想他即使交了首付，其他跟不上怎么办呢？而且10月26号原告通知下来了，一切手续要你来办理，你和房屋中介吵起来了，使得交接不成，那怪谁呢？2015年10月27日，原告又发函通知您继续办理过户缴费，您又不来，从情理上也说不过去呀。"

这时，被告思想有了变化，答应退给原告定金 2 万元。通过沈法官与原告沟通，原告放弃了经济损失 42150 元和要求被告承担诉讼费，只要求返还他的定金 8 万元。但是，原被告心理差距还是很大，只能说调解见到了曙光。法官和我们陪审员继续给他们调解，又经过了几个回合，时间不知不觉又过去了一小时。最后沈法官提出一个调解方案，被告返还原告定金五万元，诉讼费减半由原告承担。这句话像画龙点睛之笔，恰到好处，双方沉思片刻，都表示同意，皆大欢喜，又一个案结事了，痛快收场。

通过多次调解，我悟出了规律：第一要有耐心，"肯磨"；第二要找准关键突破口，入情入理；第三要利用好法律平台，紧握"尚方宝剑"。这样，我们大多数案件都能独辟蹊径地找到既符合法律规定，又能圆满解决纠纷的办案思路。

我十分珍惜每一次庭审的机会，从来没有认为陪审工作只是在走过场，作个陪衬。我努力克服重重困难，做到认真履职，从不因为个人私事和琐事耽误开庭，恪尽职守，且从不迟到。我总是在开庭前反复阅读诉状，开庭时特别关注法庭调查，倾听双方当事人的举证、质证和法庭辩论各个环节，认真做好庭审记录，并且在每一份诉状复印件上做好眉批和尾批，以便为类似案件提供参考。自己不会随声附和，而是征得审判长的同意后简明扼要地发问，形成自己独到的见解。虽然有时会和法官有分歧，也有过争议，但是每次探讨的过程都让我增长了见识，也为法官公正裁判提供了参考。在我看来，陪审案件就要坚持公平和正义，对得起良心，对得起职责，对得起群众。

金无足赤，人无完人。虽然我在陪审工作中取得了一点成绩，但和其他具备专业知识的年轻陪审员相比，还有一定的差距。为此，我要更加努力，外树形象，内练素质，加强道德修养。同时向法官们学习，向所有的内行学习，不仅要得到法官们的认可，还要得到当事人和律师的认可，使他们从内心感受到人民陪审员的意义所在，在全社会营造良好的氛围。同时，还要当好法律的宣传员，为建设法治国家的宏伟目标贡献自己力量。

法律——心中的天秤

于长瑜

　　我于 2010 年通过自荐申请，经由法定程序任命，成为了一名人民陪审员，现在是我的第二届任期。我的本职工作是在区财政部门从事财政、财务管理工作，至今 34 年。多年来，作为人民陪审员参与区法院的案件审判工作，从初次在法庭上的茫然到从容参与庭审，从不知所言到无所不言，那些参审案件见证了我的成长。作为法律的维护者，现将自己参与审理案件的心理历程和成长过程展示出来，与大家分享。

敬畏法律，尽职履责

　　在庄严的法庭上，庭前悬挂着巨大的国徽，当我与法官端坐在国徽下，公诉人、辩护人、被告依序就座，这时我第一次感受到了巨大的压力和沉重的责任。在我心中，法律就是天秤，公平正义的度量衡，加入人民陪审员行列对于我来说是基于对法律公平正义的崇尚，因为崇尚，所以热爱，因为热爱，所以执着，为此成就了我成为一名法律尊严的维护者——人民陪审员。法律是神圣的，满怀对法律的敬畏，承担起党和人民赋予我的神圣使命。

　　娴熟的法律技能是司法公正的基础，良好的品德修养是司法公正的根本。对于陪审员来说，认认真真地对待参与审理的每个案件，毫不懈怠，履职到位，才能不辱使命。从某种意义上说，陪审员就是法官，也是裁判者。所以要像法官一样时刻保持公正的形象，带头遵纪守法，还要像法官一样遵守法官履职的规定，保证案件公正公平作出判决。

因为敬畏，所以坚守。多年来，参与审判工作做到了随叫随到，无论严寒酷暑，刮风下雨，从不迟到、早退，从没有无故不出庭的现象，甚至在身体出现问题或家里突发重要事情联系不到法官的情况下，我都坚持参与庭审。记得那次突发耳石症，眩晕、呕吐、无法站立，当时大夫误诊为颈椎病，让我戴颈托 3 个月，可是当时没有法官的手机号，座机无人接听，我坚持着出庭，那天症状虽未发作，可脸色依旧蜡黄，为了那份责任我坚守在法台上。我知道不能按时出庭的后果：一是会直接影响到案件的审理时限，甚至提高办案的行政成本；二是当事人会审视人民陪审员工作的态度，质疑法律的严肃性。耽误一个案件，对我来说是百分之一，甚至千分之一，但对于当事人来说是百分之百。从某个角度来说，这也是在具体司法活动中维护司法形象的一种体现。

八旬老人状告五子女

众所周知，陪审员参加案件的审理是从社会普通民众的角度审视案件，视角更符合普通百姓的心理。作为人民陪审员，承担着法律赋予的责任，如何通过自己的行为使心中的天秤能够体现司法的公平和正义呢？

在参审案件时，我发现有些案件诉求合法不合理，还有些是合理不合法，使案件的判决处在法和理的漩涡中，容易造成当事人之间互相不服气，从而为社会的和谐稳定留下隐患。如何确保社会主义法治原则转变成人民群众看得见的公平正义？具体到案件中，开庭前，熟悉案情，与法官交流查找案件的焦点。法庭上，利用自身的优势，帮助双方当事人化解矛盾纠纷。庭审后，与当事人沟通，做好解释工作，尽量让当事人心平气和地接受法律判决。让参审案件的各环节，都能体现出陪审员的作用。

有这样一个民事赡养案件，原告是一位八旬老人，老伴去世，育有三男两女，儿女均已成家，且都生活在农村，按当地传统家中房产归三个儿子所有，老人由儿子赡养，但是老人不习惯儿子家的生活，与儿媳不和。诉求是由儿女出资去养老院生活。

被告五个儿女的情况是这样的：大儿子夫妇年过六十，同时都有残疾证，在大队有一定的收入；二儿子在村里没什么固定收入；三儿子在外打工；两个女儿均已嫁到外村。法庭上，儿子主张轮流居家赡养，没能力出钱去养老院。女儿主张父母房产都给了儿子，老人去养老院应由儿子负担，女儿不承担赡养费用。

法庭上，被告之间不顾法庭纪律，大声争吵，相互诋毁，为了维护法庭秩序，法官把一个女儿驱逐出法庭，并请法警到庭维持秩序。为了协助法官维护法庭纪律，我质问被告："如果争吵能解决问题，你们到这里来做什么？法庭是严肃的地方，法官在开庭之前明确了双方当事人的权利和义务，同时也释明了法庭纪律。请问你们知道普通程序案件的成本是多少？国家拿出那么高的成本，让法官、陪审员、书记员四人听你们吵架，吵架能解决问题吗？"这时被告安静下来，法庭继续开庭。

庭审后合议时，作为人民陪审员，虽然觉得法庭上场面让人反感，但还是客观地发表自己的看法。对于赡养父母，法律有明确的规定，每名子女都有赡养老人的义务，但是我们不仅要维护法律，还要符合民情。如果按五名子女平均出资赡养是合法的，对于女儿来说又不太合情理。我建议：根据养老院费用总额，先考虑老人从大队领取的各种补助和补偿，留出适当的零花钱，能达到养老院一半费用，另一半费用由子女负担。分担时要考虑父母的房产留给了儿子，儿子适当多出些，女儿适当少出些。同时要考虑残疾人的生活，适当给予照顾。我认为，判决既要维护原告合理的诉求，又要兼顾儿女们的生活。老人来日不多，不能因为老人的赡养问题让手足之情在老人百年之后还相互怨恨，留下不和谐的隐患。

人保局对美容院的处罚应该撤销

因为我在行政机关工作，所以经常参与行政案件的诉讼审理。

那是一家美容院对区人保局的行政行为提起行政诉讼，要求撤销区人保局非法使用童工的《行政处罚决定书》。通过法庭调查，该美容院（新美容院）接手之前美容院（原美容院）的经营场所才一个月，举报的童工S是原美容院留下人员，在原美容院工作三个月，在新美容院接手后十天

S 就离开了，区人保局接到举报后调查，按程序对新美容院予以了非法使用童工四个月的罚款处罚。

庭审结束，合议庭合议，审判长征求我的意见，我认为区人保局《行政处罚决定书》处罚的主体有问题，对新美容院的处罚不应该是四个月，应予以撤销。听了我的意见，审判长吃惊地笑了：您真不简单，还知道主体？我也笑了。

初次任职陪审员走进法庭，我很茫然，虽然经过了相关的培训，也学过经济法等相关法律，但对于我来说毕竟是非法律专业人士。我的茫然就是来源于我的不自信，我的不自信就是来源于自身法律知识的匮乏。于是，开始思考如何成为一名合格的人民陪审员。要做好人民陪审员就要有相应的能力，能力的提高就需要去学习。这时我发现学习的途径很多，一是向身边的法官学习，现在的法官大多数是法律专业研究生，法庭上说话严谨，思维缜密，有很高的专业水准。在法庭上，我开始注意揣摩和学习不同法官的判案思路和手法，有问题就问，摸索自己参与案件审理的方式。二是通过各种媒体、书本、刊物等进行学习。在法庭下，我开始利用闲暇时间学习各种法律法规，通过电视媒体观看《法律讲堂》《第三调解室》等节目。三是向当事人委托的代理律师学习。法庭上，我会关注律师在为委托人争取利益最大化时，怎样找切入点来发表质证意见。学习就会有收获，成长就在不经意间。

以己之长协助法官确认证据

通过不断地参与庭审，我发现，我虽然在努力地学习法律法规，但是终究没有经过专业学习，法条不知如何入手运用，案件应该怎么审？怎样判？作为法官在专业素养上比我们高。但在有的案件中我们的阅历以及一些职业背景都能发挥相应的作用。我做了多年的财务工作，面对这类案件我就能发表自己专业的见解，以己之长协助法官确认证据。

我参与过一个非法集资诈骗案的审理，公诉人当庭提供了查获的犯罪嫌疑人的银行账簿 X 元，公诉人认定涉案金额为 X 元，在法庭确认涉案金额时，我认为银行存款账簿登记的资金收入记录，不一定都是涉案资金，有可能是往来款项。犯罪嫌疑人没有采用复式记账法进行会计核算，只是个银行流水账，所以以此来确认涉案金额是不合适的。最后，法庭采纳了用票据核实的资金数额来确定涉案金额。

另有一个民事案件，法庭的质证阶段，原告当庭提供一张作废支票，用以证明被告银行存款不足，恶意拒绝支付项目资金。当庭我指出一张作废支票不能证明对方银行存款不足。如果在支票的使用期限内，原告没有及时存入银行，支票也会作废。除非你提供银行出具的退票单据，银行退票单会注明退票原因：或银行存款不足，或印鉴不符，或背书错误，或其他原因造成退票。原告解释为原被告在同一家银行开设账户，通过柜台查询。那么请原告提供证据证明柜台查询，原告代理律师当庭收回提交作为证据的作废支票。

告状的大姐气顺了

我认为在某种意义上说，社会的和谐发展宜疏不宜堵。记得一次陪审结束后，在公交车站等车，一位性格爽快农村大姐跟我搭话，以为我也是来法院打官司的，就开始说了很多法院、法官不好听的话。通过大姐的叙述，我明白了大姐因为宅基地与邻居发生了诉讼，由于年代久远不能提供相关的文书证据，为了这事她还在院长接待日见过院长，她说："院长不给我做主，不支持我。"我告诉她，您说的可能都是真实的，可是法律是要有证据支持的，你说你有理，他说他有理，法官作为中立的第三人，若是您，您如何判定？您的诉求是合理的，但是法律也是有规定的，你要有合法的证据。我了解现在法官的工作，他们不会无凭无据地作出裁决。至于您说院长接待您，不给您做主。我告诉您，院长是行政领导，他没有具体负责您的案件，他不能随便讲话干扰法官的工作，案件的审理工作都是有公开程序的。

从等车到我下车我们聊了一路。她从开始的谩骂到最后用平缓的语气说了一声："谢谢!"这让我倍感欣慰。司法工作能得到普通民众的理解是构建和谐社会的良好开端。

通过几年的案件参审，我体会到了法官工作的不易，法官在案件诉讼过程中要保持中立，法官在法庭上说话稍有不当，就会被当事人指责。因此，在外遇到个别群众对法院及审判工作不理解时，就需要我们从法律的角度加以解释和引导，努力消除群众的抵触情绪，协助人民法院促进热点、难点问题的解决，用自己的行为推动社会的和谐与稳定。

在日常生活中，经常会遇到很多看似简单的事情，涉及到复杂法律关系，因为不懂法，给自己未来的生活带来法律隐患。

一位同事卖旧房买新房，想将这套自己唯一的房产写在孩子名下，变成孩子的个人财产，减少将来过户的麻烦。我告诉他，个人财产和遗产是有区别的。个人财产离婚时不分割，但是作为遗产是要分割的。你父母均已过世，按照法定继承顺序，登记在你名下的财产，可通过遗嘱确定在你百年之后留给你孩子，作为她的个人财产。孩子已经结婚，若登记在你孩子名下，且不立遗嘱，房子就不是你的了。如果意外发生，个人财产和遗产就有区别了，一定要谨慎，不要指望道德良心，要学会用法律来维护自己的合法权利。

作为一名人民陪审员，责任永远是第一位的，在责任面前，不需要豪言壮语，也不需要花言巧语，需要的是我们以饱满的热情和强烈的责任心去扎扎实实地工作，从而为促进司法公正，构建和谐稳定的社会做出自己的努力。最后，还是那句话：心中有天秤，才会有公平正义。

九万亿的天价专利案让我记忆犹新

赵展芸

2014 年，我被辛区知识产权局推荐为人民陪审员，当我接到这个通知时，感到无比骄傲。现在我已经任期一年，回忆过往那些陪审案件都历历在目，每一个案件都让我刻骨铭心，每一个触犯法律的人都必须接受法律的制裁。每次我坐在审判台上，总有一个坚不可摧的信念：公平是值得捍卫的，公正是必须坚持的。

在陪审初期，为了更加熟悉审判工作，我首先了解了陪审程序和相关的法律法规，如《知识产权法》《民法》《北京市专利保护和促进条例》《侵权责任法》等相关的法律法规。随后，在每次陪审时都认真地听取检察官宣读起诉书、法官的提问和当事人的陈述，对案件都进行细致的分析，思索自己如何发挥人民陪审员的作用，如何既能站在公正的立场上又能最大的保护当事人的权益。每次陪审之后，我还要回顾自己在庭审过程中存在哪些不足，是不是有该提的建议没有提出来，让自己慢慢地适应了这一工作，也从中体会到了一名人民陪审员的光荣和价值。

在我陪审的诸多案件当中，一个九万亿的天价专利案件让我记忆犹新。2015 年 3 月 20 日上午 10 点，北京市工商局辛区分局的办事大厅里，走进一个中年男子。他对工作人员说，自己有一项能够造福子孙万代、造福全人类的专利技术，现在想办理以专利技术进行企业增资的业务。这个人说，他的这项专利技术世界独一无二！他来工商局，就是要用自己的这项无形资产，为他濒临破产的公司申请注册增资。而当他说出要用来增资的金额时，工商局的工作人员吃了一惊，竟然是 9 万亿！工商局工作人员介绍，为了进一步释放改革红利，催生发展动力，优化营商环境，去年国务院批准了《注册资本登记制度改革方案》，注册资本由实缴登记制改为认缴登记制。实缴制的时候注册资本是有最低限额的，而且也要实际交付，再由工商局做验资、审计。改为认缴制之后，工商局不再去关注和认定公司的实收资本，也不用去履行验资的程序。

那么9万亿是什么概念呢？2014年我国GDP，即国内生产总值为63万多亿元人民币，9万亿相当于国内生产总值的七分之一。我们知道，注册资本是全体股东做出的出资承诺，是公司对外的一种承担债务能力的宣示。那么，这个申请增资的究竟是什么人？他的这项专利，究竟是什么惊人的技术呢？这个人名叫赵华，今年57岁。他是辛区知识产权局的常客，经常询问有关专利的各种信息和政策。赵华说，自己头脑很聪明，虽然只有高中学历，但从年轻的时候就对技术革新感兴趣。工作了一段时间之后，赵华下海经商。从个体户到小老板，赵华不仅干过很多事，而且还赚过很多钱。赵华说，自己多年以来一直对实用新型技术的研究有浓厚的兴趣，尤其在节约能源方面，拥有了不少实用新型专利。早在2006年，他就以个人名义，到北京参加科技博览会，为自己的专利研究找机会。直到2010年，赵华参加了当年的北京科博会，在对昌平科技园区进行一番考察后，赵华决定，进军北京！有了这个设想后，赵华又进行一些原理的研究，设计出了示意图，并再次申请了专利——"一种雾霾沙尘过滤清新空气气流发电机"。

这究竟是一种什么神奇的设备？它怎么能够治理雾霾呢？为了进一步说明技术原理，赵华拿出了他的这项专利证书。指着上面他所画的示意图，为我们讲解起来。在这个示意图里，最核心的是一个风轮。通过太阳能带动风轮引进空气，空气进入管道后，通过净化清除雾霾和沙尘，同时还能风动发电。赵华说，他的这项专利，技术原理很复杂，一时很难解释清楚。但他说，自己的这项专利技术，一旦转化为现实生产，将会产生巨大的经济价值。在他的设想中，北京将需要2000台设备，经济产值将达到1550亿元。

近年来，投入空气净化研究发明的人越来越多，有关空气净化方面的专利申请，数量有所上升，有相当一批符合要求的实用新型技术，获得了专利授权。但是，获得专利授权，仅仅是一项实用新型技术从理论上得到了认可。要想获得市场的认可，或者说转化成经济效益，还有很长的路要走。赵华坚定地认为，自己这个"一种雾霾沙尘过滤清新空气气流发电机"是极具价值的发明。

那么，赵华的这项专利究竟有没有评估机构对它的价值做出评估呢？赵华说因为自己的这项技术还没有哪个个人或者机构真正理解，所有到现在为止，还没有机构对他的项目做出过价值评估。赵华说自己手里还有一项专利技术，叫"高速地下铁路网"。这个技术是和"一种雾霾沙尘过滤清新空气气流发电机"同时申请成功的另一项专利。赵华介绍说，这项专利简单来讲，就是把高速铁路建到地下去，一旦研究成功，可以为国家节省几百万公里的土地资源！信心百倍的赵华决定，他要利用自己这两项实用新型专利技术蕴含的无穷价值，为自己的公司——北京某能源技术有限公司注册增资987，654，321万！赵华拿到了相关部门核发的专利申请授权，说明在这三个方面具备了规定的要求。2015年3月，赵华带着自己的"一种雾霾沙尘过滤清新空气气流发电机"和"高速地下铁路网"两项专利证书来到辛区工商局，申请注册增资987，654，321万元！但是2015年3月26日，北京市工商局辛区分局作出了驳回赵华申请注册增资的行政决定。北京市工商局辛区分局登记注册科刘副科长说，工商局肩负着登记注册的责任，同时也肩负着维护市场经济秩序的职责，如果说每一个出资人都在没有出资能力的情况下，申请这种极高的注册资本，拿到这么一个大额的注册资本的营业执照去做生意，对整个市场经济的维护也是一种损害。面对工商局作出的认定，赵华坚决不能认同。2015年5月29日，赵华以行政不作为为由，一纸诉状，将北京市工商局辛区分局告上了法庭。

记得这个案件初审的时候，我作为人民陪审员出席。当时主审法官韩法官还问过我有关赵华的专利情况。因为之前我接触过赵华，也熟悉他的专利情况，我向韩法官如实介绍了他的情况。2015年6月26日，北京市辛区人民法院对本案作出了一审判决。法院认为：原告法定代表人赵华表示其认缴的出资主要以其知识产权出资，而其提交的两项知识产权专利并未经有权机关评估作价。现有证据无法证明两项实用新型专利价值可能达

987，654，321 万元人民币，也不能证明赵华可以认缴的出资额对公司承担责任。原告法定代表人赵华没有正确认识注册资本认缴责任，没有理性的做出认证承诺，对于北京某能源技术有限公司，关于注册资本变更登记的请求，本院不予支持。法院判决：驳回原告北京某能源技术有限公司的全部诉讼请求。

北京市辛区人民法院韩法官说，我们国家的《公司法》明确规定，知识产权可以作为公司股东认缴出资的方式，但是《公司法》同时规定了知识产权出资应该按照相关规定进行评估作价，既不能低估，也不能高估。这个案件中最关键的问题是，原告的法定代表人赵华提出了两项实用新型的专利，他个人认为这两项实用新型的专利，评估价值能够达到 9 万亿元，但是其并没有提供证据，事实上也没有相应的评估予以支撑。

审判中，工商部门的工作人员说，由于现行注册资本金制度的放宽，准入门槛的降低，一些企业股东有认识上的误解，甚至产生出盲目的自信。很多人就认为不用实际出资了，但实际上认缴并不是不缴，企业自身要加强对自我企业的一个管理，要加强诚信的意识。专利法方面的专家谈到，目前有些专利没有足够的可实施性，可以说只是一个"想法"。专利的价值不是专利局授权给予的，而是社会需要的体现，其价值是权威评估机构评估后认定的，不是个人的判断。

案件初审之后，赵华曾多次去单位找到我询问案件的进展，每次我都向他详细地讲述我国现行的各种法律制度，希望他能以平常心态对待这次案件。作为一名人民陪审员，我要充分利用陪审员的身份和自己工作的便利加强这方面的宣传，让大众更了解法院，尊重和理解法官，增进司法与公众的沟通，从而更好地履行职责，不辜负人民的重托，认真做好陪审工作，为社会和谐稳定、为公平正义作出自己的贡献。

陪审工作的酸甜苦辣

刘宗琦

我是一名计算机软件工程师，在统计局计算中心工作。2009年经单位推荐，后经区人大正式任命，我成为一名人民陪审员。

当初，我并不知道人民陪审员是如何参与案件审理的，对陪审工作我最初的认识，就是一项领导交办的工作任务，我懂计算机技术，法院需要我协助审理涉及计算机技术的案件，就这么简单。直到有一天，我看到了对陪审员的描述："他们不穿法袍、不戴国徽，审判席上却与法官并肩而坐；他们不是法官，却能够调阅案宗、参与庭审调查；他们不是法律院校科班出身，却能以特殊的身份、朴素的道德情感维护并促进司法公正。他们，被称为人民陪审员。"那一刻，我作为人民陪审员的自豪感油然而生，当然伴随而来的还有沉甸甸的责任感。从2009年至今，在人民陪审员的岗位上我已走过了7个年头，从懵懂到自如我想向大家说说我的陪审故事。

第一次走进法庭

第一次以人民陪审员的身份走进法庭，我的感觉是兴奋、紧张还有些忐忑。兴奋，源自能和法官们并肩坐在一起，感觉很自豪；紧张，在我的眼中法庭一直是个很神圣的地方，坐在陪审员的座位上不免有些紧张；忐忑，进入审判程序，由于没有任何经验所以心中忐忑。这就是我第一次走进庭审现场的感觉。

在庭上我就像一个刚刚入学的新生，端正地坐在陪审席上，静静地听着审判长说的每一句话，努力地理解法庭上使用的专业术语，对照相应的审理程序，几乎没有时间去思考案子本身的问题。当审判长问我有什么问题要问时，我只能尴尬地摇摇头。以至于到现在我也记不起来我第一次陪审的是个什么案子。

第二次出庭前我从书记员处取来案卷认真阅读，庭前了解案件的情况，审理案件时就能够有针对性地考虑问题了。有经验的审判长，对新陪审员来讲帮助很大，他们会跟人民陪审员交待案件的审理难点，提醒人民陪审员在庭审中需要重点了解的事实真相，慢慢地在法庭上我可以随着案情思考、提问，紧张、忐忑的情绪没有了。

我的体会：开庭前的准备工作直接关系到陪审质量，法庭上出现的紧张和忐忑情绪，只能说明一个问题：准备不足。人民陪审员是来参加案件审理的，不是学生来学习的，没有人负责手把手教你，没有人认为你是新来的，原谅你的陪而不审，一问三不知，作为人民陪审员要想办法快速进入陪审工作状态。

勘验证据对审判很重要

我参加过多次计算机软件开发合同纠纷案件中的证据勘验。计算机软件合同纠纷原属于知识产权庭，由于专业技术性强，现场勘验证据的工作量很大。

有一次，我陪同知识产权庭的审判长现场勘验证据，从下午两点开始一直到晚上六点才结束。双方律师各持己见，将违约责任推向对方。面对一本本的技术合同、框架协议、预算、报价、软件测评报告、开发备忘录等等，一大堆围绕案件纠纷的文档，我真不知道应该怎么下手。幸亏有审判长坐镇指挥，通过审判长的提问，案件的发展过程逐渐清晰起来。

我们面对的是一个计算机应用软件委托开发合同纠纷的案子。委托方需要开发一个商用软件用于儿童早期智力开发，通过公开招标的方式寻找软件开发商。问题就出在了开发费用的合理预估上，由于委托方片面地追求低成本，在项目招投标时盲目地选择了报价较低的开发公司，作为涉案项目的开发方。合作之初双方都不为对方着想，问题一出又谁都不愿意为此买单。我是一名计算机软件开发高级工程师，作为软件开发人员，我非常熟悉软件开发过程，深知开发前期系统调研、系统分析的重要性，任何一点疏漏都会造成整个架构的设计与实际应用脱节的问题。一旦问题出现，修改的成本非常高，当然，包括经济成本和时间成本。

我开始发现纠纷产生的原因，软件开发前期调研工作不实，合同中关键部分有疏漏，直接造成开发过程中，一些细节无据可依，相互扯皮。于是，我重点审核直接引起双方发生争执的，软件开发合同文件中容易出现扯皮的内容。比如，预算中并没有清楚地列出开发工具软件、开发模板、二次开发、人工等费用的支付比例，更没有详细的报价单。软件交付前没有经过专业的测评公司对软件功能进行测评并提供软件测评报告。没有软件开发备忘录，整个开发过程中只靠技术人员间的邮件来协商解决分歧。于是我要求双方提供开发过程中的洽商文档、补充合同、软件开发详细报价单，特别是人工报价，从中可以看出开发人员的实际工作水平、开发人员安排的合理性。用以找出双方在开发过程中的工作疏漏，使得双方在合同执行过程中的违约责任清晰地显示出来，双方律师的态度从相互指责，到努力为自己解脱。

合议时我对该案提出分析意见：开发方为了急于拿到项目，盲目压缩成本匆忙上马。由于软件开发合同中包含了开发经费的支付比例，一般情况首期的支付比例通常占全部开发费用的70%左右。也就是说，一旦合同生效，首期开发资金就将支付到账，开发商拿到钱主动权就在握了。一旦委托方对开发中的软件功能，有任何没有在合同内注明的要求，开发商都可以名正言顺地要求委托方追加开发费用，而且，追加款的多少以及支付时间，开发商都占有很大的主动权。就像我们装修房子，我们首先会去接触几家装修公司，向他们提出自己对房子装修的具体要求，提供房间的图纸、讲明房间的功能划分、期望的完成时间。要求装修公司提供设计方案、报价，然后货比三家。一般情况下多数人倾向于选择报价低的装修公司，首先看报价单的总额而忽略细目，比如材料费、人工费等等。装修公司看准了客户的心理，会把总价报的很低，材料费、人工费的单价很高，数量少报，为日后追加费用打下埋伏。比如，房间的插座数量，多数人不会特意计算一个房间需要几个插座，而会要求选择名牌产品以保证用电安全。好，你看装修公司的报价，插座 XX 名牌产品，单价 120 元/个，个数 6 个。当你在快要完工准备购置电器时，你会惊奇地发现，仅厨房就需要 6 个插座，要增加多少个插座就要另外付钱，由于原设计中没有预留更多的安装插座的位置，所以要重新布线，由此产生的材料费、人工费都要追加，一口价没得商量。

就本案而言，软件开发公司先用低报价抢下项目，然后利用委托方对所签合同的审核疏漏，倒逼委托方追加费用，以达到用最小的开发成本获得最大的利润。那么问题就产生了，由于原框架设计的局限性，再增加功能只能是修补，就目前的状况，委托方拒绝追加费用，仅仅由开发方对现有软件的修补来达到委托方的要求，可能性非常小。就现有软件已经实现的功能，我认为开发方可以作为模板，用于二次开发类似软件，还是有一定的应用价值的。所以裁判双方承担一定损失，终止合同对双方而言都是现实的。

合议庭最终判决，软件开发方退回三分之二开发款给委托方，涉案软件由开发方所有。委托方不服判决上诉后，维持了原判决结果。

我认为：在合同纠纷案件中，人民陪审员要发挥自身的专业特长，这样可以和法官形成优势互补，查清案件事实，确保公正裁判。

女儿状告亲生父母

这是一起女儿状告亲生父母的民事纠纷案。从某油田退休的父母，为了帮助攻读博士学位的女儿在北京安家立业，以女儿的名义在北京购买了住房并与之同住，不仅交清了首付，还帮助女儿偿还购房贷款。女儿要结婚时，为了保证夫妇俩在有生之年，能够对自己购买的住房享有居住权，要求女儿和准女婿写下承诺书，承诺父母在世时不得卖出现有住房。

女儿结婚生孩子后，父母与之同住并帮助照看外孙女。近年，女儿想卖掉房子带自己的女儿出国，父母不同意引发了家庭矛盾。为此，女儿将父母告上法庭，请求法庭宣告不得卖房的承诺书无效。

庭审现场博士女儿准备的诉讼材料足有半尺厚，当庭否认父母出资买房的事实，并且拿出一张借据，想证明 8 万元的购房首付款是她向朋友借来的。又指责父母以不同意她结婚为由，强迫她与丈夫写下涉案的承诺书。那气势用咄咄逼人来形容有过之而无不及。坐在被告席上的母亲已哭得泣不成声，只会说一句话："我们所做的一切都是为了你。"

父亲则拿出了一个小本子，上面密密麻麻记录着每一笔还款的数额，每一笔钱都是将现金交与女儿，通过女儿还的贷款。看到这里我对那些证据已经不再费力甄别了，留给法官们吧！作为人民陪审员我想讲讲情理，对博士女说："我有一个女儿，我是一个妈妈同时我也是一个女儿，你们母女的心情我都能体会，我只想问你一句话，看到你妈妈现在的状态你真的不心疼吗？如果你妈妈因为这个事被击垮了，你的后半生怎么走出这个阴影？房子和妈妈你选哪一个，你是博士毕业，我不相信你在未来的日子里挣不来一套房子钱，可是在这个世界上，对于你来说妈妈只有一个。"博士女停下了申辩，眼泪顺着脸颊流了下来。妈妈哭得更厉害了，爸爸反复对我说："谢谢您！"

过了一段时间博士女的父母向法庭提出申请单独约见人民陪审员，办案法官与我联络，安排单独约见的时间、地点，由书记员陪同我们在一起谈了一个小时。在单独约谈的过程中，我耐心听取了夫妇二人的陈述，他们告诉我：他们有两个女儿，博士是他们的小女儿，从小到大他们夫妇两个对小女儿特别疼爱，小女儿聪明伶俐，学习成绩一直在学校名列前茅。夫妇两个把所有的希望都寄托在小女儿身上，从来不忍心让她受一点委屈，对小女儿的要求总是尽力给予满足。小女儿一直很争气，一路以优秀的成绩读到博士。为了能在北京扎下根，女儿计划在北京买房，读博士期间女儿就做兼职。为了能够让小女儿安心读书，有一个好一些的生活环境，他们拿出了多年积蓄为她交了购房的首付。之后，由于女儿只是做兼职，没有多少钱用来还购房的贷款，而且兼职的工作也不连续，时有时无，所以，老两口就一直帮助女儿还房贷。后来女儿交了男朋友，老两口并不看好这个准女婿，为了保住这来之不易的住房，在婚前要求他们写下承诺书。"这都是为了她呀！"妈妈不时地重复着这句话。作为妈妈面对女儿的两次诉讼，精神已经到了崩溃的边缘了。已经不能够清楚地叙述事件的过程，所有的情况都是由爸爸叙述的。

在这次诉讼之前，女儿已经在法院告过他们一次了。那是确认涉案住房的所有权纠纷案，由于无法提供证据证明涉案房的首付款和之后的还贷款是父母出的，女儿胜诉了，法院判决该住房的所有权归女儿所有。老两口并不否认女儿也交了一部分贷款，但是，女儿在无正式工作的情况下哪有钱还贷款呀，他们将全部积蓄拿出来帮她还清了贷款，现在她却矢口否认。

我相信两位老人的话，老人所做的这些都是为了这个小女儿好，可是告他们的正是这个一直让他们引以为豪的小女儿。作为父母我们是否应该反思一下，我们一直认为的对子女的好，是不是真的对孩子好？我们倾其所有的付出，究竟会不会培养出一个真正的栋梁之材。我们教育子女不仅要对自己负责，也要对社会负责，是不是？

结合自己的生活经历我对当事人进行了劝解，我对他们说："你们想让女儿好，怕失去女儿和对外孙女的探视权，那么最好的办法就是和女儿和解，用亲情去化解矛盾，靠法庭审判是绝对达不到这个目的，无论什么样的判决结果，对亲情都是一种伤害，这一点从你们踏进法院大门就已经开始了。你们夫妇俩回去好好商量商量，退一步海阔天空。"

约谈过程中，书记员进行了全程的谈话记录。通过我们敞开心扉的交谈，当事人的情绪逐渐平静下来，解决纠纷的信心有所增强，表示会在日后法院的审理过程中积极配合法院工作。约谈以后得知，博士女儿撤回了诉讼。但愿他们如我所愿用亲情化解纠纷。

能够与当事人面对面充分沟通，说明当事人对人民陪审员的工作是认可的。抓住机会就可能促进当事人双方的矛盾化解，这是我参与本案的体会。

撰写陪审意见书

撰写陪审意见书是陪审员深度参审的一个重要环节，是陪审员在合议庭成员中与法官享有同等权利的具体体现，尤其在案件的审理过程中，争议的焦点问题带有专业技术知识的时候，具有相关知识背景的陪审员意见尤为重要。

我曾经以具有计算机软件开发职业背景的陪审员的身份，接受知识产权庭的邀请，参加了一件计算机软件开发合同纠纷的案件审理，由于涉案金额比较大，办案法官对该案件的审理工作非常慎重，由庭长担任审判长。审理过程中合议庭对案件的主要争议焦点进行了多次合议，审判长诚恳地征求我对案件争议焦点问题的看法，认真地听取我对案件纠纷生成过程的分析。在勘验证据时，由于该案件所涉及的是一个集团公司总部，内部管理及数据处理的大型管理系统，所以，勘验证据的工作无法在法庭上进行，为此我们合议庭成员，几次去现场勘验证据，听取相关人员的陈述。随着对整个软件开发过程的了解，在我看来案件争议形成的原因逐渐清晰起来。对整个软件系统的核心部分——数据分析挖掘系统功能，开发方只做了蜻蜓点水式的开发，原因是这部分功能以我的经验而言，是整个软件开发过程中花费最多，最耗时间的部分，就合同中约定的时间和费用而言基本无法完成。对委托方而言开发方交付的该系统功能，根本不具备实际应用的水平，如果想要达到实际应用的水平，需要继续投入较大的资金，这是委托方难以接受的。

对此我认为：依照当时的实际情况，已经不具备继续履行合同的条件了，继续拖下去双方的损失只会加大。审判长特请我针对该案件出具一份陪审员意见书，并将此意见书作为案卷的一部分留存。为了使这份陪审意见书经得起专业人员的推敲，最大程度地体现其科学性、真实性，我用了一周的时间，查阅相关系统的开发现状，所用的主流技术，开发环境的搭建，开发费用的分配等等信息，用以保证我的意见的合理性、客观性。

该案件判决参考了我的意见，判决终止履行合同，原被告双方各自承担部分损失。判决后原告曾经提出上诉，之后又撤诉了。

我深深体会到，陪审意见书的撰写可简可繁，没有严格的标准，从某种意义上讲，它反映出一个陪审员对该案件的参审力度，对陪审工作的责任心和工作能力。

尿不湿与庭审

法院为每个人民陪审员定了一份《人民法院报》，每天看看报纸已经成为了我的习惯。一则关于"尿不湿法官"的报道吸引了我的注意。该报道讲述了一名工作在一线的法官，随着年龄增长上厕所的频率也在增长，这在一般工作岗位上不是大问题，但是在一些特殊岗位上，这就是个问题。为了不影响工作，这名法官在审理复杂案件时，是穿着尿不湿上法庭的，事情虽小却深深地感动了我。我们年纪稍长的人民陪审员都有个习惯，上法庭前先凉一杯水，开完庭后才能大口的喝，怕的就是在庭上想上厕所。虽然遇到这种情况，可以向审判长提出休庭 10 分钟解决问题，但是还是有不方便休庭的时候。

就在看到这篇报道后不久，我在法院最大的 1 号法庭陪审了一个跨国诈骗案，被告共 14 人，押解犯罪嫌疑人的法警就十几个，旁听席上坐满了人。北京电视台工作人员做现场录像。审判长当庭核实被告身份就用了将近 1 个小时，庭审从上午九点到下午五点半，中间休庭半个小时让大家吃午饭。由于是大案，为了保证按时出庭，我早上六点半从家里出来，早饭也没顾上吃，临近中午肚子饿的咕咕叫，又渴又饿还想上厕所，真盼着审判长宣布休庭，为了让审判程序能够告一段落，一直到下午一点审判长才宣布休庭 30 分钟。回家的路上我在想，我们人民陪审员一年最多陪上 20 个案子，可是法官们长年累月，类似的情形都得面对。

我感到，人民陪审员工作是一个需要具有奉献精神的工作，如果没有这个思想准备，那么，你很快就会对陪审工作失去最初的热情，因为陪审就是一个需要付出而不要求回报的工作，是代表人民参与行使司法权的具体体现。所以，才有了人民陪审员的任免机制，旨在接纳那些热爱陪审工作，具有奉献精神的公民进入人民陪审员队伍。

说到这里，大家基本了解了一个人民陪审员所要正视的陪审工作，一句话，当人民陪审员是一份荣誉，更是一份责任。

陪审圆了我"包公梦"

严晓红

小时候住在外婆家，不远处有个包河公园，外公外婆经常带着我去玩儿，公园里面有个包公祠，堂内端坐着黑脸包公的高大塑像，威严不阿，带着一身凛然正气。我很好奇地问外公："包公是干什么的呢？"外公告诉我，包公是古代的清官，任何复杂的案件，他一审理，总能水落石出；任何狡猾的罪犯，在他的逼问下就原形毕露了；他明察秋毫，洗冤雪枉，所以百姓们都叫他"包青天"。从此包公的形象就深深印在了我的脑海。

我大学学的是经济专业，毕业后当上了大学老师，在"象牙塔"里教书育人也是一份令人羡慕的工作，但心底里一直藏着那份喜爱法律工作的情结。终于有一天，我决心继续深造，这次选择了经济法专业。在我学习的研究生班里结识了几个法官朋友，使我终于有机会走进法庭，观摩庭审过程。当我看见法官朋友端坐在庭上，犹如包公再现，羡煞我也。我的真情似乎感动了上天，突然有一天单位接到了通知，可以推荐或自荐法院陪审员，我欢天喜地地填报提交，期待着结果……那是在 2008 年 10 月的一天，我终于收到了一封法院的公函，打开一看，是一张红色的、人大签署的人民陪审员任命书，我欣喜若狂，美梦成真。

当我第一次走进甲区法院的大门，迎面看见的是两只威严的雄狮，步入法庭，心情格外激动。庄严的国徽下我终于可以和法官一起坐在高高的审判台上，行使人民赋予我的神圣审判权了！七年来，我已经参与审理了民事、行政、刑事、知识产权保护等各类案件几百例，通过庭审实践，我从开始时的忐忑不安到游刃有余地发挥自身特长，收获并成长着。下面就和大家分享几个小故事。

陪审服务合同纠纷案初战告捷

原告于 2008 年 1 月 14 日与被告签订了《常年法律顾问聘请合同》，依合同约定，乐佳公司应于 2008 年 7 月 14 日和 2009 年 1 月 18 日各支付到期法律顾问费 5 万元，但到了 2009 年 3 月原告提起诉讼时，乐佳公司仍未支付。因此原告要求被告支付法律顾问费 5 万元，并支付第一笔未支付法律顾问费的利息损失。被告乐佳公司认为，原告的律师在担任法律顾问期间没有尽职尽责，导致一起合同纠纷。由于律师事务所指派的律师没有认真准备，因此在法院的督促下撤诉。导致的结果就是聘任合同已经终止。

在本案庭审正式开始前，法庭的楚法官向我们介绍了案情，其实案情本身不是太复杂，在庭审过程中，楚法官把相关的证据材料给我们一一展示说明。我突出的感受就是，法官们对人民陪审员的尊重和重视。

在审理完本合同纠纷后，楚法官微笑着和两位人民陪审员说："咱们对案件一起议议，想听听两位对此案的见解和看法。"看到法官如此诚恳的要听取意见，我不敢怠慢，加上刚才法官对案情的及时展示材料、巧妙询问情况和双方的答辩，让我们对此案由浅入深逐步形成了自己的认识，也确实非常想谈谈想法。我说"既然双方已经签了服务合同就有法律效力，应该履行合同，不能单方终止合同。至于原告是否履职的问题，从证据材料和答辩情况看，与本案关系不大，而且被告也没有提供相应的资料，不能证明原告不履职，应该判被告支付第一笔法律顾问费 2.5 万元和利息。"楚法官又问："对支付利息的标准，你们的看法？"我说："按中国人民银行规定的同期借款利息不足以制裁违约方，应该按中国人民银行规定的同期贷款利率。"楚法官又说："对事实的认定上我基本同意你的看法，但高院有一个司法解释，如果是在此种情况下是应该按借款利率，而法律对此没有强制性规定。此意见我再考虑考虑。"

最终楚法官采纳了人民陪审员的意见出了判决书。判被告乐佳公司支付原告法律顾问费 2.5 万元，并从 2008 年 7 月 15 日至实际付清之日起，按中国人民银行规定的同期贷款利率计算的利息进行赔付。判决结果双方都认可，均未提出上诉。

用专业知识解决疑难案件

我参与过行政庭的一起民告官的案件审理。原告是北京一家信息咨询有限责任公司，法定代表人是王某某，被告为北京市国家税务局稽查局。诉讼请求为撤销被告作出的一份《税务行政处罚决定书》。

审理过程中，案件的事实逐渐明朗，原告曾经作为地税局的工作人员，在税务部门工作多年，做到处长的位置，然后下海经商，他利用自己的特长和人脉关系成立了一家税务咨询公司，主营业务为税务咨询服务。根据当时的法律规定，对从事这类服务的公司可以免所得税三年。在挣得了第一桶金后，王某某又先后成立了三家相关公司，目的是新的公司可以继续利用税收优惠，还可以通过自己控制的四家公司的相互关联把劳务收入进行转移，最后达到逃税的目的。

由于王某某在税务局工作多年，对税务流程和技巧方面有着丰富的经验。税收知识是比较专业的知识，所以这个案子涉及到国税局认定的事实及处罚是否合规，对法官来说也是有挑战的。巧合的是我在授课中，就有税收和税法的课程，为此，我把相关的卷宗特地找时间仔细阅读了一番，然后对照《企业所得税法》和《税务征收管理法》进行梳理。同时，在庭审中我就关键问题进行询问，在庭下和法官一起查找有关条款，对一些焦点问题一起探讨，最后达成了一致意见。我们认为税务机关的处罚决定有理有据，不构成撤销的理由。

不久之后，我又参与审理了一起刑事案件。被告王某某涉嫌逃税案，当事人正是上面提到的行政诉讼的原告法定代表人。

为了对其涉及到的几千万元的偷税款查找证据，北京国税局专门设立了一个小组，从几麻袋的原始资料中，历时近一年整理出几十本卷宗，并协助公诉机关进行案件审理。即便如此，王某某还是凭借他在税务机关多年的经验，对公诉机关指控事实中的依据，提出了非常专业的抗辩意见。

他认为税务机关的依据有问题，处罚错误，把刑事庭审变成了对税务机关处罚的不服。如此审理就会改变刑事诉讼的性质，被嫌犯带着脱离了主线。

我对主审法官说："不要和嫌犯纠结在计税依据的问题上，只要回到税务处理决定书认定的程序上有没有问题，在此基础上是否偷税漏税，以及涉嫌犯罪就可以了。"我的建议给了法官启示，他将庭审焦点拉回了主线，最后判定当事人有罪。此案审理结果得到了法院的好评，疑难案件得到解决。法官满意我也开心，从此和法官也通过工作的合作成了很好的朋友。

第一次面对胡搅蛮缠的当事人

经历过一些难缠的当事人，也让我体会到法官工作的不易，法治道路的艰辛。

在行政庭的一次陪审中，原告是一个河北农村的老大爷尹某某，他半身不遂，坐在轮椅上被推进了法庭，他要告的是北京交通执法总队。事情的缘由是尹某某的儿子买了一辆快报废的面包车在北京站拉黑活，已经被处罚过几次。这一次是交通执法总队又接到有人举报，于是前去查处，没想到执法人员一拉车门，尹大爷一下子从车里掉到地上，于是便不依不饶，执法人员无奈只得送去医院治疗，经检查没有新伤，半身不遂并非现在才有的疾病。但当事人就是不肯出院，之后经医院多次劝解出了院，执法总队经不起纠缠又在宾馆里安顿了一家人，包吃包住一月有余，实在忍无可忍就断了费用，于是就出现了眼前的一幕，执法总队被告上了法庭。

在法庭上，原告及其家属的表现蛮横无理，大嚷大叫，主审法官是位德高望重的老法官，一直严厉制止却无济于事，原告无视法律，把法庭变成了农村的场院集镇，鸡飞狗跳好不热闹。我长这么大，第一次开了眼界，也体会到了什么是无知者无畏，实在是为当事人觉得羞愧，而其自身则浑然不觉，他们以声高来代替讲理，胡搅蛮缠。自然，判决的结果是驳回起诉。但从此之后，家属就把老爷子扔在法院的大厅里不管不顾，行政庭每天还要为此安排值班，给原本的繁重工作又加了码。

这件事让我深深了解了法治道路的艰难，首先是需要大家都懂法知法，更重要的是要对法律有一种敬畏，法院作为法制建设最后一道防线，天天面对的是各色各样的当事人，实属不易。

原本法庭是来解决纠纷，止分定争的，中国的老百姓从古至今原本是有厌诉的习惯，轻易不上法庭，觉得无论脸面还是精力都不值当，但现今却有些人把法庭作为了生财的地方，甚至是游戏场所，不讲诚信，缺乏底线。

打官司成了他的摇钱树

我审理过一起劳动纠纷。当事人年近五十岁，告代驾公司，由于没有和他签订书面劳动合同，他提出了巨额补偿金和赔偿金的诉讼请求。在庭审过程中我了解到，此人不停的换单位，每次都是故意不签劳动合同也不去主动要求，然后来提起诉讼，在法院他作为原告已与二十多起劳动纠纷案件有关，诉讼的理由都是大同小异。

此人就是利用劳动合同法倾向劳动者，在诉讼程序上也便利劳动者，普通程序只有10元的诉讼费的现状，状告那些小公司老板。小老板一般法律意识不强，对签订劳动合同不重视，让当事人钻了空子。他每到一个公司不久，就开始一场诉讼，而且已经通过法庭的判决得到二十余万元的补偿金和赔偿金了。这一次也是在已经有了劳动合同基础上，对晚上业余时间从事代驾继续提出赔偿主张。

总归没有签劳动合同，作为公司也有一定的过失，在调解过程中也和公司做了解释，建议今后改进工作，规范管理，但这次由于工作漏洞还是要给予对方一定的赔偿。最后做通了公司的工作，公司答应给予原告1万元的赔偿，其实原告只在代驾公司做了一个多月。轮到和原告沟通，他竟然提出要50多万元的赔偿金要求，理由是他还面临着养老、疾病等未来的问题，真是无语了，可见原告毫无诚意。至此前面的调解工作只能到此为止，案件的审理还要继续，当然原告的诉求不会得到满足，于法于理难以说通。

生活阅历让陪审员明察秋毫

有这样一起民间借贷纠纷，原告李某是个小伙子，被告高某是一位女士，诉求是原告要求被告偿还本金及利息 13 万余元，案由看起来很简单。被告向原告借款，约定期限半年，并用自己的一辆汽车抵押。到期后，原告诉被告没有还钱并擅自将汽车开回，被告则称钱已经还，否则原告不会让她将车开走。各自的理由听着都有些道理，但问题的焦点是被告提供不出还款凭证，辩称是用现金还的。而原告持有双方的借款合同，被告称当时去还钱时原告借口要开会，所以没有拿回欠条。一切均对被告不利，原本简单的案件实则扑朔迷离，一时难以断定，而不同的判断结果会导致截然相反的判决。

为此，我和法官一起商量对策。首先发现此案件的原告比较蹊跷，被告不还钱他还在庭上神态自如，还主动要求快些结束庭审他好去办事，还有案件涉及到被告的前夫曾经在朝阳法院起诉过李某，被判败诉，也就是说原告李某和被告高某的前夫有过债务纠纷和经济往来，而被告高某也是离婚不久。以此推断，钱应该是还了，只是原告因为和被告前夫的过节，想通过诉讼给被告添堵。

为了证实判断，在第二次庭审时，特别让双方再将有关情节叙述一下，特别让被告高某，将如何还钱的事实经过来龙去脉再仔细说一遍，此种做法相当于在做一次测谎。最后我们得出结论，被告的叙述不是编故事，只是当时她没有采取对自己更有利的方式还钱，比如通过银行转账方式，也没有坚持要回欠条，维权意识很淡薄，导致了今天的结果。法庭最后的判决：驳回起诉！原告也没有上诉，这种浪费资源的诉讼如今也见怪不怪，所以审理类似这样的案件，要具备的不但是法律知识，还要有丰富的社会经验。

以人为本，殚精竭虑

基层法院涉及的案例丰富多彩，在参与审理的家事纠纷中，更体会到法律不是万能的，在情与法的选择中，在解决纠纷的方式方法上，需要人民陪审员和相关组织的介入，会让当事人在感情上、心理上较为认同，调解的作用是显著的。

我参与过一起法院和妇联的诉调对接案例，也是我陪审工作的一个新突破，不但从经历的案件本身发挥作用，更是以此为契机，利用老师的专长撰写了一篇调研报告，对下一步做好诉调对接提出了一些可行性建议。

这是一桩离奇的离婚案件，双方从 1995 年开始的一场离婚纠纷，一直到 2015 年最终判决离婚，不但让当事人身心疲惫，法官也颇感棘手，历经波折。

事情的缘由是这样的，原告鲜某某，男，被告祁某某，女。原被告双方于 1975 年相识，是大学同系不同班级的同学。大学毕业后先后来到北京工作，经交往于 1978 年 12 月 15 日登记结婚。1979 年生有一子，1995 年 3 月儿子出意外死亡。双方此前婚姻基础一般，作为知识分子都比较有个性，儿子去世后对被告的打击巨大，也使双方矛盾更加恶化，婚姻失去了黏合剂，原告觉得婚姻走到尽头，在孩子去世半年后提出离婚，但被告并不同意，甚至跑到原告单位吵闹，不想离婚的态度也非常坚决。从 2000年开始，原告不间断的在海淀法院起诉离婚，或被驳回或判决不准予离婚，这样做的结果给被告造成了巨大的压力，她的情绪非常不稳定，多次要跳楼、自杀，为了让婚离不成，最后干脆躲了出去，一时间法院连人都找不到，法院只好缺席判决原被告不准离婚。后来原告终于得知了被告的所在地，于是从 2011 年 3 月开始，原告又向被告所在地法院起诉离婚，中间也是涉及不同的案由及上诉，诉讼一直持续着。

在多年的诉讼过程中，原告一直认为，双方感情基础不好，性格和生活习惯差异大，长期的矛盾纷争和分居，对身体和心理造成巨大的伤害，夫妻感情早已完全破裂，坚决请求法院判决双方离婚，两套房屋各自居住。被告坚持认为，双方的婚姻是在充分了解的基础上的慎重之举，绝非原告所述是在仓促下结婚的。从 1978 年结婚，1979 年年底爱子出生。其后十五年里，夫妻关系和谐，家庭和睦。但爱子于 1995 年 3 月 20 日突然离去。对双方的身心造成极大的打击和摧残，为了尽快振作起来，原告还去单位计生办要来第二胎的指标。终因双方悲伤之心难消，经过五年的努力再生一个孩子的希望没能实现。因自己丧失了生育能力，原告传宗接代的希望落空，自己才被原告强行赶出了家门，更换门锁，造成双方分居的假象。现在双方都是六十余岁的人了，在生活上、思想上、精神上已受到多方面打击，疾病缠身，朝不保夕，还是不离婚为好，不同意原告的诉讼请求。

在这起马拉松式的离婚纠纷案件的审理过程中，甲区法院曾委托中国法医学会司法鉴定中心对祁某某在离婚诉讼中有无诉讼能力进行鉴定，鉴定意见为"被鉴定人祁某某目前患有应激相关障碍，具体表现为慢性反应性精神病，对本案无诉讼能力"。所以诉讼中，鉴于被告的精神状况和过激言行举止，在情与法之间，每一次的审理法官都只能忽略双方感情确已破裂的事实，考虑更多的是被告的精神状况及可能会对社会的影响后果，驳回了原告的请求。而原告则铁了心的坚持要离婚，由于传宗接代的思想，2010 年 1 月他非婚生育一女，现在面临着上户口和上学的压力，诉求离婚更加急迫。

甲区法院对此案的处理陷于两难境界，因为已经不是仅靠法律手段能解决的了。于是甲区法院找到了妇联一起商讨，希望能在正式审理前通过妇联的调解为双方做通工作，使诉讼程序能顺利进行。甲区妇联的工作重心是被告祈某某。很快街道妇联主席以及社区志愿者上门来找祈某某，看到的是这样一个场景：家里犹如一个小型的垃圾处理场，厨房放置一罐煤气，上面搁置一件被烧半截的小孩棉衣。祁某某的目光呆滞、木讷，神情恍惚，从现状看，如果法院判决离婚，祁某某是会做出极端的行为，有可能殃及邻居。对她的工作最要紧的是调解疏导。

第一次，居委会主任预约祁某某，祁某某拒绝。16 年的封闭生活让她对任何人对任何事都有设防。经过多次上门进行工作，祁某某终于答应见面。当妇联和邀请的心理专家按约赶到社区，祁某某却没有出现。第二次，妇联同志在没有任何预约的情况下，想碰碰运气，早七点就到祁某某家守候，还是无功而返。经过多方了解，祁某某在小区里有一个多年的同事陈某与她关系不错，居委会请陈某出面先做工作，终于祁某某答应见面。心理专家上门见到了祁某某，她干瘦、目光呆滞，已经虚弱的不敢靠近，让人想到的是鲁迅笔下的"祥林嫂"。在心理专家近三个小时的交流中，祁某某终于吐露心声，她说不愿意离婚，希望鲜某能够回到她的身边，她也能够接纳鲜某的小孩。通过几个小时的交流，与她的距离拉近了，祁某某后来依依不舍的送走大家。

随后，妇联与法院商定，请鲜某到法院做调解工作，心理专家来到法院，与鲜某做沟通，希望他能重新考虑与妻子复合，鲜某态度坚决一定要离婚。但他答应与祁某面对面沟通一次，于是法院与妇联安排了一场16年没有见面的夫妇面对面交流。

为了让环境轻松些，安排他们在祁某某所在的家委会见面。法院由经验丰富的庭长着便装出面，妇联由和祁某某已经接触过的人参与。为了帮助祁某某，心理专家运用心理学的知识设计了情景剧，由专家假扮其丈夫与其先见面，祁某某这时动了真情，彻底宣泄了情绪。

真正会面时，鲜某的决然态度让祁某最后的一点希望破灭了，最后祁某放弃了执着的想法，同意离婚。妇联为祁某找了律师。2015年10月30日，法院依法判决鲜某与祁某某离婚，判决鲜某现居住的大房子归祁某某，体现保护弱者和无过错一方的利益。这场长达16年的离婚官司落下帷幕。

陪审文化深入人心

陪审员来自各行各业，有的还是单位的领导，有的还兼着人大代表，政协委员。但百忙之中还要来陪审，大家都有共同的愿望，就是想为依法治国尽些力，做些公益活动。如何提高法律知识，完全靠自学成才不现实。于是，在甲区法院和各位陪审员的支持和鼓励下，2013年12月7日，甲区法院陪审员读书沙龙成立，拟定名称、章程，设立了徽标，选举出了愿意为读书沙龙热心服务的召集人和秘书长。设立读书沙龙的目的是通过读书沙龙形式创造一种氛围和平台，通过读书会、参观、网上交流等多种形式增强陪审员的交流，提高素质，培养情趣，共同进步。甲区法院领导参加了揭牌仪式，积极支持着沙龙活动。

读书会成立后，用各种活动形式在践行设立的宗旨。建立了交流平台微信群和读书沙龙 QQ 群，在群里交流体会，学习相关的法律知识。在院里的支持下设立了读书角，提供与法律专业相关的书籍供大家借阅，努力提升专业知识和人文素养。许多陪审员老师还把在陪审工作中的心得体会提高到理论角度，把理论和实践相结合，发表专著、论文，参与相关课题研究。

在读书会成立后，通过热心陪审员的倡导和组织，读书会组织了许多丰富多彩的活动，开阔了大家的眼界，增长了见识，陶冶了情操，增进了陪审员之间的了解和凝聚力。陪审沙龙组织的活动，一类是围绕自身陪审工作，组织了对疑难案件的探讨，相关法律知识讲座，其中宋冰老师对美国关于陪审员的影片《十二怒汉》的影评活动尤为精彩，对影片中陪审员人物的心理分析，让大家受益匪浅。

为了增加陪审员的社会阅历，沙龙还组织陪审员到企业参观，到公园赏花，举办唐诗宋词鉴赏活动等。有了自己的组织，陪审员的凝聚力增强了，渐渐的在各种活动中形成了自己的独特氛围和文化，大家在这个集体中感受着彼此的友情，也在体验到"三人行必有吾师"。

甲区法院的陪审员，在相互交流相互学习中提升自己的陪审能力，也形成了独特的甲区法院的陪审文化。

十年陪审之路

刘跃新

屈指算来，在北京市甲区人民法院参加人民陪审工作已经十个年头了，截止到 2015 年底，累计参加各类案件的审理已逾千件。要问有什么感想，简单说是三个"多多"——"受益多多、感慨多多、提高多多"。

我很幸运，1988 年半路出家自修完法律，调进了街道司法所工作，也算是踏进了法律圈。1991 年，经单位推荐，当了一届甲区法院的陪审员，从而使我既通过在社区做人民调解工作接触了民事法律业务，也通过在刑庭做陪审工作了解了不少刑事法律业务，从中让我受益匪浅。也就是从那时起，法院的审判工作在我心中留下了深深的烙印，难以忘怀。何以见得？有判决书为证：那一届我在刑庭参加了 105 起案件的陪审，105 份判决书一份不少，至今还在珍藏着呢。

遗憾的是，当年受"下海"大潮的影响，我也辞去公职到社会上溜达了一圈，人民陪审员的工作也自然随之搁浅了。但我是"陪"心不死，通过努力，终于在十五年后的 2008 年，也是我的"知天命"之年，重新当上了人民陪审员。这大概真是命中就该有的幸运吧。

曾有朋友知道我又要当陪审员了，劝阻说：干这干嘛呀，既占时间又不挣钱。我说我喜欢。当然，我很乐意将自己的陪审故事与大家分享。

换个角度学法律

1977 年高中毕业后先到农村务农，后回城当工人，这期间连续三年考大学不中。此后做过行政管理工作，最终不甘失落的我，终于在 1987 年从当时的中华全国律师函授中心拿到了一纸国家并不承认学历的文凭。但它毕竟把我引进了中国的法律之门。1990年，经单位推荐我担任了一届人民陪审员，虽然那时我仍很年轻，很多事情根本谈不上深刻领悟，但三年的刑事案件陪审经历，让我对法官这一职业产生的敬慕之情难以忘怀。当2008年10月我再次拿到人民陪审员的证书时，按捺不住兴奋的心情提笔写下的第一篇稿件就是《再次当上人民陪审》。

坦率的讲，到今天为止，我的意识还未上升到要为完善我国人民陪审制度多做贡献的高度。我认为：与其夸夸其谈，不如踏踏实实尽自己所能，多学一点东西，多做一点既利人、又利己，于人、于己、于社会均有益无害的事，更能去体现活着的价值。我们应当认识到：任何社会制度、任何法律制度（包括人民陪审制度）都不可能是完美无缺的；任何人、任何事都不可能是完美无瑕的，否则矛盾就不会充斥在我们生活的各个角落。但对于人民陪审制度中现存的"陪而审不审、审而议不议、议而决不决"等问题，并不完全是制度本身的问题，这当中依然也存在"事在人为"的问题。能否在现行体制、现行制度、现行人文环境下，摒弃消极的东西，汲取积极的营养，才应当是我们企盼的结果。如果说通过我们的奉献与付出，能够为完善我国人民陪审制度提供或积累一些经验或教训，也不枉投入四分之一的精力用于人民陪审这一公益事业——这就是一项社会公益活动，好比奥运志愿者，仅此而已。我认为参加人民陪审工作，就应当具备这样的一种"平常"心。只有这样，你才能静下心来去学习你想要的知识；当学到了你想要的知识后，再去谈论你将如何去发挥、展示你的作用。

为了当好人民陪审员，把握好陪审工作的角度，我事先在网上广泛浏览了目前有关我国陪审员制度执行情况的资讯。众所周知，我们都很清楚我国的人民陪审员制度还不尽完善，其中陪审员"陪而不审"、"审而不议、议而不决"的流于形式的现象的确还是比较突出的。造成这种现象的原因，大致有来自陪审员的两个说法：一是说法官不屑与陪审员讨论案件，一是说陪审员不愿给法官添麻烦。

以我感受到的是，前者仅是个别情况，大部分的法官还是比尊重人民陪审员的，庭后合议时能很认真的征询人民陪审员的意见。至于后者，我认为则是人民陪审员对自己的身份角色的理解有偏颇。

对此，我的看法是：暂且不谈设置陪审员参加审判工作的大道理，仅从小的道理来说，第一，当不当这个陪审员，没人强迫，但来了就不应把自己放在听故事的位置上；第二，能够和法官一起参与审判工作，是非常难得的学习环境与机会，如果看不到这起码的两点，人民陪审员还是不当为好。我们应当认识到：人民陪审员若能从自身上找原因，这将是对目前尚不完善的人民陪审制度的最好的弥补，更何况我们是自觉自愿的来做人民陪审员。如果具备了这种认识，实际上也就具备了做一名合格陪审员应有的最基本的心态，甚至可以说是陪审员的最高心理境界。

从适应 "角色" 到渐入佳境

我初任人民陪审员时，从何下手去履职，心中根本没底，尽管在上任前有过一些培训，但当真正与法官同坐在审判席上时，依然茫然不知所措。应当承认，这种情况还是较为普遍的，甚至有做过多年陪审工作的老陪审员，有时也仍会表现出角色错位。

我经过认真的思考和总结，像小学生学组词造句一样，用"适"字，组了五个词组，造了五个句子：

适当——适当的精力投入；

适中——适中的角色定位；

适宜——适宜的案情沟通方式；

适度——适度的心理交流；

适应——即适应环境。包括四个方面：适应仪表要求、适应法官、适应同行、适应当事人。

适应环境之一：那就是你的仪表与仪态。人与人之间刚开始接触时，互相都不了解，人们往往第一印象就是外表印象，从一个人的外表，举止，就能看出一个人的素养。虽然人要心灵美，但外表美同样重要，如果只有丰富的内涵，而穿着举止不得体，还是不会受到青睐的。从外表着手，首先看清此人的举止，这人的品质素养就能知晓三分了，因此不仅要有丰富内涵，也要注重仪表，给他人留下好的印象。这在心理学上叫"首因效应"，也称为第一印象作用，或先入为主效应。法院毕竟一个体现庄重的环境。试想一下：若您穿着花衬衫、羽绒服、运动装、毛衣等，甚至描着眉画着眼或顶着蓬乱的头发、皮鞋上沾着灰尘，走进法庭，坐在正当中的审判席上，您想没想过：当事人会怎样看您？法官会怎样看您？这里面有一个非常浅显的道理——如果您不懂得尊重别人，别人也就不会尊重你。

适应环境之二：要适应法官。虽然多年来未进过法院的大门，但在日常的社区工作中，由于经常接触当事人，我对法院的工作现状多少还是有些耳闻。但那毕竟是在门外，当真正走进法院的办公区内、走上审判台时，相信和绝大多数初任陪审员一样，有着非常陌生的感觉。此时的我首先给自己的定位是一定要当好一名小学生，绝不能在年轻的法官和书记员面前以年长者自居——这种定位主导我至今。我用自己的话来形容，那就是一定要"谦逊"。比如：当你与一名根本不认识的法官相遇组成合议庭时，完全可以主动打招呼："初次陪审，请多指教。"俗话说：礼多人不怪。这种方式，哪怕是面对可能有些高傲的法官，也会在庭审后换回一句"辛苦您了"的回应，一来二去，拘谨感很快就会消除。另外还有一点，法官也同样是性格各异，因此对于法官的不同的待人接物的表现方式完全不必介意，更不能用你自己的待人接物的标准去衡量法官，因为这不同于在社会上，你瞧着谁不顺眼就不去理他，在法院，陪审员参加案件审理，根据有关规定应当是随机选用的，因此你则必须学会与性格各异的法官相处，否则将来一起搭档审案，你的心情可能低落至极点。我也遇上过这样的法官：从走进法庭到庭审结束，法官给我的感觉是我根本没有坐在他旁边，因为他瞧都没瞧我一眼，确有备遭冷遇的感觉。但是不要紧，因为是初次相遇，法官既不认识我，更不了解我，我没有理由指责法官的"无礼"，日久见人心么，终有一日我们会彼此笑脸相迎。事实证明，这是真理。

适应环境之三：要适应同行，即适应陪审员。人民陪审员来自各行各业，男女老幼、职务高低各不相同，有的在单位还是做领导的。这同样是一个你需要重新结识、需要适应的群体，因为同样的随机选用陪审员的原因，又因为多数情况下组成合议庭是一名法官、两名陪审员，一般情况下你不会预先知道你会与哪一位陪审员同台坐在审判席上，在一起讨论案件，但是你没有理由拒绝与任何一位陪审员共同作搭档。因此，与同为人民陪审员的同志和谐相处，也是适应这个特殊工作环境的重要组成部分。

适应环境之四：要学会适应面对当事人。在庭审中，你毕竟是从一个普通市民的角色，临时转化一名"准法官"坐在了审判台上、可谓居高临下俯视双方当事人的第三方的成员之一，这种角色的转换，要求你必须要体现出一种既公正又客观的身份时，与平日里的接人待物会产生完全不一样的感觉，你的一言一行，代表的将不再是你自己，而是人民法院，是人民陪审员。

在一次涉及三方当事人、几经转手买卖而发生的房产纠纷中，由于涉及人员较多，时间久远，案情还真有些弯弯绕儿，待法庭调查接近尾声时，各方当事人都想再做一些补充说明，似乎仍在担心合议庭对事情的经过的了解会有遗漏。但由于时间关系，法官制止了他们。看到当事人渴望的神情，我用自己不带任何倾向色彩的语言，将他们陈述的事情经过做了一个简单描述后，其中一位当事人向我竖起大拇指说：你是我见过的头脑最清楚的陪审员。休庭后他执意向我要电话，说还有很多话想和我谈，我说：第一，谢谢您对我的信任；第二，电话号码不能给您，合议庭成员不能与当事人单独接触，这是纪律。

我通过此例，想要说明的是：作为人民陪审员，在法庭上，面对当事人，你不再是平民百姓，但是你可以用平民百姓最容易接受的语言方式与他们谈话，特别是在调解过程中，陪审员的这种角色更易为当事人接受，只是切记：你代表的是法院，而不是你个人。

适当——即根据自己的情况，适当的投入时间与精力。

人民陪审工作毕竟是一项社会公益活动，即便是喜欢，也应确认在不影响自身工作的前提下适量安排参审的工作量（离退人员另当别论）。而我将投入一定的时间来保障参加人民陪审工作作为一项话题，除了基于多一些学习机会的心态外。更重要的是通过多参加陪审，在积累"量"的基础上，让自己的学习质量尽快产生"质"的飞跃。这就是一个"量变"与"质变"的关系——量上不去，不仅会延缓前面所说的对环境的适应进程，更重要的是你将难以产生"质"上的飞跃。

比如说：通过对参加多起由不同法官审理的同一类型的案件的比较，你既能了解这类案件在当前社会中存在的现状，也能了解司法实践中的法院对这类案件的处理思路；你也可以通过多次参加同一法官审理不同类型的案件的过程，去体味这位法官处理纠纷、决断案件的精明之处等等这些，没有一定的陪审量，偶尔的一次两次陪审，你可能收获的就是一则小故事，成为茶余饭后的谈资而已。与其这样，我个人认为：此举除了浪费时间外，没有其他意义。

适中——即恰当的为自己的身份进行"角色"定位。

前面说过：常有陪审员对"人民陪审员与审判员有同等的权利"这一问题心存疑虑：我不懂法律，怎样行使权利？这种疑虑，是普遍存在的。

我认为：将是否具备法律知识，和"能否行使审判员的权利"直接挂钩相联系，是一种机械的理解。案件的审理，是审判权的运用，而审判权的运用，包括"事实的认定"与"法律的适用"两个方面。人民陪审员作为非法律专业人十，恰恰是与法官在共同查明案件事实的过程中能够有效的形成互补，因为陪审员年长于法官者居多，有一定丰富的社会生活阅历。

例如：在一起开发商状告建筑商所建楼房漏水的纠纷中，开发商拿出了楼房的设计图纸，图纸是平面图，但开发商却 A1、C8 的说了一大堆。审判长是位年轻的法官，他对我说真听不懂，也看不懂图纸，书记员也是一脸茫然不知怎样记录。因为我过去在工厂工作时接触过工程图纸，虽非专业，但对图纸中的坐标标注略知一二。于是我接过来，结合图纸继续询问，搞清了开发商是想说明与图中所标部位相对应的上方部位漏水。事后法官对我说：要不是您帮忙，我真有点乱了。

再如：在一起挪用公款的刑事案件中，被告人承认有一笔款入了账，随后又转出挪于他用，但他辩称是与其他单位之间发生的资金往来款，不属于本单位的款项。我当即追问被告人，问他这笔款在财务账上列进了哪个科目，他答不上来。而公诉机关显然也忽略了这个问题。我的追问提醒了审判长，后经公诉机关再次核查账册，确认这笔款进账时列入的是应收账款科目，属本单位公款无疑。这种财务账目上有关科目的概念是因为我办过公司，同样属于虽不精通但也非一无所知的状况。

这两个事例，都是重在查明事实上。人民陪审员以其丰富的社会工作阅历，在很大程度上能够弥补从法律院校毕业出来就进入法院工作因而缺乏社会实际工作经验的法官们的不足。这能说不是在与法官行使同样的审判权吗？当然不能！甲区法院的人民陪审员当中，有好几位都是学医的，他们经常被审理医疗纠纷案件的法官邀请参加合议庭，也足以说明了这一点。

因此，我认为陪审员与法官审理案件，把工作重心首先放在协助法官查明案件事实上是毫无悬念的；而在适用法律问题上，人民陪审员则需要通过自己的努力和长期的修炼才能渐入角色，而不能企盼人民法院加强对陪审员法律专业知识的培训上；如果这样，是有悖于设立人民陪审制度的初衷的。

适宜——适宜的案情沟通方式，可以解决与法官的互动问题，也是怎样看待"陪而不审、审而不议、议而不决"的问题。

随着参加陪审的案件数量的增多，只要有心者就会发现一些问题，但多数人民陪审员往往会因为自觉"心里没底"而不敢与法官直接沟通交流，怕法官不高兴。我一度也有这种顾虑。我认为这应当是"陪而不审、审而不议、议而不决"由来的重要原因之一。但现在这种顾虑基本没有了，法院的全部审判庭室我已经转过好几圈了，与法官的拘谨感也渐渐消失。

尽管如此，在与法官互动的过程中，我仍然把握一个原则：如有看法或意见，一定要以征询或建议的方式来表达，甚至是更灵活的方式，至于用哪种方式，取决于该案件的主审法官对你的接纳程度。

在前后参加了数位法官审理的以银行作为原告，起诉贷款人拖欠贷款的案件，我从中发现了问题：作为被告的贷款人，基本有两种表现，要么不知躲到哪去了，法院传票无法送达，只能通过公告的方式进行缺席审理；要么贷款人出现了，但在庭上或是一概认账，判就判吧，或是想方设法找一些理由，辩称贷款未能及时还，是银行方面在放贷过程中也存在一些差错或过失，企图以此为减轻罚息等。这类案件，即便被告缺席，仅从银行方面的单方陈述中你也能感觉到银行的放贷工作中确有失严谨。可是无论被告是否出庭应诉，是否抗辩银行，法院方面基本上不予考虑银行方面的过错问题，其诉求基本都能得到支持。

我觉得这事有些不公平，后来忍不住在一起贷款人激烈抗辩银行诉求的案件中，我向主审法官提出了我的看法：对于银行方面确有过失或过错的案件，为何就不能判其自负一些责任呢？如果照此判一回，也算对银行起个警示作用！只不过我在提这个看法时，我没敢以正式的合议意见的方式提出，而是以闲聊的方式提出的。因为我在想，这个提议如不被采纳，也不至于令法官不舒服；更何况这位法官本来就对设立人民陪审制度持不同意见。令我感动的是，这位法官对我说：你的意见非常对。在随后的判决书中，法官认真归纳了银行方面的几点过错，据此驳回了银行要求贷款人支付罚金的诉讼请求。

在另一起继承案件中，原告是两个哥哥，被告则是小弟和母亲。案情是哥仨自幼与父母共居在一个院落内，有正房两间，系父亲名下承租；另有自建房两间。后来两个哥哥结婚后分别搬了出去，小弟仍居住在此并娶妻生子。两年前父亲去世，母亲年事已高住进了养老院。去年遇拆迁，两间正房获拆迁款一百余万，因父亲已逝，该款便有了遗产性质，拆迁公司为慎重起见未予发放；两间自建房获拆迁款达两百多万，被拆迁人落在了小弟的名下。两个哥哥随即提起诉讼，要求对这两笔拆迁款进行析产继承。庭审中双方对抗非常激烈，无法调解。庭后我以探讨的口气对主审法官说：原告的诉求中包括了落在弟弟名下的自建房的拆迁款，怎能与正房的拆迁款一并放在析产继承案件中呢？是不是有些不顺？法官说，是有这问题，我正发愁呢。我试着又问：按常规处理，涉及自建房的诉求是不是能在这个案子中驳回？法官表示应当可以，但同时又面露难色说：如果驳回，就有可能让原告处于非常不利的境地，你做做原告工作，让他们撤回这部分诉求，这样他们就还有机会另案主张对自建房的拆迁款享有份额，行不行？我说这是个好办法。这个处理方案最终被原告认可。事后这位法官对我说，真感谢你帮我出主意，要不我还真下不了决心呢。

这两件事例，我认为在一定程度上能够说明：要想扭转"陪而不审、审而不议、议而不决"的局面，人民陪审员一方面要保持一定的谦逊姿态，另一方面也要讲究与法官沟通的方式方法。

法庭调解让父子握手言和

在民事案件中，人民陪审员适时参加调解，这应当是审判员与人民陪审员公认的。问题是什么样的案件适宜调解，什么样的案件没有调解的必要，什么样的案件可以在那个环节上进行调解，用什么样的方法调解，应当说审判员也是陪审员的老师。只是审判员太忙了，太累了，甚至可以说是有调解的心，但没有调解的力了。如果条件允许，我认为，在征得审判员同意的情况下，人民陪审员还是要有一些调解意识为好。

在给周法官陪审一起父亲诉子女析产共有房屋的纠纷中，父亲（原告）坚持要通过析产，将妻子逝后与子女（被告）共同继承所得的房产中，把子女的份额折价析出，遭到了子女的强烈反对。被告之一（原告的小儿子）竟然在法庭上一手指着父亲、一手指着周法官，对着父亲用几近咆哮的声音怒吼：法院要是敢判，我就让你们老俩舒服不了！当时原告的后老伴就坐在旁听席上。通过观察，我们发现矛盾起因与原告的后续老伴确有很大关系。当时我和另一位陪审员觉得如对原告重点调解，有可能缓解矛盾。因为根据原告在庭上的表现，我们断定原告应是个比较要面子的人。

在征得周法官同意后我们把原告叫出了法庭。先叫了声"老爷子，咱们聊聊？"我刻意使用了这种称呼和口气，原告紧绷的脸明显松弛了下来，开了两句玩笑后，我切入正题："家里的事，您自己做得了主吗？"问这句话，我是明显有所指，因为那后老伴也跟了出来，正站在不远处警惕的看着我们。而正是这句话，切中了原告要害，刚刚松弛下来的脸又有所紧张，他扭头看了后老伴一眼，嘴动了几动，忽然提高嗓门："做得了主，有什么做不了主的?"有门!见此景,陪审员老王迅速回到庭内,开始做那几个子女的工作,希望他们也能给父母一个相对宽松的环境。而我继续与原告闲聊,并指出他的老伴将自己的房子出租而住到他与子女共有的房屋内,显然对子女来说会有心理上的不平衡。这个说法,让原告低头不语。

最后的结果:原告接受了我们提出的缓解矛盾的建议,当庭撤诉,并保证三年内不再要求析产卖房,子女们也保证不干扰父母的再婚生活。原似激化不可调解的纠纷,就这样缓解了。周法官说,你们真帮我解决了大问题。

通过这件事,我认为,陪审员一般年龄都较大,有着比较丰富的社会生活经历,在一定程度上,特别是在这种家长里短的纠纷中,人民陪审员有可能比年轻的审判员更具优势。

人民陪审员了解案情小技巧

按常理,人民陪审员陪审案件,应当提前介入阅卷,做好开庭前的准备工作。但目前这个问题在客观上实施起来有难度,原因大致有三:第一,陪审员不愿意抽出时间专程前来阅卷(庭前阅卷往往又不现实);第二,或虽有陪审员有心提前阅卷,但会担心法官太忙,会给法官添乱;第三,法院也未设有供陪审员阅卷的办公地点……总之,能有一堆的不能提前阅卷的理由。

其实,要解决这个问题,关键还是在于人民陪审员自己,只要在观念上把自己当成了合议庭的成员,方法总是有的。我的经验是:

第一,一般开庭前都是书记员先到庭,在书记员做开庭前的准备工作和审判员到庭宣布开庭之前的这短暂时间里,人民陪审员完全有时间将起诉书阅读一遍,这样就掌握了案情的主干,在随后的法庭调查过程中,就会有意识的去倾听双方当事人陈述中的重点内容;

第二,开庭后,要注意跟随着法官的思路,这表现在除了要一边注意听当事人陈述外,还要注意听法官的发问,并去体味法官如此发问是想了解、核实哪个环节上的问题，从而尽快实现了解案情的脉络和关键点的目的。

第三，在前两个过程中，人民陪审员还应开动脑筋，寻找案中疑点或遗漏点。有位法官说的好：审判员整天陷入案件中，大脑也会有疲劳的时间，也会有疏忽的时候……此时人民陪审员如能适时适度就发现的问题给审判员提个醒，对审判员来讲也是莫大的帮助。

第四，在法庭调查即将结束时，审判员一般都会示意人民陪审员，是否有要问的问题，此时人民陪审员应态度明确的表示"有"或"没有"，如果有问题，自己又吃不准，可先低声与审判员请教一下，审判员此时一般都会表示同意，即使审判员没有同意陪审员问某个问题，至少也能说明你的确是认真听了，动了脑子了，久而久之，审判员也就会逐渐认同你，会教你一些发现问题和分析判断问题的方法。当然也可以在庭下请教审判员：我刚才提的问题是否恰当？说到这儿，不得不提一下赵法官，在一次庭审中，我对原告的主体资格问题产生了一个疑问，但实在吃不准，就低声向赵法官询问，赵法官示意我庭后解释。庭后，因当事人还未离开，赵法官就把我叫到隔壁，就我刚才的疑问做了一个非常详细的解释，让我非常感动。

第五，法庭辩论，是当事各方对案件的看法及其主张依据的高度归纳与概括，应当是庭审中的精华，其辩论要点，也应当是陪审员关注的重点内容。

第六，休庭后，无论是否马上合议，陪审员都应自觉将庭审情况用笔记的形式做个小结，并将自己的看法一并记上，待合议时或判决书出来后将笔记与之对照，从而也能检查出自己的不足，有助于下次陪审同类案件时，起到举一反三的作用。

不被当事人带到 "沟儿" 里

这里所说的"跳不出来"，是指在法庭上当事双方唇枪舌剑的时候，法官的思路也有可能被打乱，甚至被当事人带到"沟儿"里。

有一次陪审了这样一个案子：原告是一家咨询公司，下设有十几个业务部门，各部门均在公司的统领下，独立对外开展业务。被告则是下属第十业务部的负责人李某。与其他业务部不同的是，李某同时也是公司的经理和法定代表人，还是公司的股东之一。由于人事问题，公司股东会上解除了李某公司经理和第十业务部负责人的职务，随后公司将李某告上法庭，诉其返还财产，依据是根据银行查账，认为李某任第十业务部期间，账面上有几笔共计三十余万元的汇出款记录，公司认为这些款项均应属公司的业务收入，应当返还公司。

法庭上，李某辩解这几笔往来款均非业务收入，只是与其他单位的一些正常资金往来，也有本来谈妥的业务收入由于出现变故又退回客户等情况。为此，围绕这几笔款项从何而来又汇到哪里，双方争执不下，互不相让，争执了两个多小时。法庭也出示了到外地银行查询款项去向的证明。争吵中，年轻的审判长眉头逐渐紧锁。审理陷入僵持状态。

通过观察，我产生了一个疑问：各业务部与公司之间应当有一个经济关系上的约定，籍此有一个用来区分哪些营业收入属公司的、哪些营业收入属业务部的、哪些营业收入又属于业务部负责人个人奖励之类的说法。李某既然是公司经理，同时也是第十业务部的负责人，那么他就有可能会分别以公司的名义和业务部名义对外开展业务，而且这两个名义产生的业务收益均会对李某有相应的经济回报，而回报更大的应是业务部，否则李某就没有必要身兼二职。

这里的问题是：公司对李某负责的业务部的经营情况，到底有没有"说法"呢？征得审判长同意，我把这个问题向原告、也就是公司方面提了出来。我注意到原告当时就愣了一下，迟疑片刻才答复说："公司对于李某负责的第十业务部没有任何划分彼此经济关系的说法。"但原告又补充说"第十业务部是李某背着公司私下成立的，公司曾在公安机关举报过李某非法占有（侵吞）公司财产，但历经半年，公安机关的最终答复是不属于刑事案件。"审判长宣布休庭。

合议时，我提出了我的看法，即公司方面并未提交与下属业务部是何种经济关系的证据，也没有这几笔款项是何用途的证据，没有证明下属业务账上有款项往来就应当是归公司所有的证据，更没有李某将这些款项据为己有的证据……因此公司以原告身份对被告李某个人提起返还财产的诉求，应视为举证不足。

审判长沉思了一会，眉头渐渐舒展开来，称赞我道："您说的有道理……让我再想想"。事后数日，法官告诉我说："原告撤诉了。"审判长还对我说了一句话："我们法官也会有陷进案子跳不出来的时候。"

这个案例告诉我，陪审员也应当学会独立思考问题。

一起伤害案的和解

2011年9月的一天，被告人田某驾车途中与骑车人陈某因交通问题发生争执，双方在肢体冲突中，田某将陈某致轻伤。检察机关以故意伤害罪将田某诉至法院后，陈某提起附带民事诉讼，要求田某赔偿致残生活补贴、医疗费、误工费、住院伙食费、营养费、交通费、护理费、整容费、精神损失费等共计28万余元。但因陈某所能提交的损失证据尚不足2万元，法官对其诉求进行了释明后，陈某情绪表现较为偏激。究其原因，一是在田某被取保候审后，曾携食品等物前往陈某住地希望协商解决，此举被陈某视为有关工作人员将其家庭住址泄露，扬言要一查到底，追究有关人员的责任；二是他认为"额部有凹陷"与"手指有骨折"系两处受伤，而公诉机关的起诉中遗漏手指受伤，对此陈某也表示了强烈不满。在这种情绪下，法官的任何释明工作都让陈某质疑此诉讼活动的公正性，因而具有较强的抵触情绪。"他每次来法院，都在楼道里大喊大叫的"。主审法官这样形容陈某。

我和老张作为合议庭成员，介入了庭前的谈话工作。我以温和的语气，先引导他将自己的观点、理由、依据及所有的不满都倾诉出来，这样就有效的削弱了他的抵触心理。在他平静下来后，我就所提诉讼中请求赔偿的项目，一一进行核对，然后进行逐条分析，发现他的整容费很高。他解释说："额部整容只能去美国做，手指骨折的索赔数额，我参考了同一病友手指骨折获赔的数额而提出的。"其实我在同他谈话时发现，他有一个习惯动作，就是双手十指交叉，总在做翻腕动作，加上他也未提供相关诊断证明，由此我断定其手指骨折情况不存在。

通过进一步与他交谈，我判断他还是明知有些诉求无法实现的，才寄希望通过以"投诉"来施加压力的。经过耐心的分析和解释，明确指出其"投诉"行为与"索赔"结果无任何法律关系。两个小时后，陈某终于将赔偿数额由 28 万元降到了 10 万元。第一次谈话和调解，不仅在内容上取得了进展，对受害人的心态的平息也起到了极重要的作用。

数日后，在主审法官的主持下，两位人民陪审员对双方又进行了第二轮的调解……结果，陈某接受了由被告人给予 6 万元赔偿的建议，双方签订了谅解协议，田某被从轻判处拘役四个月，缓刑六个月；陈某也未再进行任何"投诉"之举。

在这起案件中，我运用了"释法析理法"等调解方法，将情绪偏激的当事人通过疏导、安抚、分析等手段，引导其走向了正确解决问题的途径，取得了良好效果。

哥哥将妹妹告上法庭

61 岁的哥哥以刑事自诉的形式，将 59 岁的亲妹妹告上了法院，案由是侵占罪。事情的经过是：哥哥曾于 2007 年在银行办理了保管箱，内有个人存款 7 万元的存单及母亲的部分存款，并给妹妹办理了开箱授权。2008 年哥哥患癌症，经历了手术及化疗。2010 母亲去世后，妹妹将保管箱退掉，但未将哥哥的存单交还，且在哥哥向其索要时予以拒绝。哥哥认为妹妹的行为属于将该款"非法占为己有，数额较大，情节和手段恶劣，符合侵占罪的构成要件，请求人民法院追究妹妹的刑事责任"。

在此之前，哥哥曾以"不当得利"为由提起过民事诉讼，后又撤诉改为刑事自诉。立案前后，哥哥的态度均相当强硬，不接受法官的任何调解尝试。尽管如此，主审法官仍未轻易放弃再次做调解工作的努力，她约请了我和另外一位人民陪审员进行调解。

我首先提出与被告人（即妹妹）接触一下，我是想通过与妹妹一方的接触，了解她对此事的想法，进而判断一下妹妹是如何把哥哥得罪成这样的。与妹妹的谈话约在下午两点开始，令人稍感意外的是，她的丈夫（某建筑公司的书记）也陪同前来。更令人诧异的是妹妹性格相当内向，谈话三个小时内，她总共说了没有十句话，而她的丈夫却在不停的侃侃而谈。

妹妹承认确有此事，但称钱已还了，是哥哥患病后提出要用10万元钱治病，所以将哥哥的7万元取出，加上从母亲的存款中取出3万元，共计10万元都给哥哥了。妹妹说："还多给了他3万元呢"。

可是，案卷材料中显示，哥哥打了一张借条，内容为："今借母亲10万元"。这张借条的原件如今保管在妹妹手里。这势必让人认为，哥哥的7万元钱没有动，还在妹妹手中。

在妹夫占据了90%以上的谈话时间里，他从未正面回答"借条"的问题，除了强调与妻子一致的观点外，他基本上都是在议论大舅哥的种种不是。至于账到底算的对不对，在他看来不是主要问题。妹夫的这种表现，让我断定这起纠纷并非发生在兄妹之间。然而这也正是调解这起案件的难度所在——本案当事人不起作用，起作用的不是本案当事人。更难的是，这夫妻二人到目前为止，尚不认为自己有问题。至于是否会被追究刑责，他们还没有任何意识，对于另一位陪审员的调解意见，他们根本听不进去。

至此，我只能采取"单刀直入法"了。我对妹夫说："如果经审理，此行为构成犯罪，你希望你的爱人为此获罪吗？和亲朋好友怎么交待呀？"妹夫显然没有思想准备，一时不知说什么。我继续说道："此案已立，无论是否定罪，法院必将出一纸裁判文书。如果不想出现这份文书，你们只有两条道可选：要么还给哥哥7万元，哥哥给母亲打的10万借条另行在遗产继承中处理；要么将哥哥写的这10万元的借条撤销，换成3万元的借条……"另一位陪审员补充道："还有一条：10万借条还给哥哥，多给3万元只当让哥哥治病……"妹夫终于不再强辩，提出给他们时间想想。"此事必须要有个了断！"这是我送给妹妹两口子的最后嘱咐。

一周后，妹夫打来电话，同意将那张10万元借条还给哥哥，以换取哥哥的撤诉。他说："是刘老师那句话让我醒悟……是呀，这事总得有个了断呀!"

事情有了转机,余下的是我要做哥哥的工作了,因为哥哥一度坚信:既然法院同意立案了,就一定能判妹妹有罪。所以,哥哥能否答应收下借条、撤回对妹妹的起诉还是个未知数。还好,经过与哥哥进行的两轮艰难谈话后,尽管他仍坚持认为妹妹两口子"人品太坏",但最终还是同意接受这个调解方案,在撤回起诉的笔录上签上了自己名字。一起发生在兄妹之间的矛盾,就这样得到了缓解。

在这起案件中,我们陪审员抓住了隐藏在纠纷背后的矛盾焦点,穿过深挖症结,借助"非本案当事人的"特殊作用,顺利了结了这起刑事自诉案件。

事后,作为自诉人的哥哥给立案庭、民二庭送来了锦旗,又给我送来了一封感谢信。他在信中写道:"甲区人民法院刑二庭负责同志:您庭特邀甲区人民调解员刘跃新同志,在这桩侵占罪一案中,以事实为依据,以法律为准绳,摆事实,讲道理,对被告一方进行了艰苦的政策攻心和法制宣传教育,把这起刑事自诉案件,化解在萌芽状态。维护了法律的尊严,也维护了社会和谐和稳定,为构建法治国家做出了无私的奉献。在此,我们原告 方特书此信,以表我们由衷的感激之情和崇高的敬意!"

同一屋檐下的夫妻官司

女方与男方离异后,因为男方无房,故仍住同一两居室内。女方与女儿住大间,男方住小间。对此有些外人并不知情,尚认为他们是夫妻。女方的一个朋友向她借了两万元,去还钱时女方不在家,男方收下了此款。事后,女方向男方索要遭到了拒绝。女方一气之下,把男方以侵占罪的名义诉至法院。

此案受理后,主审法官同样对双方尝试了各种调解方法,未能奏效。于是,我与另一位人民陪审员再度上阵调解。

我请主审法官将双方错时约来,让女方先到,男方后到。在与女方近两个小时的谈话中,我了解此案的背景。两人的现住房原系男方父母名

199

下，拆迁时因考虑到女方有工作单位可以承担供暖费的问题，男方的父母同意将拆迁后所得房屋写在女方名下，后因男方无业、无收入，夫妻二人矛盾逐渐激化最终离婚。离婚后女方曾起诉男方腾房未果，遂借此事启动刑事诉讼。女方的想法是希望通过给男方治罪，起到一个震慑男方的作用，进而有助于让他迁出腾房。

在陪审员给女方做了思想工作后，我针对女方的诉讼思路做了一个分析："鉴于整个事件中存在着因房屋拆迁引发的历史矛盾，如果借此事以刑事途径来解决房屋问题，势必激化矛盾。这个诉讼方案，明显是缺乏慎重思考的。"我非常明确的给女方指出了这一点。但由于女方聘请的律师并未到场，我建议女方与律师再做沟通，并没有急于提出让女方撤诉的建议。

在随后与男方的接触中，男方一方面指责女方骗取父母的房屋，一方面强调这两万元也是父母的拆迁款所余，不仅坚决不同意退还，还放言："大不了一死"，"法院爱怎么判怎么判"。男方的表现，证实了此案无论是否定罪，均可能形成"案虽结，事未了"的结果。于是，我向主审法官建议："此事放一放，让女方有一个思考的时间。而对于男方，则建议暂不做其任何工作。简言之，这里使用了调解方法中常用的"冷却法"。

半个月后，主审法官再次约请女方谈话，她的律师仍未到场。但是她将此次提起刑事自诉的原因归结于律师："是我的律师建议这样起诉的，说判他罪没问题"。她的这个说法，印证了她的信心不足，但仍对结果抱有幻想的矛盾心理。到此，我再次明确告诉她："无论能否定罪，此诉讼势必形成男方与你极端对立的局面，涉房纠纷将更加难以解决。"

我请她当场拨通律师的电话，并打开免提，以合议庭成员个人调解意见的名义，向律师说明此刑事自诉不利于解决当事人的根本问题，即涉房纠纷，反而会激化矛盾，建议律师帮助当事人还是先通过民事诉讼解决涉房纠纷。结果，律师称坚决提起此刑事诉讼的是当事人自己，但同意接受建议，帮助当事人先解决民事问题。面对律师的答复，女方无言以对。

最后，女方撤回了刑事自诉。

在这起案件中，陪审员通过分析当事人心理，深入发掘其纠纷背后的真实原因，运用容情于法的调解方法，使当事人放弃了不现实的盲目诉求。

我把小静的故事讲给你听

黄　禾

这是我参与陪审的第一桩案件，和阅案无数的审判长相比，我就像一个初上战场的新兵，紧张，忐忑。时至今日，依然清晰的记得平生第一次走进法庭时的状态：呼吸发紧，步履轻缓，目光凝重，内心忐忑。不过，这瞬间的紧张很快就随着法庭调查的开始烟消云散了。取而代之的是对整个案件的感慨和对当事人深深地同情，以致在庭审之后的很长一段时间里，脑海中总会回放着她的人生经历：她的花季少女，她的美好爱情，她的苦痛婚姻，她的重病身体，她的老父老母，还有她的年幼女儿……

她在我心里名叫"小静"，因为她看起来文静柔弱，一眼望去，就知道是个特别努力读书的女孩儿。陪她一起出庭的是她的母亲"静妈妈"。静妈妈在设计院工作，看上去沉静斯文，但也能看出对女儿未来的隐隐担忧。

花季少女坠爱河，开始幸福生活

故事就从小静花季少女时代开始讲起吧。小静高中毕业后她考进了北京市一所市属中专学校就读，总算延续了高中毕业后的教育，这至少让辛苦十八年的爸妈安慰了许多。

也许是在单纯封闭的知识分子家庭教育下成长起来的缘故，小静比起学校其他女生有着更多一些的清纯和娴静，同班同学"小灰"，对她一见钟情，坠入情网，展开了强烈的求爱攻势。因为是新入学，加上传统的家庭教育，小静面对小灰的热烈追求时，很谨慎，很拒绝，一心以学业为重的小静斩断了小灰的求爱念头。

校园的学习生活在宁静踏实中度过了两年多。转眼到了让同学们轻松愉悦的毕业季，小灰初衷不改，蓄势重发，再度对小静穷追不舍。此时的小静，经过了与小灰近三年的朝夕相处，日久生情，再也没有拒绝小灰如火的追求，毕业时正式和小灰确定了恋爱关系。就像所有恋人一样缠绵甜蜜，那时的小静迎来了像花儿一样幸福的日子。

毕业后，小静在家人和朋友的帮助下，有了一份收入不是很高，但很稳定的文秘工作。小灰也有了一份与金融理财沾边的工作，收入比起小静高了不少。这符合长辈对男孩子多长本事、多挣钱的要求。工作稳定了，年龄也合适了，考虑到女孩子的婚事宜早不宜迟，双方家人进入了谈婚论嫁的实质阶段。

工作不久的小灰，在小静23岁生日这天，带给她一个大大的惊喜。他带小静到丰台区的一个小区里，看了一套两室一厅的房子，房子虽然比较陈旧，但这里生活方便，交通便利，又离小静父母家不远。小灰说，他是用了全家人的积蓄付了首付，买下了这套房子。小静又欣喜又感动。因为小静知道小灰的家境很一般，父母都是工薪阶层，能拿出北京三环以内二手房的首付款，绝对是下了血本了。想到这些，小静忙不迭的回家向父母汇报小灰家的这一壮举。

听了小静的通报，通情达理的静爸爸和静妈妈也很感动，孩子成家是大事，既然男方已经为婚房的首付吐了血，咱们女方岂有无动于衷的道理，虽然自家的日子并不富裕，但也绝不能袖手旁观。很快静姑姑和静舅舅们也都知道了小静姑娘婚事的进程，一向疼爱小静的长辈，全力筹款，承担了装修婚房的所有费用，缓解了男方的经济压力。在双方亲友的齐心努力下，婚房装修一新，有情人终成眷属。小灰终于如愿迎娶了心爱的新娘小静，就像所有童话的结尾那样，从此小灰、小静过上了幸福的生活。

婚后的小灰与小静的长辈相处十分融洽，由于工作与金融理财相关，他经常会和静家姑姑舅舅们传递一些理财产品的信息，时间一长，姑舅们实在懒得搞清楚那些理财产品的利率和种类，小灰细心可靠，又是业内人士，既然家里有这个资源人脉，哪里还用长辈劳心费神，自然而然交给小灰全权打理。

平静幸福的日子过得很快，小静和小灰在结婚一年后，有了他们爱情的结晶，一个可爱的女儿。小静的人生之旅：上学、恋爱、结婚、生女，一路走来，虽然清苦些，倒也是云淡风轻，波澜不惊。至此，小夫妻共同哺育娇娇女，齐心侍奉花甲人，小静和小灰像他们的同龄人一样，行进在按部就班的人生轨迹当中。

噩梦来临，幸福灰飞烟灭

小静的噩梦是在女儿刚满三岁的一天，一位陌生大妈的出现成了小静人生轨迹的拐点，从那以后，小静坠入了万劫不复的苦难深渊。

有一天，小灰到外地出差已有数月未归，家里只有小静和女儿。一位中年大妈来到她家，进门就对小静说："我儿子要准备结婚了，这房子我要收回了。"小静听了，十分惊愕，以为对方认错了人，走错门儿，再三与大妈核实。大妈告诉小静："这房子是几年前出租给小灰的！现在儿子大了，准备结婚，要把出租的房子收回自住。这次来的目的，就是通知你们早点做好腾退房屋的准备。"小静哪里肯相信眼前发生的一切，立即打电话给出差在外的丈夫。谁知，丈夫小灰如同人间蒸发一样，音信全无。直到小静母女出现在法庭，提请法院解除与小灰的婚姻关系时，小灰彻底失踪已达三年之久，当年咿呀学语的女儿也已长成了学龄前儿童。

很难想象小静是如何熬过这三年时光的。小灰一走了之，留下了年幼的女儿。房东大妈出示的房屋产权证明、房屋租赁合同和赫然写有小灰亲笔签名的缴费单据，都像锥子一样，扎在了小静的眼里和心上，明确无误的告示着小静噩梦成真了。

当年家境窘迫的小灰，担心无房婚事会告吹，就利用了小静一家的单纯和善良，瞒天过海，谎称贷款买房，骗取了小静一家的信任。眼看骗局败露，又无法面对妻子一家的信任和关爱，就采取了人间蒸发，连同一起蒸发的还有妻子一家交给他打理的几十万的钱款。

小灰至今杳无音信，可怜的小静一边独自养育年幼的女儿，安抚心焦多病的父母，一边到处打听丈夫的下落，还要面对被小灰蒙骗的家中长辈。小静在丈夫失踪一年多之后，年仅 27 岁的她被确诊出罹患甲状腺癌，身心遭受打击无疑是她身患重病的主要诱因。

法庭调查还了解到，小灰其实并没有从事与金融相关的工作，只是在一个小公司里打工，他骗取了小静家人的信任之后，一直用家人理财的钱款，一部分缴纳房租，一部分谎称理财回报返还给亲友，一部分当作工资收入补贴家用。所以在小静寻夫的过程中，很难通过丈夫的工作状态找到他的行踪。小灰的母亲也因为儿子的突然失踪，一病不起，瘫痪在床，无颜面对悲愤的亲家，很难再与儿媳及年幼的孙女见面。小灰让小静的幸福灰飞烟灭，这就是我一直称这个案件的被告为"小灰"的原由。

理性克制，诉诸法律

在整个法庭调查的过程中，小静以最大的勇气克制住自己的悲愤，力求平静清晰地陈述她所经历的事实，讲述她所面临的绝境和无望，讲她和病魔进行的殊死抗争。她要在自己身体状态还允许的情况下，通过法律的裁定，把幼女托付给失踪丈夫，她坚信有一天孩子的父亲会回来认他的骨肉血亲。她还要借助法律，追讨小灰欠下她长辈们的血汗钱。她能体会年过花甲母亲的感受，目前这个年龄应该在家里含饴弄孙，安度晚年，现在却因为她的不幸遭遇，拖着病体陪着她一起走进法庭，为她的未来殚精竭虑。

小静在陈述的过程中，没有掉下一滴眼泪，表达清晰舒缓，徐徐道来。只有在提到小灰卷走了长辈们的血汗钱时，万分内疚，神情凄婉，几近哽咽。她的沉静和坚强令在场的审案人员十分感动，就连做笔录的书记员也为之落泪。

虽然小静初次提起离婚诉讼的案件没有得到合议庭的支持，但合议庭却期待小灰早日回心转意，重新出现在这个几近崩溃的家中，像个男人一样勇于担当，把父母、妻子和女儿从水深火热中解救出来。

这就是我参与陪审的第一桩案件，至今令我难忘。如今我已经有了近百件案子的陪审工作经历，其中不乏令人唏嘘感叹的不平之事，在步入法庭的时刻，我已不再紧张和忐忑。怀着对法律的敬畏，对正义的崇敬，我的内心从容坚定。我知道，法庭之上，所需要的不仅仅是同情和愤慨，而是需要我们以法律为准绳，护佑真诚与善良。惩治恶念与欺骗。伸张正义和公道。营造一个人人崇尚道德，遵纪守法的有序社会。真心希望每个家庭都能过上幸福安康的生活，珍惜和家人相亲相爱相守的日子，因为，不是所有人都可以拥有这份幸运。

陪审的感悟与坚持

宋 冰

我在基层人民法院任陪审员已十年有余。过去的十年，通过陪审员的岗位，我有机会接触到各类案件，有机会接近法官、当事人和其他陪审员同事。这些人和案让我有了观察和思考司法实践的另一个视角，也产生了一些感悟和思考。

被告席上的年轻人让我心里沉甸甸

2000年之初，我主要陪审刑事案件。我发现站在被告席上的，有不谙世事的中学生，也有年过六旬的老者；有目不识丁的无业游民，也有口若悬河的国家干部；有伶牙俐齿的健全人，也有一言不发的聋哑人。形形色色的被告，大大小小的案件，让我的情绪在愤怒、惋惜、同情和无奈中变幻沉浮。每每想到这些发生在身边的真实案例，心里总是沉甸甸的。

最令我心痛难平的是青少年犯罪案件。三个十五六岁的初中生，鬼使神差般的买了两把菜刀，在傍晚时分抢了一个下班女工的挎包，包内物品总共价值一千多元，犯下抢劫罪。青春时光本该在学校度过，一念之差就身陷了囹圄。两个十八岁出头的外地小伙子，连续三个晚上在北京持刀疯狂抢劫，他们甚至自己都记不清作案的次数和地点了。一位貌美如花的19岁少女，因爱慕虚荣给男朋友买跑车，以买房为名诈骗了200多万元。有三个20多岁的年轻人，以兑换外币为名，事先精心设计圈套，专门在街上找寻上岁数的老年人，利用他们的好心或贪便宜之心实施诈骗，一次竟骗了一名60多岁的退休女教师16万元，虽然犯罪人被抓获，但钱财也被挥霍殆尽。

看着一张张稚气未脱、天真无邪的脸，很难把他们和那些犯罪事实联系在一起，更难的是如何在惩罚和挽救之间找寻一个平衡点。

我发现被告人很大一部分都是外地来京者，其中一部分甚至是弱势群体。他们来到北京后，因为文化水平低，没有生存技能，在繁华陌生的大城市找不到工作，迷失了自我，遂走上犯罪之路。

这类案件，令我在愤怒之余，又不得不思考犯罪背后的社会根源，而这些深层次的问题仅靠对几名被告的判刑是远远解决不了的。古人说得好，"仓廪实而知礼节，衣食足而知荣辱"。在对个体实施惩罚的同时，我们不能不思考的是，让每个人有机会安居乐业，减少犯罪，需要全社会的努力。

老夫妇状告公证处

2009 年，我参加了一起民事案件的审理。原告是一对 70 岁左右的老夫妇左某和谢某，被告是北京市某公证机关。原告请求判决公证处按房屋现价（30 多万元）赔偿其卖房损失。

事情还要追溯到 2005 年 9 月，两名自称是左某和谢某的人来到公证处，要求对一份"委托书"予以公证。委托书的内容是：左、谢二人因身体不适，委托陈某全权代理，将市区的一处房屋出售，并办理包括产权过户等在内的一切手续。当时左某和谢某提交了身份证、户口本、夫妻关系证明、房产证（产权人为左某和谢某）、单位购房证明及购房合同。上述证件均为原件。公证员审核了证件，并认为"人证同一"。公证处也按照程序制作了接谈笔录，询问了公证目的、房产情况、委托权限等，特别问到"委托人与受托人的关系"，回答是"朋友"。随后，公证处制作了简短的公证书，关键的一句话是"左、谢在公证人员的面前，在前面的委托书上签名"。办理公证时被委托人陈某是否到场，被告在庭上表示不清楚，原则上被委托人不需要到场。当时去办理公证，主要依靠公证人员把关，没有制作录音、录像资料。

经过审理，法庭查明涉案房屋一直由原告之子小宇单独居住，原告夫妇另有住处。委托公证书办理9个月后，即2006年5月，经被委托人陈某代理，该房以18万元出售给第三人杨某，并办理了产权过户手续。事隔一年后，原告才发现该房已被出售。原告称长期联系不上儿子小宇，就找到了卖房代理人陈某，陈告诉原告，小宇向其借钱后不能还账，就委托其把房子给卖了，并向原告出示了小宇写的借条。

法庭上，对于公证时提交的所有证件，原告均予以认可，但对于委托书上的签名，原告否认。经鉴定机关笔迹鉴定后，两个签名均不是原告所写。因此可以推定，当时去办理公证的左某和谢某，是假冒者，并不是原告夫妇本人，但当时提交的证件确为原件。

在法庭辩论阶段，原告认为公证处出具虚假公证文书，导致原告合法房产被变卖，应赔偿原告损失。

被告公证处认为其在办理公证的过程中没有过错，即使办理公证的左、谢是冒牌货，也不是凭目测可以审查出来的。而且原告疏于保管自己的材料原件才造成该后果，应承担责任。因此不同意赔偿。

这还真是一起疑难案件。休庭后，大家一起分析案件。这时，有人建议可以组织陪审员进行专案研讨，向合议庭提交一份书面意见，大家纷纷赞同。随后，十名陪审员进行了一次专题研讨，大家仔细研读案卷，解读相关法律文件，提出问题进行讨论交流，各抒己见甚至针锋相对。焦点集中在两个问题上：一是公证处应否承担赔偿责任？9名陪审员认为应承担赔偿责任，1名陪审员认为不应承担责任。二是公证处的赔偿数额应如何裁量？5名陪审员认为可按当时卖房价赔偿即18万；2名陪审员认为按诉讼时的市场价赔偿即30万左右。最后我们详细记录了每个陪审员的意见和理由，以书面方式提交给案件合议庭作为参考。

该案因为法定原因中止诉讼一段时间，于2011年重新开庭审理，最后法院判决：公证处因未尽到详实的审查辨别义务，导致涉诉房屋出卖造成原告财产损失，负有一定的过错责任；原告未能妥善保管相关证件，给他人造成可乘之机，亦应承担一定的责任。综合各种原因考虑，确认公证处承担判决时房屋市场价20%的赔偿比例，赔偿原告约20万元。判决送达后，双方均未上诉。该案也促使公证处的工作有了很大改进，开始把录音、录像技术用于公证工作。

司法民主有多种方式，美国的陪审团制、英国"非职业化"治安法官制、日本的裁判员制等。虽然各国的司法制度存在差异，但是司法民主的基本要求是一致的，就是让法官与民众保持联系，让司法结果与社会生活保持统一。我国人民陪审员制度的目标是保障公民依法参加审判活动，促进司法公正。虽然现行的人民陪审员制与理想的目标还存在一定差距，还需要不断改进和完善，但是，这一制度顺应了司法民主的大趋势。作为一名人民陪审员，能够代表普通民众亲身参加司法审判，我感到肩负重任，也感到无尚的光荣。

唱响陪审之歌

庞奎玉

我于 1991 年 10 月从部队转业到某研究所。1999 年 5 月，经所在单位推荐，北京市丙区法院批准，北京市丙区人大常委会任命，我成为了丙区法院的人民陪审员。

从 "陪" 到 "审"

回顾近二十年来的陪审之路，我已经参与陪审了刑事、民事、行政、知识产权等各类案件上千起。在陪审过程中，我充分利用在部队和研究所工作所积累的丰富经验，发挥我擅于做群众工作的特长，用群众知晓的语言化解矛盾的优势，在法庭上有效化解了社会矛盾。逐渐由一个陪审工作的 "门外汉"，成长为一名合格的人民陪审员。

回忆起第一次陪审的经历，我记忆犹新。当初，我刚担任陪审员的时候，心里即紧张又感到神圣，紧张的是怕自己说错话，神圣的是自己能与法官同坐审判席，为被害人主持公道。开始，在庭审过程中，我常常一言不发，好似审判台上的 "泥塑"。在合议案件时，我也只是附和法官的意见，"陪而不审"，"审而不议" 的尴尬让我食不甘味，夜不能寐。

记得在一次刑事案件合议时，法官问我对这个案件有什么意见，我顿时紧张起来，吞吞吐吐地说："这孩子怪可怜的，批评一下，放了算了。" 当时法官并没有责怪我，微笑地对我说："他虽然是个孩子，但他触犯了国家法律，给社会和人民群众造成了危害和损失，法律对他的严惩，就是对他最好的教育和帮助，怜悯和同情是解救不了他的心灵的。" 法官的一席话让我无言答对。接着法官鼓励我大胆的参与意见。

法院的领导也经常对我们讲，你们虽然不穿法袍，但却代表着千千万万人民群众参加陪审，在庭审中与法官具有同等权力，人民陪审员不仅要陪，更重要的是审。此后，我逐渐认识到，搞好陪审工作单凭一腔热情和善良的心是远远不够的，只有提高法律素养，才能做好陪审工作。之后，我积极自学法律知识，积极研究新时期经济发展和民事、刑事案件的特点和规律，探索新时期人民陪审员工作的方法和艺术。认真研读《人民陪审员培训教程》，主动听取案件审理过程，摘录相关资料，翻阅法制文献，收看法制报道。积极主动与法院同志和老的人民陪审员进行交流、沟通、相互切磋，积累经验。通过对法律知识的学习，我逐渐热爱上了这项工作，在陪审过程中，学以致用，遵守司法礼仪，维护了审判独立，提高了办案质量，保障了司法公正。这样，我的陪审水平在学习锻炼过程中得到明显的提高。随着参加陪审案件的增多，我也越来越敢于发表自己的见解。

合议庭采纳了我的意见

2006年5月，我参与庭审了一次刑事案件。某医院施工现场电缆被盗，在庭审时，公诉方只出示一张照片作为证据。照片中显示，一辆三轮平板车，上面平放着拳头大小的六圈电缆，公诉方认定为80米。在合议庭合议时，产生了两种意见，一种意见是认为照片就是证据，可以根据给医院和施工方造成的损失认定罪犯有罪，并就此量刑；第二种意见是我提出的，我认为，仅凭一张照片作为罪证不妥。生活常识告诉我们，三轮平板车的面积有限，不可能容纳80米的电缆，应该做进一步的调查取证。我建议联合法院、检察院、陪审员三方，对医院施工现场调查取证。我的意见得到了合议庭的认同。

后来，经过三方深入调查，证明了我的意见是正确的，法庭对犯罪者给予了公正的判决。案件审理中的实质性参与不仅使我对陪审工作产生了浓厚的兴趣，而且也让我充满了成就感和自豪感，激发了我的陪审热情。

正确看待人民陪审员工作，要把自身很好的融入到审判工作中去，充分发挥好人民陪审员的职能，人民陪审员要摆正位置，充分认识到自己既是合议庭的成员，又是审判工作的监督员。首先，在履职中坚持"不陪衬，不盲从，不走过场，与法官在互信、互敬、互爱、互补的精神氛围中开展工作。开庭时，要善于倾听，庭审是办理案件的重要一环，要全神贯注地听清双方当事人所举证据，想一想其证据是否来源合法，是否真实有效，是否与案件密切相关，是否有瑕疵。要认真听取诉讼参与人叙述和辩论意见，才能更好地进行提问，清楚案件的疑点。

合议时，坚持忠于事实和法律，敢于发表意见。特别是民事调解中，我感受颇为深刻的是，案件审判的关键是对相关事实的认定，只有事实调查清楚了，才能找准问题症结。

通过参与案件的调解，我的审判观念发生了根本的转变。按照能调则调，能判则判，调判结合的原则，依照审判的程序，只要双方当事人自愿调解，我都积极支持，并耐心细致地做好双方当事人工作，化干戈为玉帛。

一对要离婚的夫妻和好了

我常想，法律是神圣的，人民陪审员工作是光荣的，为了这份荣誉我必须努力工作。记得，在职工作期间，不管多忙，从未拒绝过法院的陪审邀请。每次接到开庭通知后，我都提前赶到法庭，翻阅案卷，查找资料，熟悉相关条文，为庭审做好准备。

2013年4月，我参与审理了一桩离婚案件。一对中年夫妻要求法院判决离婚，妻子的态度尤其坚决，还不接受法院调解。刚开始接触此案，我有点犯难，进一步了解情况后，我与主审法官交换了意见，并提出了我的办案思路。主审法官考虑后，表示同意我的意见，我马上投入到调查工作中。在调查中我发现，他们夫妻之间还是有感情的，女方提出离婚是因为男方脾气暴躁，一遇不顺心的事，对妻子非打即骂，还每每摔盘子、砸板凳，损坏家里的财物，妻子实在忍无可忍。

我了解到这个"病因"后，分别与夫妻俩进行交流，并耐心细致地做他们的思想工作。批评了丈夫的种种错误行为，并指出了他家暴的严重后果，使他认识到离婚对自己，对孩子，对家庭的危害。通过明理析法，拉近了我与他们的距离，赢得了当事人的信任。经过数次工作，男方向妻子承认了错误，并保证要和妻子好好过日子。妻子也原谅了丈夫，愿意撤回诉讼。

通过人民陪审员参与案件陪审，有利于为人民群众尤其是弱势群体办实事、解难事，促进社会安定和谐。

我在单位举行了一场 "听证会"

通过参加陪审，我接触了形形色色的案件。我经常把陪审中的典型案例讲给街坊四邻、亲朋好友听，借此进行普法教育。人民陪审员通过参与陪审案件，不仅自己增强了法律意识和法治观念，也有利于向社会渗透和传播法治精神。

生活中，我充分发挥在陪审中学到的庭审程序，创造性的运用到我所在的工作单位中，为研究所解决了多年来遗留的老大难问题。

我单位有一位老党员叫李忠诚，是个研究员，退休后移居美国。2002年，我们单位为了改善职工住房，自筹资金建了一栋楼，老先生分得一套三居室。所里明确规定："凡是分到住房的职工，一个月之内腾出原有住房。"但老先生一直以各种理由拒绝交房。为此，按分房管理规定，对他进行每天 30 元的扣罚。当他知道后，不但不交房，还扬言如果研究所扣他工资，他就上访告状，不缴纳党费等。

他还多次找到所里和上级领导无理取闹，严重干扰了单位的正常科研工作。据此，所党委决定由所工会来负责解决此问题。这个难题正好落在我身上。我反复思考后，决定用法院的庭审程序进行解决。我把想法向研究所党委做了汇报，得到了上级领导的支持。在所党委的领导下，我制定了"听证会"制度，解决问题按照庭审程序进行，听证会组成人员由研究所里的各级领导及职工代表参加。

召开"听证会"之前，我征求双方当事人的意见，看他们是否同意用这种形式解决问题，双方当事人是否认可"听证会"的组成人员，当双方没有异议时，听证会开始。参加会的各位领导和职工列举了大量的事实，耐心地说服老先生，同时也严肃地批评了他，作为一个党员，不该用上访告状和不缴纳党费进行威胁，这有损党员的形象。经过大家的帮助和教育，老先生对自己的言行有了深刻的认识，并答应三天之内把房子腾出交给研究所。

当老先生要回美国的时候，他找到我说："我离开祖国10年了，变化太大了，党的民主生活加强了，我真对不起自己的党员称号，大家这么热情帮我，真惭愧啊！"

以庭审程序召开"听证会"，可以公开、公平、公正处理问题和解决问题；可以避免当事人不实事求是地反映问题；可以限制并监督有关部门和有权力的人不公开处理问题；可以教育职工接受正当途径、正当方式解决一些难以解决的问题，树立正气。

陪审二十年，我能做的就是珍重责任、珍惜荣誉，以百倍的努力，不断学习法律知识，不断钻研调解技巧，谱写出更加嘹亮的陪审之歌。

陪审违规生二胎被辞退案

冯　强

  2007 年，我在担任甲区政协委员时被推荐担任甲区法院人民陪审员，在这近九年的陪审工作中，已不记得参加了多少案子的审理，仅去年一年，全年参加陪审的案子就有二百多件。参加审理过医疗、劳动争议等民生案件，以及知识产权、金融纠纷等专业性较强的案件，多次参与立案前调解、庭后调解、与被执行人谈话等各项工作，增强了当事人对裁判工作的理解和信任，有效促进了矛盾纠纷的化解。可以说，我已经是个资深的陪审员了。

  去年我曾经参与审理了这样一起违规生二胎被辞退案。在杂志社担任美编职位的李女士意外怀孕后告知单位，换来的却是一纸解除劳动合同的通知书。李女士被辞退后向杂志社索要双倍工资和经济补偿金，却遭到拒绝。李女士索赔无果一纸诉状将杂志社告上法庭。

  北京甲区法院对该案进行了公开审理，一份由同事代签的无固定期劳动合同成为本案争议的焦点。本案由法院民庭审判员张法官担任审判长，我与另一位人民陪审员组成的合议庭审理。

  在 2001 年 10 月李女士开始在被告杂志社工作，2001 年 10 月～2011年 12 月 31 日期间双方签有劳动合同，2012 年 1 月 1 日至被辞退前未签订劳动合同。2014 年 5 月，李女士意外怀孕，随即告知杂志社。8 月底，杂志社主编要求李女士主动辞职，李女士拒绝。9 月 30 日，杂志社突然向李女士下发解除劳动合同通知书，将李女士辞退且未支付经济补偿金。同时，李女士在任职期间经常加班，单位也未安排补休或者支付加班工资。10 月，李女士向北京市甲区劳动人事争议仲裁委员会提出仲裁申请，要求杂志社支付未签订书面劳动合同的双倍工资、违法解除劳动合同赔偿金和加班工资。2015 年 3 月 17 日，李女士收到北京市甲区劳动人事争议仲裁委员会的裁决书，仅裁定杂志社支付解除劳动合同的经济赔偿金额。李女士对该裁决书持有异议。

后李女士诉至北京市甲区人民法院，要求杂志社支付 2011 年 1 月至 2014 年 10 月期间未签订劳动合同双倍工资，并支付违法解除劳动合同赔偿金、加班费等共计 629900.43 元。

2015 年 10 月 21 日上午，北京市甲区人民法院公开开庭审理了此案。

杂志社称由于李女士怀孕是二胎，在得知她怀孕后让其提供合法生育证明，李女士未能提交。杂志社称李女士在没有生育指标的情况下怀孕并且准备生下二胎，违反了国家计划生育政策，同时也违反了杂志社上级单位制定的《违反计划生育目标单位管理责任书》，与其解除劳动关系不是违法的。但在庭审过程中杂志社提交的证据中并没有明确规定"违反计划生育政策予以辞退"，只是规定"进行处罚和适当处理"。

李女士代理律师称李女士确实在没有生育指标的情况下生了二胎。但是杂志社目前没有在相关的合同和规章制度中规定没有指标生育二胎就会被辞退。

在我国《劳动合同法》中第 82 条规定："用人单位自用工之日起超过 1 个月不满 1 年未与劳动者订立书面劳动合同的，应当向劳动者每月支付 2 倍的工资。"李女士称 2012 年 1 月 1 日至被辞退前未签订劳动合同，要求杂志社支付未签订书面劳动合同的双倍工资。

杂志社方称，双方于 2011 年 12 月 31 日签有无固定期劳动合同。该合同经李女士同意后，由同事代签，应当视为李女士认可其效力，杂志社不应支付双倍工资。

法官当庭给李女士打电话求证合同代签她是否知情，李女士表示不认可该合同的法律效力，"当时我在外地，没在单位，被告直接就让人代签了，我主张代签没有法律效力，要求补签，被告也没有安排补签。"李女士在电话里如是说。

对于李女士提出的加班费和劳动合同工资的补偿，杂志社也不予认可。"根据我单位的工作时间，原告不存在延时加班的情况。我们认为原告计算的平均工资的数额较高，与实际不符。"杂志社在庭上如是表示。

这是一起典型的劳动争议纠纷案，一方是劳动者，一方是用人单位。案件主要涉及四个法律问题，我们以时间轴来梳理这个案子。

第一，李女士是 2001 年 10 月入职杂志社，签合同的时间是 2001 年 10 月到 2011 年 12 月，签约的劳动合同期间长达 10 年，按照《中华人民共和国劳动合同法》的规定，劳动者在同一用人单位连续工作满 10 年后，如果用人单位与劳动者续签劳动合同的，则用人单位应该与该劳动者签订无固定期限劳动合同。

第二，但是这个时候，按照案情描述，第一个 10 年劳动合同到期后，杂志社认为其与劳动者再次签订了无固定期限劳动合同，而合同是由同事代签的，这便产生了第一个争议焦点，李女士到底有没有委托同事代签合同，如果真有委托的话，法律是允许的。签订劳动合同对劳动者而言是事关重大，牵扯到劳动者的工资待遇等切身利益问题。因此，实践中很少有人委托别人去签劳动合同。

第三，假设本案双方没有续签书面劳动合同，而劳动者继续在杂志社上班，那么他们之间的关系叫作事实劳动关系。由于杂志社未与李女士签订劳动合同，那么，杂志社应该按照《劳动合同法》的规定向劳动者支付双倍工资。

第四，女职工权益保护的问题。按照《劳动合同法》的规定，女职工在怀孕期间，用人单位不能与其解除劳动关系。如果解除，就构成违法解除。则杂志社应向李女士支付违法解除劳动合同的赔偿金。除外，本案还涉及加班费的问题，这要看李女士是否有加班的事实，如果杂志社安排李女士加班，就应该支付加班费。

通过陪审，我可以亲身参与到各种各样的真实案件中，我在思考中也得到了认识上和专业上的提高，对于陪审员这份工作的热爱也与日俱增。陪审对我而言不仅仅是一份工作，更多的是一份馈赠。

做一个"走心"的人民陪审员

田枝梅

我叫田枝梅，59岁。初中一年级加入共青团后，一直在校团委做学生干部，有了很多学习和锻炼的机会。18岁那年，师范学校毕业，被分到中学当了团委书记，一干就是十年。后来调到政府机关做了公务员，因为工作的需要，我始终不懈努力，先后学过中文、教育和法律，在北京师范大学取得本科学历。

2011年我退休了，但爱学习，肯做事，求进取已成为自觉和习惯。我坚守自己的理想和信念，愿意做一个对社会有益的人。2014年人民陪审员换届，从事法律援助工作的同学、同事，找到我说：你正直，善良，有正能量又肯付出；工作认真、较劲、追求完美，还有做群众工作的基础，特别适合做人民陪审员。她向司法所推荐了我。后经区司法局，人民法院审查，提请人大常委会任命，我有幸成为一名人民陪审员。

被法官和书记员们感动

我在区政府法制办工作二十多年，与人民法院有过工作交往，但对人民法官和书记员工作的认识还是模糊的。

2014年我作为人民陪审员融入法院工作，参加了丙中院刑一庭的故意杀人、故意伤害、以危险方式危害公共安全以及贩卖、运输毒品等刑事和刑事附带民事案件的审判，还参加了民五庭的商标行政纠纷案件的审理。有了和法官和书记员的零距离接触，亲眼看到了他们的付出、努力和对法治信仰的坚守。我特别敬佩他们：庭审的驾驭能力；突发事件的处理能力；证据的分析和把握能力；司法公开和群众工作的能力。也会为他们在司法改革中所承受的身心压力感到担忧。就是为了这份坚守，他们中的很多人在繁忙工作的同时还在读研究生、博士，为自己加班加点不断充电。

每次出庭参审都是我的法制课堂，法官和书记员工作的点点滴滴，都让我看在眼里，感动在心。在我看来，以案说法最直接也最生动，我学到很多，收获很多。我始终认为：法官是这个世界上最崇高的职业。有幸作为人民陪审员与法官和书记员们一起传播公平、维护正义，感到无上光荣。

2015年我加入了社区"解疙瘩"调解队，还当了队长。我要用从法官和书记员们身上学到的，感悟到的，真诚、客观、平等地服务于社区居民，为他们排忧解难。其中还真有一件让我"跑断腿，磨破嘴"的难事。

2016年初我们楼（与我家不相干的）602住户上水管破裂，一夜间就秧及到202住户。清晨居民来叫醒我。我穿衣下床，然后挨家挨户查看情况，得知问题的解决难度很大，马上联系并请求居委会主任全力支持，联系物业公司，产权单位和街道办事处，居民也通过信访市、区政府的方式告急求助。当天下午2点，居委会主任就主持召开相关部门负责人的协调会，我如实汇报查清的事实，说明对居民生活影响的严重性，并提出让有实力的产权单位的物业公司尽快入户解决问题。相关部门分清所属责任，达成共识：产权单位出资，物业公司出人出力，更换上下水管，解居民燃眉之急。

会后，我以心换心，反复耐心的劝导各家各户，自费拆掉自家的橱柜，为物业公司施工抢修提供方便。其中的复杂是始料未及的，要想把事情彻底解决远不是件容易的事。有的老年住户着急不知所措；有的租房户要反复跟房主商量；有的住户刚装修不久不舍得拆；有的住户要拆的橱柜和灶台工程量大，要求拆除和复原的赔偿；有的住户在拆灶台时碰到供暖管破损，又请求热力公司放水换管等等。好在我是二十多年都与邻里和睦相处的老住户，平时说话简单直接，接地气热心肠。在这个救急之时，不管我说话轻重、冷热，大家都给面子了。他们能看到我是从关心帮助大家的角度出发，珍惜产权单位出资的机会，用自家暂时小的损失换取邻里和谐和日后生活的安稳。

那段时间，我每天都走家串户，耐心的嘱咐他们谨慎挑选拆装工，协商定价。特别是 3 个租房户，要积极与房主沟通协商，拆装费用取得房主同意，留好收据和拆装证据照片，减少日后房租纠纷。住户与施工师傅间分歧及时安抚调解，让住户尽可能满意。对现场指挥的物业公司经理和工人师傅冒严寒抢修的实干精神我也是由衷的肯定和赞扬。仅用了三天，六户人家的上下水管就全部换完。工人师傅说："阿姨，你们楼一门一年半才解决的事，你们三门这么快就解决了，是怎么办到的？"居民也说："我们楼门有田枝梅这样一个热心肠的人真好。"一周之后各家各户都自装复位完毕，整个楼门恢复了往日的平静，我疲惫的身心充满欣慰。

通过这件事我更加体会到：社会发展到今天，法律和每个家庭、每个社区都息息相关。社会越发达，人们对于法律的依存度就越高，法律才是正义之火，文明之花，社会和谐的基石。

融入合议庭，不做旁观者

作为人民陪审员融入人民法院工作后，我把参加的每一个合议庭都看成自己工作的团队，愿意为这个团队付出时间和努力，承担责任和义务，积极热情地参与合议庭的工作，不做摆设，不做旁观者。每一次出庭我都全神贯注，认真倾听和思考，分辨是非曲直，并且认真阅读庭审记录，发现词意表达上的疏忽和问题，在当事人签字前及时提出，合议庭合议时会积极、真诚、坦白地说出自己对案件的看法和意见，认真履行人民陪审员职责。

2015 年 2 月 26 日，我看报纸上发布《最高人民法院关于全面深化人民法院改革的意见》中明确规定："禁止让刑事在押被告人或上诉人穿着识别服、马甲、囚服等具有监管机构标识的服装出庭受审。"2 月 28 日，我在出庭前看到被告人还是穿着囚服进入法庭受审。就主动拿出剪存的报纸给我们庭的书记员看，希望从我们合议庭做起。书记员表示还没接到通知的同时，起身去了被告人等候室。开庭时，被告人吕某已脱去囚服，身着便装出庭受审，吕某也成为一中院首个不穿囚服受审的被告人。这一改变让我深有感触：它明显地避免了先入为主地将"有罪"标签贴在刑事案件被告人身上，体现了司法对刑事案件被告人人权的尊重和保护。

我之所以这样做，源于我对自己原本的要求就是；不敷衍，不混事，不冷眼旁观，要担当，要和法官和书记员同心协力，把工作尽可能做得更好。这与我当过十年教师的经历有关，我爱这个团队，爱这个团队的里的每一位法官，每一位书记员，就像当年我爱每一位学生一样，为年轻法官和书记员的成长进步和工作的完美无缺而快乐和欣慰。

记得 2015 年 7 月 16 日庭审的是发生在"挑担"间的杀人案。一个被杀，一个受审。遭受不幸的两个家庭的亲姐妹，都是来自外地农村的中年妇女，刚一开庭就难捺心中的痛苦和愤恨，哭闹法庭，法官劝解无效后果断击槌休庭。面对这对苦命又可怜的姐妹，我心里真是五味杂陈，难以言表。但作为一个比法官和书记员都年长的女性陪审员，此时不能袖手旁观。我怀着深切的同情之心走到她们中间，低下身来耐心关爱的轻拍她们的后背，抚慰劝导她们静下来，请她们相信开庭审案就是帮助她们解决问题的。必须要停止哭闹，维护法庭正常秩序。继续开庭后，姐妹俩都平静了很多。

还有 2015 年 7 月 15 日的刑事附带民事案件。李某因婚外感情纠纷，故意杀死了情人。案件事实清楚，证据确凿，庭审很顺利。但刚刚闭庭，被害人的丈夫和代表被害人母亲的姐妹就围过来，就赔偿事项纠缠。我在表示对被害人惋惜和同情的同时，据理直言，请他们冷静正视被害人是有明显过错的。她对婚姻不忠，主动在外租房与李某发生婚外情，是招来杀身之祸的诱因。我们在哀其不幸时，也恨其不争。安慰其丈夫要放下痛苦不再纠结，珍爱自己往前看，用良好的心态去寻求新的生活。劝导姐妹俩相信法官依法断案的公平和公道。遇事三思而行，不要再盲目的上访上诉而付出成本，损伤身体。早点赶回东北老家，安抚和照顾好老母亲。他们默默点头，哑口无言。特别是姐妹俩一再表示：回去做老母亲的工作。其丈夫还诚恳地表示了谢意。

这一年发生在庭前庭后的许许多多，让我看到，很多被告人、被害人的家属不一定十分懂得法律，但很懂得真心相待。所以在他们还没有走出困境时，不能一上来就拿法律说事儿，而是要以心换心，真诚友善，打动他们的心灵，让他们心服口服，走出心灵的困境，达到案结事了的目的。

做 "走心" 的陪审员

总结这一年的陪审经历，我肯定自己是一个对案件"走心"的人民陪审员。其中有三起案件对我触动特别大，也让我对人民陪审员工作的意义和作用有了更深切的体验和认识。我经常把这些亲身参审的案例讲给社区居民、社区工作者、物业公司的员工和保安听，提示大家要学法、知法、懂法是多么重要的事情，安享平安、自由、快乐和幸福的工作和生活要从遵纪守法做起。

2015 年 3 月 17 日我参审了程某故意杀人案件。程某是外地来京靠摆摊谋生的 25 岁年轻人（孩子的妈妈因年龄小与程某举行了婚礼还没领证），"妻子"不甘生活困境抛下父子俩走了。程某为脑瘫病儿四处求医无效，打医疗官司无果，照看病儿不能摆摊，没有了收入，且身心疲惫，希望寻求新的伴侣，开始新的生活。但第一次约请的临时女友抛下一句话："你带着这么一个脑瘫儿谁敢嫁给你呀！"真的就把程某的心理压垮了。当晚给孩子喂奶时，看着被奶水呛得十分痛苦的儿子心里很不是滋味，感觉儿子太不幸，自己也太苦太累了，就用右手堵住了儿子的口鼻，使其机械性窒息死亡。

在法庭上，程某没有任何辩解，只低声说："这样我和孩子都解脱了。""我认罪，我对不起孩子，我愿意用刑期向我的孩子赎罪。"整个庭审让我想了很多，将心比心，几次强忍泪水。因为法官和陪审员也是人，也有同情心。特别是作为一个 59 岁的女性陪审员，我认同这个案件的发生是事出有因，情有可原。庭审的参与者都会知道，这个因生产时有窒息而脑瘫的病儿本身不会有快乐、幸福和希望，程某也会承受无尽的痛苦、折磨和心理压力。医疗机构、社会和家人没能让他从困境中走出来。加上临时女友话语的刺激，这个 25 岁年轻人"走上绝路"。我被深深触动并为其惋惜。

庭后我积极地向合议庭表达我对这个年轻人犯罪根源的看法，恳请人民法院对其尽可能在法律规定范围内适用低刑期。至今我对这个年轻人都有一份牵挂，期盼他好好改造，重回社会后有一个好的未来。

2015年3月10日，我参审第二桩刑事案件。被告人耿某持刀故意伤害他人身体，致人死亡。我认为这是一起本不该发生的案件。耿某，23岁，中专毕业后第一次来北京找工作，第二天，被朋友带到歌舞厅，混乱中有人打架（有录像证明耿某没有参与打架并有劝架动作），慌乱中他跑出来被保安拉扯，拳打脚踢时从裤兜里掏出刀扎了保安闫某一刀。就是这一刀的后果和代价，让我惋惜，让我思考。本来没有参与打架，还有劝架动作的耿某，怎么会用刀扎向保安闫某，致其死亡？这不得不说说保安队伍。

现在招用保安的单位和部门越来越多，未经培训，无证上岗的现象很普遍。很多来京青年，一下火车就被招做保安，交出身份证，领取一套保安服，第二天就直接上岗了。疏于管理，没有教育和培训，素质偏低，法律意识淡薄，思维简单，少理智，爱冲动，遇事仅凭个人好恶，爱挥拳动武，有的出于对雇主或上司的忠诚，常常自以为是，违法充当打手或"帮凶"，造成严重后果的事件越来越多。

还有一些不良人员也进入保安队伍，保安员"不保安"，严重影响社会稳定秩序及人民正常生活的现象也不少见，这是一个必须引起全社会广泛关注的社会问题。相关管理部门应当高度重视，采取有效措施，改善保安公司的选人用人机制。

2015年9月29日我参审的张虹（女）故意杀人、分尸、埋尸案。张虹与被害人原本是"铁姐妹儿"，在被害人不知情的情况下，与其丈夫有3年多的婚外情。张虹曾要求情人离婚未如愿，想亲自向情人之妻摊牌，就在大年初八约其到自己已租好的房子里以吃饭为名将其杀害并用刀、剪分尸，当晚用事先借来的车把尸体运离现场掩埋。

这个案件的事实链和张虹的主观恶意很清楚。由于张虹狡辩多变，庭审从上午九点半延时至下午近五点。我觉得有几个事实点一定要澄清，对被害人及家属要公平。我主动向审判长申请问了张虹几个问题："你租房子干什么用？真如你所说要搞经营，你为经营做过哪些准备？""你与"铁姐妹儿"的丈夫婚外情3年多，对她是多么大的伤害，你想过吗？""你说被害人先用刀砍你，手指都露出骨头，你看过医生，有过包扎吗？"……这中间，我很自然地流露出普通人的良知和朴素的是非判断能力，有为蒙受冤屈的无辜死者和她的家属讨回公道的冲动。

当法官闭庭法槌一落，死者的儿子就冲进法庭，对张虹的律师发怒，我赶紧上前劝阻，恳请他相信：人民法官心中一定会有公平正义这杆秤。他从愤怒转为平静时说：整个庭审过程我从门缝里都听到了。并给法官和我分别深鞠一躬。

此情此景至今我都刻骨铭心。庭后我遇到张虹的律师，她为回避被害人的家属在卫生间躲避。她问我是做什么工作的，点赞我问问题的结点。这个案件让我更加坚信：老百姓心中一定有一把尺，他们会通过每一个案件，量出人民法官和人民陪审员的良知、公平正义，量出人民法院的公信力，对此敢于担当是人民陪审员义不容辞的责任和义务。

为责任和义务努力付出

今年我59岁，在有条件享受安稳生活的同时，又选择和接受了人民陪审员工作。通过培训教育和参审实践，我认识了人民陪审员工作的神圣与光荣，所以我特别珍惜，愿意付出。无论寒冷的冬天，炎热的夏天，大风天，雨雪天，还是让人恐惧的雾霾天，只要合议庭需要，我没说过"不"，一定都是提前到庭，一坐就是半天或一天，没说过身体累。

有一次庭后回家的路上，自行车车把上的书包卷入前车轮里，车把突然反转向后，我的脸被重重的摔在石头路上，脸上火啦啦的痛，感觉自己的脸破相了的惊恐和害怕，已无力爬起来，好心人跑过来帮我扶车，给我照镜子，还扶我到有水的卫生间用冷水敷面。当晚，右眼就开始瘀紫，三四天时最严重。家人和邻居给我敷药给我关爱，同时也劝我："退休的人，平安就是福，别自讨苦吃了。"说实话，我真是有些后怕和动摇。两周后脸上的淤紫开始消退，我到法院办公室找到负责同志，表达被摔伤的情况和心情，她看到我脸上的瘀紫时说："我带你去医务室看看吧。"看似平平常常的一句话，却使我感到非常的体贴和温暖，心中的委屈瞬间就消化了。

　　一年多的陪审经历，让我体会到：人民陪审员参加合议庭不仅要有责任心、热心肠，还要有充足的时间、充沛的精力、健康的身体和吃得苦能行动的能力。我希望自己永远保持积极向上的精神状态，当我 70 岁离开人民陪审员岗位的时候，这颗平安、温暖、快乐的心更加健康、阳光和自豪。